职务犯罪审判指导

Guidance on
the Trial of
Duty-related Crime

第2辑

最高人民法院刑事审判第二庭 编

法律出版社
LAW PRESS·CHINA
北京

图书在版编目(CIP)数据

职务犯罪审判指导. 第2辑 / 最高人民法院刑事审判第二庭编. -- 北京 : 法律出版社, 2023
ISBN 978-7-5197-8622-9

Ⅰ. ①职… Ⅱ. ①最… Ⅲ. ①职务犯罪-审判-中国 Ⅳ. ①D924.3

中国国家版本馆CIP数据核字(2023)第238861号

职务犯罪审判指导(第2辑)
ZHIWU FANZUI SHENPAN ZHIDAO(DI-2 JI)

最高人民法院刑事审判第二庭 编

责任编辑 许 睿
装帧设计 李 瞻

出版发行 法律出版社
编辑统筹 司法实务出版分社
责任校对 朱铁佳
责任印制 胡晓雅
经　　销 新华书店

开本 710毫米×1000毫米 1/16
印张 14.75　字数 236千
版本 2023年12月第1版
印次 2023年12月第1次印刷
印刷 永清县金鑫印刷有限公司

地址:北京市丰台区莲花池西里7号(100073)
网址:www.lawpress.com.cn
投稿邮箱:info@lawpress.com.cn
举报盗版邮箱:jbwq@lawpress.com.cn

销售电话:010-83938349
客服电话:010-83938350
咨询电话:010-63939796

书号:ISBN 978-7-5197-8622-9
定价:68.00元

凡购买本社图书,如有印装错误,我社负责退换。电话:010-83938349

编委会

编辑说明

《职务犯罪审判指导》系最高人民法院刑事审判第二庭主办的针对职务犯罪案件审理的业务指导和研究性出版物，以立足实践、突出实用、重在指导、体现权威为编辑宗旨，通过法律适用分析、法官会议纪要、实务释疑、经验交流等形式，固定审判、调研成果，为刑事司法人员办理职务犯罪案件提供有针对性和权威性的业务指导和参考。

《职务犯罪审判指导》由最高人民法院沈亮副院长担任编辑委员会主任，刑事审判第二庭马岩庭长担任副主任及主编，刑事审判第二庭张杰、何东青副庭长担任副主编。全年出版两辑，设有以下栏目：

【法律适用分析】选择司法实践中事实认定、采信证据、适用法律和裁量刑罚等方面的典型问题，阐述法院的认定思路、理由，为刑事司法工作人员处理类似职务犯罪案件提供具体的指导和参考。

【法官会议纪要】通过最高人民法院刑二庭法官会议对实践中存在争议的疑难问题进行解析、讨论，并形成倾向性观点，供实践中类案的处理参考适用。

【实务释疑】解答在职务犯罪案件审判工作中具有普遍指导价值的法律适用问题。

【经验交流】最高人民法院刑二庭或者地方法院制定或总结的有关职务犯罪的规范性文件、规则及相关说明等。

【法律规定】收录与职务犯罪案件审判工作密切相关的法律、司法解释及官方解读意见等。

【刑事政策】刊载职务犯罪相关刑事政策，包括对刑事政策的解读文章、刑事审判工作会议上的相关讲话等。

【理论争鸣】针对职务犯罪疑难、复杂问题，登载相关学者与司法人员的研究文章，为刑事司法工作人员提供理论参考和解决相关问题的思路。

【实务调研】登载司法实务部门针对职务犯罪的调研报告，推动相关问题的深入研究。

【裁判文书选登】选择典型裁判文书进行评析，展现法官智慧，指出不足，促进裁判文书制作水平的不断提高。

最高人民法院刑事审判第二庭

目　录

法律适用分析

受国家机关委派到社会团体从事公务人员的认定 ……………… 郭　慧／1

认定是否属于受国家机关委派到社会团体从事公务的人员，应重点把握以下三个方面：一是看该社会团体是否具有公共事务管理职能；二是看行为人的任职是否体现相关国家机关的意志；三是看行为人是否行使公共事务管理等国家职权。

以出资分红为名收受贿赂行为的认定 ………………… 周京菁　李韵梅／7

国家工作人员的近亲属利用国家工作人员职务上的行为，为请托人谋取不正当利益，为掩盖罪行而以出资分红为名收受贿赂，应当认定利用影响力受贿罪并根据案件事实计算犯罪金额。

未转达请托事项的斡旋受贿与诈骗的区别 …… 韦宗昆　罗　静　刘艺坤／11

国家工作人员承诺通过其他国家工作人员的职务行为，为请托人谋取不正当利益，收受财物之后没有向其他国家工作人员转达请托事项，不影响受贿罪的认定；国家工作人员调离原工作岗位，利用原任职务掌握其他国家工作人员违法犯罪线索，承诺帮忙疏通关系，向线索指向对象索取财物，属于《刑法》第三百八十八条规定的索贿行为，应当以受贿罪论处。

将公款出借给一人公司使用的行为性质认定

……………………………………… 毕晓红　凌　霄　王天奇／17

国家工作人员挪用公款供一人公司使用，属于挪用公款供其他单位使用，但有证据证实一人公司不具有独立人格的，应认定挪用公款供自然人使用。单位负责人决定将公款出借给自然人使用，并非为了单位利益的，仍然应当以挪用公款罪定罪处罚。审查认定单位负责人是否系为单位利益出借公款，要从单位视角出发，综合出借公款的起因、借款时单位是否有出借公款需求、款项出借风险情况、出借利益归属及大小、单位负责人对单位款项出借条件的主观认知等方面进行综合判断。

隐瞒境外存款罪的适用问题 …………………………………… 庄慧娟／25

我国现行有效的明确要求国家工作人员对其境外存款和投资情况予以报告的国家规定为2017年2月8日中共中央办公厅、国务院办公厅发布的《领导干部报告个人有关事项规定》。隐瞒境外存款罪中的存款不限于合法财产，亦可包括非法财产，但该非法财产应当是证明构成其他犯罪证据不足情形下的非法财产，而非已查明构成其他犯罪情形下的非法财产。境外存款已经查明系贪污等犯罪所得，行为人隐瞒不报的，一般不以隐瞒境外存款罪定罪。

为避免政府违约而违规返还土地出让金的行为是否构成滥用职权罪
………………………………………………… 于同志　张文波／31

考虑当前国家土地政策多次发生调整、变动以及党和国家大力倡导加强诚信政府建设等背景因素，在地方政府未能履行招商引资承诺并返还土地出让金的情况下，国家机关工作人员为避免政府违约而违规返还土地出让金的，尽管客观上造成了公共财产损失，但鉴于其行为具有维护政府诚信、“新官理旧账”的性质，一般不宜以滥用职权罪追究刑事责任。

接受他人代为支付“跑官”“买官”费用行为的性质认定
………………………………………………… 郭　慧　金　纪／37

行为人对于他人代为支付“跑官”“买官”费用具有概括故意的，即便双方对具体数额事前无通谋，仍应按受贿犯罪处理，数额以实际支付的计算。

以房屋交易形式收受贿赂犯罪中房屋价格认定报告的审查与判断
………………………………………………… 蒋凌军　王天奇／43

价格认定报告应包括价格认定依据、过程及方法。就房屋价格认定而言，选取市场法对房屋价格进行认定的，价格认定报告应包括选取的可比实例房屋情况及依据可比实例进行价格计算的过程和方法。应对价格认定报告所附价格认定依据、过程及方法进行实质审查判断。

有实际出资的合作经营型受贿行为认定 ………………… 范　凯　梁　果 / 52

党政领导干部在职期间，利用职务之便为请托人谋取利益，或请托人为了与其搞好关系而进行长期“感情投资”的前提下，党政领导干部虽实际出资但未参与管理经营，即只享受收益、不承担风险的“旱涝保收”型合作投资，且所获“利润”明显高于出资应得利润，或者所获“利润”与企业经营情况无关，可以受贿论处。国家工作人员有实际出资，但收取了超出出资比例分红的，则超出部分系国家工作人员利用职务之便为合办的公司谋取利益的一种对价，属于权钱交易的范畴。

受贿犯罪中用他人股票账户及资金炒股导致亏损行为的认定 ……………………………………………………………… 俞江虹　鲁照兴 / 59

国家工作人员借助自身的公权力通过约定免除了自身本应承担的风险，其炒股导致的“亏损”是一种财产性利益，应当认定到受贿金额中。此类案件犯罪既遂的认定，需结合受贿罪权钱交易本质特征进行判断。对于利用他人股票账户及资金炒股的亏损受贿数额的认定，应兼顾有利于被告人原则及司法经济原则。

张某非国家工作人员受贿案 ………………………… 李晨睿　周　耀 / 64

民营企业员工在本单位内控部门谈话期间交代收受商业贿赂的事实是否构成自首，应在厘清监察机关谈话与内控部门谈话区别的基础上，分层依次进行审查。监察机关和企业内控部门在性质上的根本差异，决定了监察机关谈话与企业内控部门谈话在被谈话人的义务、谈话程序的要求以及产生的法律后果等方面存在诸多不同。民营企业员工在本单位内控部门谈话期间交代收受商业贿赂的事实是否构成自首，应当结合案件具体情况，从举报线索指向是否具体明确、谈话方式是否带有强制性以及是否发生影响自首认定的后续行为等方面分层依次进行审查。

收受未还清银行抵押贷款房产的受贿罪既、未遂认定 ………… 孙　浩 / 70

在实践中，因房产价值较高，一些案件中出现了“贷款行贿”的现象。在认定受贿犯罪时，应当按照行受贿双方达成的合意，结合涉案房产的价值确定具体受贿数额。通常将受贿人实际取得涉案财物作为认定受贿罪既遂的重要标准，即使没有办理权属登记，只要有证据证实受贿人实际上对涉案房产实现了控制，即应认定为受贿既遂。受贿人收受未还清银行贷款的房产，抵押对应的未偿还贷款本金部分应认定为受贿未遂。认定未还贷款本金部分未遂，与认定收受房产既遂实质上并不矛盾，只是对房产价值做出的精细化认定。将尚未还清贷款本金部分认定为未遂，有利于追赃工作的顺利进行。

国家工作人员利用职务便利，向行政管理对象索要由财政资金支持的工程项目，由自己组织施工获取工程利润行为的认定 ………………………………………………………… 韦宗昆 粟春雄 / 77

国家工作人员利用职务之便向行政管理对象索取中标工程项目，自己组织施工获取的利润本质是权钱交易的结果，还应当进一步从是否有投入、是否承担市场风险的角度判断行为人向行政管理对象索取工程项目，自己组织施工获取的利润是商业机会还是财产性利益，进而判断行为人是否构成受贿罪。

国家工作人员通过民企经营者为请托人谋取利益并收受该请托人财物的行为如何认定 ………………………………………………… 林勇康 / 84

国家工作人员利用职务上的便利为民企经营者谋取利益，没有收受民企经营者财物，后又通过该民企经营者为请托人谋取利益，并收受该请托人财物的，构成受贿罪。如果国家工作人员与民企之间具有监督、制约关系，即使国家工作人员没有利用职务上的便利为民企经营者谋取利益，只要通过该民企经营者为请托人谋取利益并收受该请托人财物，即构成受贿罪；如果国家工作人员与民企之间不具有监督、制约关系，没有利用职务上的便利为民企经营者谋取利益，即使其通过该民企经营者为请托人谋取利益，也与其职权无关，不属于“利用职务上的便利”，在这种情况下，国家工作人员收受该请托人财物，不构成受贿罪。

依法审判外逃人员归国案件，实现以案促追逃追赃 …………… 谢志刚 / 88

人民法院作为国家的审判机关，严格依照党中央的决策部署，依法稳妥审理每一起外逃职务犯罪案件，做到以案释法、以案促追逃追赃，用法律的权威感召和震慑外逃人员。第49号“百名红通人员”——被告人常某贪污、挪用公款案的审理，体现了人民法院在反腐败国际追逃追赃工作中的职责使命。该案的成功审判，不但实现了对常某追逃追赃的双丰收，还促成了第46号“百名红通人员”孔某某也迅速回国投案，是以案释法、以案促追逃追赃的典型案例。

实务释疑

贿赂犯罪既、未遂问题研究 …………………………… 王晓东　段　凰 / 94
论贪污贿赂犯罪财产刑的适用 ………………………… 王晓东　曲鹏程 / 127
关于职务犯罪案件监察执法与刑事审判衔接中的若干问题 ………………………………………………………… 逄锦温　陈鹏展 / 145

理论争鸣

非法经营同类营业罪若干问题研究 ……………………… 曹吴清　许　浩 / 180
为亲友非法牟利罪研究 ………………………………… 段　凰　王天奇 / 195
国家工作人员出资购买原始股行为的性质认定 ……… 凌　霄　王天奇 / 214

法律适用分析

[编号013]

受国家机关委派到社会团体从事公务人员的认定

内容摘要：认定是否属于受国家机关委派到社会团体从事公务的人员，应重点把握以下三个方面：一是看该社会团体是否具有公共事务管理职能；二是看行为人的任职是否体现相关国家机关的意志；三是看行为人是否行使公共事务管理等国家职权。

关键词：受贿罪　社会团体　委派

【基本案情】

2005年9月至2014年12月，被告人沈某某先后任住房和城乡建设部司局级领导职务，2014年11月退休。2014年10月至2021年案发时任中国物业管理协会会长。中国物业管理协会在成立之初承担了原属于住房和城乡建设部的部分职能，住房和城乡建设部是其业务主管机关。2014年10月，住房和城乡建设部同意中国物业管理协会换届选举以及将被告人沈某某推荐为会长的请示，并要求将选举结果报该部人事司备案。2015年，根据国家有关行政机构改革方案，相关行业协会商会应当与行政机关脱钩。2016年，中国物业管理协会在住房和城乡建设部的组织领导下制定《脱钩实施方案》并明确"六个分离"：机构分离，职能分离，资产财务分离，人员管理分离，党建分离［脱钩后中国物业管理协会的党建工作归口中央国家机关工作委员会（后被撤销）领导］，外事及我国港澳台事务分离。2017年，中国物业管理协会完成脱钩任务，并进行变更登记，住房和城乡建设部不再是其业务主管机关。《中国物业管理协会章程》规定，中国物业管理协会的登记管理机关是民政部，党建领导机关是中央国家机关工作委员会，中国物业管理协会接受登记管理机关、党建领导机关、有关行业管理部门的业务指导和监督管理。2019年，在脱钩后的换届选举中，经住房和城乡建设部党组会研究同意，住房和城乡建设部人事司出函，同意被告人沈某某到中国物业管理协会兼职。中国物业管理协会向中央国家机关工作委员会请示，中央国家机关工作委员会同意沈某某任会长。民政部同意中国物业管理协会负责人变动申请并予以备案。

2014年至2021年年初，被告人沈某某在担任中国物业管理协会会长期间，为他人谋取利益，非法收取他人财物共计人民币1424万余元①，其中200万元系未遂。

【争议问题】

如何准确认定受国家机关委派到社会团体从事公务的人员？

【问题解析】

案件办理过程中，对于被告人沈某某的身份性质认定产生了两种意见。

一种意见认为，中国物业管理协会与住房和城乡建设部脱钩前后，被告人沈某某都属于受国家机关委派到社会团体从事公务的人员，全部犯罪事实均以受贿罪定罪处罚。理由是：中国物业管理协会与住房和城乡建设部脱钩后，沈某某经中央国家机关工作委员会审核批准任职，代表中央国家机关工作委员会在中国物业管理协会从事管理工作，属于受国家机关委派到社会团体从事公务，可以认定为《刑法》第九十三条第二款规定的国家机关委派到社会团体从事公务的人员，应以受贿罪定罪处罚。

另一种意见认为，中国物业管理协会与住房和城乡建设部脱钩后，被告人沈某某不属于受国家机关委派的人员。根据《中国物业管理协会章程》第

---

① 以下未标明币种均为人民币，全书余同。

一条的规定，该协会是由全国与物业管理行业有关的企业事业单位和社会团体自愿结成的全国性、行业性社会团体，是非营利性社会组织。因此，中国物业管理协会与住房和城乡建设部脱钩后，被告人沈某某不属于受国家机关委派到社会团体从事公务的人员，应以非国家工作人员受贿罪定罪处罚。理由是：

第一，根据《脱钩实施方案》的规定和精神，脱钩后，住房和城乡建设部对中国物业管理协会没有行政管理职能，没有委派人员到中国物业管理协会任职的职权，也不能安排、推荐退休干部到中国物业管理协会兼职。住房和城乡建设部在2019年给沈某某个人的函是针对退休干部个人到社会团体兼职的管理，其并没有推荐沈某某代表住房和城乡建设部去中国物业管理协会工作的职权。同时，中央国家机关工作委员会按规定程序对沈某某进行审核，是从党建的角度审查任职人选，是党建领导机关对社会团体拟任职负责人的政治把关，而不是行政性的领导干部选拔任用审核批复，不能据此得出沈某某受中央国家机关工作委员会委派在中国物业管理协会从事公务的结论。

第二，中国物业管理协会与住房和城乡建设部脱钩后，被告人沈某某在中国物业管理协会从事的相关职务活动不属于公务。脱钩后，住房和城乡建设部与中国物业管理协会已经没有主管与被主管的关系，沈某某在中国物业管理协会从事的相关职务活动也不属于从事公务。

我们同意第一种意见，即中国物业管理协会与住房和城乡建设部脱钩前后，被告人沈某某均属于受国家机关委派到社会团体从事公务的人员。

（一）中国物业管理协会属于具有公共事务管理职能的社会团体

《监察法》第十五条第二项规定，监察机关对法律、法规授权或者受国家机关依法委托管理公共事务的组织中从事公务的人员进行监察。《监察法实施条例》第三十九条规定："监察法第十五条第二项所称法律、法规授权或者受国家机关依法委托管理公共事务的组织中从事公务的人员，是指在上述组织中，除参照公务员法管理的人员外，对公共事务履行组织、领导、管理、监督等职责的人员，包括具有公共事务管理职能的行业协会等组织中从事公务的人员，以及法定检验检测、检疫等机构中从事公务的人员。"随着党和国家机构改革地深入推进，国家机构体制机制和职责不断调整完善，一些国家机关的部分内设机构或者事业单位被剥离成为社会团体，这些国家机关依法将承担的部分公共事务管理职能委托给剥离的社会团体行使。因此，一般情况下，具有公共事务管理职能的行业协会中的领导、管理人员，存在受国家机关委派或者法律授权而具备国家工作人员身份的可能性。对于此类行业协会等组织中的工作人员，认定其是否属于国家工作人员，可根据《监察法实施条例》的前述规定，首先考察该行业协会是否具有公共事务管理职能。

根据在案查明的事实，中国物业管理协会在与住房和城乡建设部脱钩之前即承担了原属于该部的部分公共事务管理职能。2017 年两者脱钩后，虽然住房和城乡建设部不再是中国物业管理协会的业务主管机关，但该协会事实上仍承接了住房和城乡建设部转移的大量公共事务管理职能。《中国物业管理协会章程》第六条列举了 15 项有关该协会的业务范围，且多数属于行政管理事项。如该章程明确，该协会经政府有关部门批准或委托，可以参与物业管理行业法律、法规、行业标准，以及宏观调控、产业政策、行业发展规划、行业准入条件等的研究制定，开展诚信管理和从业人员水平评价，向政府部门反映行业和会员诉求，提出行业发展和立法等方面的意见和建议；可以根据授权开展物业管理行业调查统计，掌握和分析国内外行业发展动态，统计分析行业和企业经济指标，开展企业测评，开展行业劳动力价格监测，发布行业和企业发展报告；可以受政府部门委托承办或根据市场和行业发展需要举办行业交易会、展览会、博览会等；可以建立物业管理纠纷调解机制，充分发挥行业协会在物业管理纠纷调解中的专业优势，积极化解物业管理纠纷，维护行业市场秩序。因此，中国物业管理协会属于具有公共事务管理职能的社会团体。

（二）是否属于受国家机关委派不应拘泥于委派的形式

受委派从事公务的国家工作人员身份的认定是办案实践中的一个难点。2003 年《全国法院审理经济犯罪案件工作座谈会纪要》指出，所谓委派，即委任、派遣，其形式多种多样，如任命、指派、提名、批准等。不论被委派的人身份如何，只要是接受国家机关、国有公司、企业、事业单位委派，代表国家机关、国有公司、企业、事业单位在非国有公司、企业、事业单位、社会团体中从事组织、领导、监督、管理等工作，都可以认定为国家机关、国有公司、企业、事业单位委派到非国有公司、企业、事业单位、社会团体从事公务的人员。如国家机关、国有公司、企业、事业单位委派在国有控股或者参股的股份有限公司从事组织、领导、监督、管理等工作的人员，应当以国家工作人员论。在该纪要前述规定的基础上，最高人民法院、最高人民检察院2010年联合发布的《关于办理国家出资企业中职务犯罪案件具体应用法律若干问题的意见》进一步规定，经国家机关、国有公司、企业、事业单位提名、推荐、任命、批准等，在国有控股、参股公司及其分支机构中从事公务的人员，应当认定为国家工作人员。具体的任命机构和程序，不影响国家工作人员的认定。

结合前述规范性司法文件的规定，我们认为，对于委派的内涵及外延，应从以下两个方面的特征加以理解和把握：一是形式特征。委派在形式上可以不拘一格，不能过于拘泥于形式要件，还应结合法律、政策以及国情形成的制度安排等因素综合考量，如任命、指派、提名、推荐、认可、同意、批准等均无不可。通常情况下，这些人员在社会团体中的职务需要报请行政主管部门批准，一些重要的社会团体的领导职务由行政主管部门批准后，还需再层报上级机关批准或者备案。二是实质特征。受委派的人员需代表国家机关、国有公司、企业、事业单位在非国有公司、企业、事业单位、社会团体中从事组织、领导、监督、管理等公务活动，亦即国有单位意志的直接代表性。主要是因为，这些社会团体属于承担社会公共管理职能的社团组织，往往是根据法律授权和政府委托管理相关公共事务，依法自主开展活动。

具体到本案，如前文所述，中国物业管理协会属于承担社会公共事务管理职能的社团组织，根据政府委托管理相关公共事务，依法自主开展活动。根据《中国物业管理协会章程》第三条第二款、第三款的规定，中国物业管理协会的登记管理机关是民政部，党建领导机关是中央和国家机关工作委员会，该协会接受登记管理机关、党建领导机关、有关行业管理部门的业务指导和监督管理。中国物业管理协会与住房和城乡建设部脱钩后，被告人沈某某的任职经过中央国家机关工作委员会审核批准，符合受国家机关委派的形式要件，沈某某的任职与中央国家机关工作委员会的意志行为具有关联性和延续性，亦符合代表国家机关对公共事务进行组织、领导、监督、管理的实质要件。2019年，在脱钩后的换届选举中，经住房和城乡建设部党组会研究同意，并经该部人事司出函，同意沈某某到中国物业管理协会兼职。前述行为并非单纯针对退休干部个人到社会团体兼职的管理，同时也是党管干部原则在实践中的具体体现。

（三）行为人是否属于国家工作人员还应看其是否行使公共事务管理等国家职权

不同于国家机关，即便是承担社会公共事务管理职能的社会团体，其同时也从事其他非公务性质的事务。在此种情况下，对于在这些社会团体中的工作人员，认定其是否具备国家工作人员身份，除考察其是否受国家机关委派外，还应看其是否具体行使公共事务管理等国家职权。

从实践看，一些国家机关将部分公共管理职能移交给协会行使后，虽然经历了所谓的“脱钩”，但协会承担的公共管理职能并没有发生实质变化。具体到本案，中国物业管理协会在脱钩后行使的职能仍是之前原属于住房和城乡建设部的部分物业行业管理职能，故可以认为被告人沈某某的职务行为在脱钩前后具备实质上的关联性、延续性和代表性。中国物业管理协会与住房和城乡建设部脱钩后，沈某某行使的管理职权仍来源于国家机关，并非行业的自律管理。沈某某作为中国物业管理协会的会长和法定代表人，有权代表该协会签署有关重要文件，召集和主持理事会、常务理事会，检查会员代表大会、理事会、常务理事会决议的落实情况，向会员代表大会、理事会、常务理事会报告工作，主持召开驻会会长办公会议，处理协会理事会、常务理事会闭会期间的重要事务及秘书处提交审议的事项等。这些职责与中国物业管理协会承担的公共事务管理职能密切相关，可以认定为沈某某在具体行使公共事务管理的国家职权。

（撰稿：最高人民法院刑二庭　郭　慧
审编：最高人民法院刑二庭　张　杰）

[编号014]

以出资分红为名收受贿赂行为的认定

内容摘要：国家工作人员的近亲属利用国家工作人员职务上的行为，为请托人谋取不正当利益，为掩盖罪行而以出资分红为名收受贿赂，应当认定利用影响力受贿罪并根据案件事实计算犯罪金额。

关键词：利用影响力受贿罪　出资分红型受贿

【基本案情】

被告人唐某某（国家工作人员）的弟弟唐某1 2013年担任某国有公司（以下简称甲公司）董事长，2014年4月，任A新区工作委员会书记，主持A新区管委会日常工作。2013年3月，唐某某通过唐某1了解到A新区一新建项目业主方为甲公司。次月，经唐某某提议，乙公司法定代表人张某等人随唐某某前往A新区管委会考察项目，唐某1负责接待陪同。考察期间，张某1行向唐某1表达了想要参与新建项目的意愿。

2013年6月，张某以乙公司名义与其他人就A新区项目建立合伙关系，乙公司占股50%。由于乙公司不具备竞标该项目的资质，张某等人借用丙公司名义参与项目的竞争性谈判。

唐某某明知乙公司无资质投标该项目，仍积极向唐某1引荐。唐某1安排下属负责与张某具体对接，并向其汇报。唐某1在知晓张某等人不具备承建该项目资质的情况下，允许张某等人借用丙公司资质参加该项目的竞争性谈判；在竞争性谈判参与方数量低于规定要求的三家情况下，仍然选定丙公司，向市政府谎报竞争性谈判过程，致市政府批准同意确定丙公司中标。该项目合同价款2.06578845亿元（未包括绿化、电力管网、下穿隧道等子项目），于2013年8月开工建设，2016年12月通过竣工验收。

2013年下半年，为感谢唐某某引荐唐某1给予的关照，张某承诺给予唐某某干股。唐某某认为直接收取违法，遂决定通过入股分红形式谋取利益。2014年年底，在确定该项目能够盈利的情况下，唐某某出资50万元“入股”，但张某未将该款计入项目股份及用于项目支出。

2017年项目建设结束后，张某告知唐某某对其不按占股比例分红，而是送给唐某某200万元。唐某某同意并与张某约定，该200万元与其前期投入的50万元共计250万元暂存放在张某处，按张某公司对外融资收取利息。

2017年4月至2018年11月，张某分多次退还唐某某50万元以及送钱款共计200万元。2021年年初，该项目一股东因其他犯罪被查处，唐某某担心事发，遂与张某串通，将收受的200万元作为借款，并于2021年4月通过银行转账退还张某80万元，并承诺退休前全部退还。

另还查明，张某等股东对案涉工程总投资款为1.46亿元（不含唐某某的50万元），至案发甲公司累计支付工程款2.537285亿元，尚欠1904.0163万元。

【争议问题】

被告人利用其他国家工作人员的行为，为请托人谋取不正当利益，通过投资入股的方式获得利益，是否构成利用影响力受贿罪？如何计算犯罪金额？

【问题解析】

《刑法》第三百八十八条之一规定，国家工作人员的近亲属或者其他与该国家工作人员关系密切的人，通过该国家工作人员职务上的行为，或者利用该国家工作人员职权或者地位形成的便利条件，通过其他国家工作人员职务上的行为，为请托人谋取不正当利益，索取请托人财物或者收受请托人财物的，构成利用影响力受贿罪。据此，本案的焦点有三：一是唐某某通过近亲属职务上的行为为请托人所谋取的是否系不正当利益；二是入股获利行为是否系收受请托人财物；三是利用影响力受贿的金额应当如何认定。现逐一分析如下。

（一）唐某某通过胞弟职务上的行为帮助张某所获得的是不正当利益

唐某某介绍时任A新区工作委员会书记的胞弟关照张某，由其胞弟利用职务上的行为让不具备条件的张某等人挂靠丙公司参加项目的竞争性谈判，在竞争性谈判参与方低于规定的三家情况下选定丙公司，并向市政府谎报竞争性谈判过程，致市政府批准同意确定丙公司中标，张某等人获得涉案建设项目。据此，唐某某系利用作为其胞弟的其他国家工作人员为请托人谋取不正当利益。

（二）唐某某“入股”分红行为是收受请托人张某财物

被告人获利究竟属于入股分红的合法所得还是属于隐形收受财物，需要综合分析。2007年最高人民法院、最高人民检察院印发的《关于办理受贿刑事案件适用法律若干问题的意见》第四条规定，国家工作人员利用职务上的便利为请托人谋取利益，以委托请托人投资证券、期货或者其他委托理财的名义，未实际出资而获取“收益”，或者虽然实际出资，但获取“收益”明显高于出资应得收益的，以受贿论处。虽然该规定针对普通受贿罪，但从刑法解释论角度，对利用影响力受贿犯罪构成中“收受他人财物”具有直接参考价值，即投资回报也需要判断收益的性质以及是否明显高出出资等因素。法院认为，本案中唐某某收受张某财物是一种隐秘的行贿受贿行为。理由如下：

一是唐某某投入资金不是平等主体的民事行为。本案中，唐某某通过其胞弟的职务帮助张某获得利益，其后的“入股”是在项目已经开工且测算有盈利、投资无风险情况下，交付款项给张某。而实质上是，张某等股东在项目股份已由5名股东分配完毕并各自按照比例筹集投标保证金后，承诺给唐某某干股，但当按照项目利润给其分红时，唐某某认为直接收取干股违法，而采取“入股”50万元形式分红获利。

二是唐某某获取收益远大于股东入股分成。经查，张某等股东总投资款为1.46亿元（不含唐某某的50万元），至案发甲公司已累计支付张某等工程款2.537285亿元，尚欠1904.0163万元。可见，案涉工程最大获利率为49.23%，而唐某某“入股”50万元后获得200万元的分红，远超过张某等人的投资收益。

三是根据唐某某和张某的供述，结合在案证据，张某从未将唐某某的 50 万元“入股款”计入项目股份及用于项目支出，这足以判断所谓的投资入股、分红都不过是行受贿双方的“幌子”，用以掩盖权钱交易的犯罪实质。故在审理案件过程中，应当穿透现象分析行为的本质并进行认定。

（三）唐某某利用影响力受贿数额计算标准

本案中，虽然唐某某入股获利行为构成利用影响力受贿，但也不能简单的将其获得的分红均计入受贿数额，而需要结合行为人是否实质入股进行评价。如果确已入股则需要扣除应得分红；相反，假借入股之名获得回报则应全部视为受贿数额。经查，唐某某的资金虽注入但未占项目合伙股份，“入股”资金未计入项目资金、未用于项目开支，唐某某也未参与经营，与张某也没有风险共担等共同投资所应具备的约定，故不能视为投资入股，而应将其所得均视为利益交换所得。也就是说，唐某某以投资入股分红为名，利用其胞弟国家工作人员职务上的行为，为请托人谋取不正当利益，收受请托人财物 200 万元均应认定为受贿数额。对唐某某事后为掩盖犯罪而出具的借条以及实际返还给张某的 80 万元均不应扣除。唐某某“入股”的 50 万元虽然是掩盖犯罪而进行的投入，但本质上并非张某送出的财物，不应计入犯罪数额。

（撰稿：四川省高级人民法院　周京菁
乐山市中级人民法院　李韵梅
审编：最高人民法院刑二庭　张　杰）

[编号 015]

未转达请托事项的斡旋受贿与诈骗的区别

内容摘要：国家工作人员承诺通过其他国家工作人员的职务行为，为请托人谋取不正当利益，收受财物之后没有向其他国家工作人员转达请托事项，不影响受贿罪的认定；国家工作人员调离原工作岗位，利用原任职务掌握其他国家工作人员违法犯罪线索，承诺帮忙疏通关系，向线索指向对象索取财物，属于《刑法》第三百八十八条规定的索贿行为，应当以受贿罪论处。

关键词：受贿罪　诈骗罪　敲诈勒索罪

【基本案情】

被告人黄某甲，先后任某市人民检察院反贪局局长、司法局副局长和副调研员。

（一）收受宁某、苏某贿赂的事实

2016 年，黄某甲担任某市司法局副调研员期间，与黄某甲相识的黄某乙得知宁某涉嫌行贿被检察机关调查后，将此消息告诉黄某甲。黄某甲通过黄某乙约宁某两兄弟见面，并提出可以从中斡旋帮助宁某免受刑事追究。宁某同意并通过黄某乙等人给了黄某甲共 400 万元“活动经费”，其中黄某乙扣下了 31 万元，黄某甲实际收受 369 万元。2017 年 4 月 25 日，宁某被检察机关采取强制措施。此后，黄某甲以送钱给检察人员为由继续向宁某家属索要钱款共计 755 万元。黄某甲收取上述 1124 万元后占为己有，用于购买别墅、车辆，投资理财等。

2017 年，黄某甲担任某市司法局副调研员期间，苏某的妻子曾某（另案处理）因涉嫌行贿犯罪被检察机关立案侦查。为帮助曾某免受刑事追究，苏某通过黄某乙找黄某甲帮忙。黄某甲答应从中斡旋，但要求相关钱物由黄某乙与苏某对接，并要求苏某聘请指定的律师。黄某乙在与苏某的交涉中提出要“活动经费”600 万元。苏某分 5 次将 450 万元交给黄某乙。黄某乙收到上述款项后，将 160 万元交给黄某甲，并按照黄某甲的要求交给律师 20 万元，余款 270 万元占为己有。

（二）收受陈某贿赂的事实

2014 年，黄某甲担任某市司法局副局长期间，利用其之前担任该市反贪局局长期间掌握的市第一人民医院院长陈某涉嫌受贿的事实，指使郭某去找陈某，声称陈某因涉嫌职务犯罪被调查，要陈某及时处理避免出事。2014 年 9 月，黄某甲持举报材料等到陈某办公室，以能够疏通关系帮助陈某免受查处为由向陈某索要 300 万元“活动经费”。陈某为了不被查处同意先给黄某甲部分钱款。2014 年 10 月的一天晚上，黄某甲指使他人向陈某收取 50 万元。后陈某因涉嫌犯受贿罪被调查，余下的约 250 万元未给黄某甲。

【争议问题】

（一）国家工作人员承诺但未实际转达请托事项，构成受贿罪还是诈骗罪？

（二）国家工作人员调离原工作岗位，利用原任职务掌握他人违法犯罪线索，承诺帮忙疏通关系，向线索指向对象索取财物，构成受贿罪还是敲诈勒索罪？

【问题解析】

本案对黄某甲的行为定性存在争议，实质上是对如何正确适用《刑法》第三百八十八条规定的受贿罪存在分歧。笔者结合案情就正确适用《刑法》第三百八十八条规定的受贿罪，对上述两个问题作如下分析。

（一）黄某甲承诺通过其他国家工作人员的职务行为，为请托人谋取不正当利益，收受财物之后没有向其他国家工作人员转达请托事项的，构成受贿罪

一种观点认为，国家工作人员虽然承诺通过其他国家工作人员的职务行

为，为请托人谋取不正当利益并收受财物，但没有向其他国家工作人员转达请托事项（没有斡旋行为），不符合《刑法》第三百八十八条规定的受贿罪构成要件。本案中，黄某甲承诺通过其他国家工作人员的职务行为，为请托人谋取不正当利益，收受财物后并没有向其他国家工作人员转达请托事项，而以“打点办案人员、领导”或者“操作案件”为名，虚构事实、隐瞒真相，虚假承诺可以通过其他国家工作人员的职务行为使请托人免受刑事追究，具有非法占有他人财物的故意和行为，应以诈骗罪论处。

另一种观点认为，国家工作人员利用本人职权和地位形成的便利条件，向请托人承诺通过其他国家工作人员的职务行为，为请托人谋取不正当利益，收受请托人财物，应当依照《刑法》第三百八十八条的规定以受贿罪论处；国家工作人员是否向其他国家工作人员转达请托事项，不影响受贿罪的认定。

我们赞同后一种观点，理由是：

1. 黄某甲的行为不符合诈骗罪的构成要件。本案中，请托人知道黄某甲原任市反贪局局长，与原任职单位正在查处宁某和苏某妻子曾某涉嫌行贿案件的工作人员熟识，有向有关工作人员打招呼、疏通关系的职权或者地位形成的便利条件。黄某甲亦承诺为请托人“打点办案人员、领导”或者“操作案件”，已实际向请托人承诺通过其他国家工作人员的职务行为，为请托人谋取不正当利益，没有虚构事实、隐瞒真相的行为，其作出的承诺是真实的。请托人对黄某甲承诺“打点办案人员、领导”或者“操作案件”，没有产生错觉并基于错觉将财物交付对方处分，其之所以给付财物完全是因为知道黄某甲之前的任职并基于其之前的任职，具有向正在查办行贿案件的有关工作人员打招呼的便利条件，主观上是想通过黄某甲职权和地位形成的便利条件向有关人员打招呼、疏通关系以达到免受刑事追究的目的。显然，认为黄某甲构成诈骗罪的观点是不正确的。

2. 黄某甲利用本人职权和地位形成的便利条件，向请托人承诺通过其他国家工作人员的职务行为，为请托人谋取不正当利益，收受请托人财物，其行为构成受贿罪；黄某甲没有向其他国家工作人员转达请托事项，不影响受贿罪的认定。《全国法院审理经济犯罪案件工作座谈会纪要》规定，为他人谋取利益包括承诺、实施和实现三个阶段的行为，只要具有其中一个阶段的行为，如国家工作人员收受他人财物时，根据他人提出的具体请托事项，承诺为他人谋取利益，就具备了为他人谋取利益的要件。《最高人民法院、最高人民检察院关于办理贪污贿赂刑事案件适用法律若干问题的解释》第十三条规定：“具有下列情形之一的，应当认定为‘为他人谋取利益’，构成犯罪的，应当依照刑法关于受贿犯罪的规定定罪处罚：（一）实际或者承诺为他人谋取利益的……”上述规定是否同样适用于《刑法》第三百八十八条规定的受贿罪，存在争议。

有观点认为，《刑法》第三百八十八条规定的受贿罪俗称“斡旋受贿”，需要国家工作人员向其他国家工作人员转达不正当请托事项（具有斡旋行为），才能认定为他人谋取不正当利益。具体到本案中，黄某甲接受不正当的具体请托事项时已调离市反贪局而改任司法局副调研员，其新任职务与市反贪局也不存在制约关系，其要为请托人谋取不正当利益，只能通过原任职单位正在查办行贿案件的其他国家工作人员的职务（通常所说的斡旋行为）。黄某甲没有向查处行贿案件的其他国家工作人员转达请托事项（没有斡旋行为），所以不宜认定其为请托人谋取不正当利益，其行为不符合《刑法》第三百八十八条规定的受贿罪构成要件，不宜以受贿论处。

我们认为，无论是《刑法》第三百八十五条还是《刑法》第三百八十八条规定的受贿罪，本质上都是要惩治侵犯职务廉洁性的行为。一旦公职人员的职务行为廉洁性和不可收买性受到侵害，并具备为他人谋利（包括正当或者不正当的利益）的条件，就应予以惩罚。国家工作人员承诺通过其他国家工作人员的职务行为，为请托人谋取不正当利益并收受请托人财物，或者明知请托人具有不正当的具体请托事项而收受请托人财物的，视为承诺为他人谋取不正当利益，其行为即具备了为他人谋取不正当利益的要件，国家工作人员职务行为廉洁性和不可收买性即受到侵害，应以《刑法》第三百八十八条规定的受贿论处。国家工作人员收受请托人财物后是否向其他国家工作人员转达请托事项，不影响受贿罪的认定。

本案中，黄某甲承诺通过其他国家工作人员的职务行为，为宁某和苏某谋取不正当利益并收受对方给予的财物，其行为构成《刑法》第三百八十八条规定的受贿罪。黄某甲收受财物后未向其他国家工作人员转达请托事项，不影响对其受贿罪的认定。当然，国家工作人员虽然作出承诺，但经查实系虚假承诺，即主观上明知相关其他国家工作人员不具有为请托人谋取不正当利益的职权，或者明知不具备向其他国家工作人员提出承诺事项的条件，实现谋利事项缺乏现实可能性，且客观上没有向其他国家工作人员转达请托事项，事实上也无法兑现承诺的，不宜认定构成受贿罪。行为符合诈骗罪构成要件的，可以认定构成诈骗罪。

（二）关于国家工作人员利用原任职务掌握其他国家工作人员违法犯罪线索并向线索指向对象索取财物的行为，应当认定索贿

一种观点认为，黄某甲掌握市第一人民医院院长陈某涉嫌受贿的线索发生于其任市反贪局局长期间，其改任市司法局副局长后对陈某已没有制约关系。虽然在索要陈某财物时，黄某甲承诺疏通关系帮助陈某免受查处，但其并没有向其他国家工作人员转达请托事项（没有斡旋的行为），不符合《刑法》第三百八十八条规定的受贿罪的构成要件。黄某甲利用之前掌握的陈某犯罪线索向陈某索要财物，实际上是利用陈某害怕被查处的心理要挟陈某交出财物，更符合敲诈勒索罪的构成要件，应以敲诈勒索罪论处。

另一种观点认为，黄某甲在任市司法局副局长期间，利用之前任职掌握的违法犯罪线索，以及职权、地位形成的便利条件向陈某索要财物，并承诺疏通关系帮助陈某免受查处，其行为属于《刑法》第三百八十八条规定的索贿行为，应以受贿罪论处。

我们赞同后一种观点，理由如下：

1. 黄某甲的行为不符合敲诈勒索罪的构成要件。黄某甲向陈某出示原任职务掌握陈某违法犯罪的线索，虽然有威胁、要挟对方的意思，但不是以不给钱就将线索转交有关部门查处的语言进行威胁、要挟，而是将该线索材料作为承诺帮助对方免受查处（承诺为对方谋取不正当利益）的手段或者方式，故其行为不符合敲诈勒索罪的构成要件。

2. 黄某甲的行为符合《刑法》第三百八十八条规定的受贿罪构成要件，且是索贿行为。黄某甲虽然已调离原职改任市司法局副局长，但依然属于国家工作人员。黄某甲原任市反贪局局长时，掌握陈某的违法犯罪线索属于反贪局查处范围，黄某甲具有为陈某谋取不正当利益的职权和地位形成的便利

条件。黄某甲利用职权和地位形成的便利条件以及之前任职掌握的线索，承诺疏通关系帮助陈某免受查处并向陈某索取 300 万元“活动经费”，陈某迫于其犯罪线索的把柄被黄某甲掌握，同意先给付 50 万元。黄某甲的行为符合《刑法》第三百八十八条受贿罪的构成要件，且有索贿情节。

当然，还有观点认为，黄某甲实施犯罪时虽然已不再担任反贪局局长并调任市司法局副局长，但其掌握陈某违法犯罪的线索是利用市反贪局局长的职务取得，尽管其向陈某出示该线索时不再担任反贪局局长，但其对职务犯罪查处工作熟知并随时可以与反贪局的工作人员取得联系，如果陈某不按要求提供“活动经费”，其依然可以将线索转交反贪局对陈某进行查处。故其原任职务和原任职期间掌握陈某的违法犯罪线索，对陈某存在实质的制约关系，其利用实质上的制约关系向陈某索取财物，属原任职务的延伸，应认定其系利用本人原任反贪局局长的职权索取陈某的贿赂，应适用《刑法》第三百八十五条的规定而非第三百八十八条的规定。应当说，该观点对制约关系作实质理解符合我国国情，有一定道理，但还是属于对《刑法》第三百八十五条本人职权进行了扩张解释，如就算利用职务便利为请托人谋取利益并约定退休后收受财物以受贿论处，也是收受财物的行为延后而不是职权的延伸。相对而言，本案适用《刑法》第三百八十八条认定黄某甲为受贿罪更为妥当。

（撰稿：广西壮族自治区高级人民法院
韦宗昆　罗　静　刘艺坤
审编：最高人民法院刑二庭　高洪江）

［编号 016］

将公款出借给一人公司使用的行为性质认定

内容摘要： 国家工作人员挪用公款供一人公司使用，属于挪用公款供其他单位使用，但有证据证实一人公司不具有独立人格的，应认定挪用公款供自然人使用。单位负责人决定将公款出借给自然人使用，并非为了单位利益的，仍然应当以挪用公款罪定罪处罚。审查认定单位负责人是否系为单位利益出借公款，要从单位视角出发，综合出借公款的起因、借款时单位是否有出借公款需求、款项出借风险情况、出借利益归属及大小、单位负责人对单位款项出借条件的主观认知等方面进行综合判断。

关键词： 挪用公款　一人公司　独立人格　单位利益

【基本案情】

2014 年下半年，某国有企业集团负责人张某，指令下属 T 公司（国有）总经理宋某某，以 T 公司与史某某进行合作形式，为史某某承接 J 公司木制品家具制作与安装业务提供资金支持。

经宋某某与史某某商议，业务活动以以下方式开展：（1）史某某以 T 公司业务员的身份与 J 公司洽谈，承接 J 公司木制品家具制作与安装业务，并以 T 公司名义与 J 公司签订木制品家具制作与安装合同；（2）T 公司与史某某及其父亲实际控制的 S 公司签订分包合同，将木制品家具制作和安装业务分包给 S 公司，合同金额为 T 公司与 J 公司签订合同金额的约 95%，合同约定，在 J 公司支付的预付款基础上，T 公司增加分包合同金额 30% 的资金作为预付款（垫资款）支付给 S 公司，预付款单笔不超过 800 万元，期限为 3 个月；（3）S 公司制作木制品家具，直接向 J 公司供货并负责安装；（4）每单业务完成后，J 公司根据与 T 公司签订的合同金额，向 T 公司支付货款，T 公司收到货款后，根据与 S 公司签订的分包合同金额向 S 公司支付货款；（5）每单业务中，T 公司收取上述合同差额费用，约占合同金额的 5%。

2014 年 12 月至 2017 年 3 月，T 公司在 20 单木制品家具制作与安装业务中，累计 39 次向 S 公司垫资提供资金共计 1266.919492 万元，为 S 公司的经营活动提供资金支持。案发后，上述资金全部归还。

【争议问题】

（一）张某决定让 T 公司居间参与 S 公司与 J 公司木制品家具制作与安装业务的行为，系违规出借公款行为，还是商业合作中的出资行为?

（二）将公款供一人公司使用的，属于将公款供自然人使用，还是其他单位使用?

（三）在单位负责人决定将公款出借给自然人使用的情况下，如何判断单位负责人出借公款系为单位利益?

【问题解析】

（一）本案中张某的行为属于违规出借公款

案件审理过程中，对于 T 公司居间参与 S 公司与 J 公司之间的木制品家具制作与安装业务的行为性质，存在不同认识。

一种意见认为，T 公司支付预付款的行为属于商业合作中的出资行为，系公司正常的经营，并非违规出借公款。J 公司、T 公司、S 公司签订木制品家具制作与安装合同，并依据合同开展业务，三方是典型的商业合作关系。在合作中，T 公司作为居间中介公司，负责从 J 公司承接木制品家具制作与安装业务，并将业务分包给 S 公司。通过参与三方合作，T 公司增加了贸易额，扩大了营收，且赚取了两合同金额之间的差额收益。对于该类国有企业和民营企业的商业合作行为，刑法应予以保护，不应予以规制。

另一种意见认为，国有企业和民营企业开展正常的商业合作应受法律保护，但实践中不乏为规避国有企业相关禁止、限制出借资金规定，以国有企业与他人签订合同、开展商业合作名义，违规出借国有企业资金的行为存在。该类行为违反了国有企业的财经管理规定，侵害了公款的使用权，可能构成挪用公款罪。本案中，不能仅依据存在合作合同，即认为T公司系参与商业合作，应对T公司开展业务情况进行实质审查。综合T公司参与合作的起因及具体合作情况，包括T公司是否有参与合作的必要性、是否实际履行合同、是否实际承担合作风险等，对其行为进行实质判断，以甄别其系商业合作出资行为，还是以商业合作为名的违规出借公款行为。

我们赞同后一种意见。

第一，T公司参与合作系基于张某向宋某某作出垫付资金指令。在案证据证实，史某某与张某系同乡关系，存在长期交往。某日，史某某拜访张某，主动告知张某自己与J公司开展木制品家具制作与安装业务，需要先行垫资制作木制品家具，但缺少发展资金。张某知悉该情况后，电话联系T公司总经理宋某某，要求T公司与史某某开展商业合作，为史某某提供资金支持。基于张某电话指令，宋某某为完成张某交办的垫付资金任务，同时考虑到需规避公司相关禁止出借资金规定，与下属商议后，决定以三方合作贸易的形式为史某某垫付资金。

第二，T公司无参与木制品家具制作与安装业务的客观需求。经T公司多名人员的证言证实，T公司未有与史某某合作的意愿。一是T公司主营国际、国内贸易，包括大宗商品、原材料购销等，主要业务同木制品家具制作与安装存在较大差异。且T公司不了解木制品业务，无专业人员，不具备开展木制品家具制作与安装业务的条件。二是T公司业务人员经现场考察发现，S公司规模较小，资产价值不高，垫资存在一定的风险。三是T公司本身资金并不充裕，需向银行贷款才能完成垫资。

第三，T公司未有实际履行合同行为。若系商业合作，T公司作为合同主体，应起到实质的居间中介作用，包括：从J公司承接业务，将业务分包，要求S公司组织生产，验收S公司产品后向J公司供货等。但T公司无上述行为。在实际合作中，J公司的招投标活动系由史某某以T公司业务员身份参加，T公司本身并未派员参加；参与J公司招标活动的投标合同、报价单、标书等均由史某某制作完成，并在制作好后直接到T公司盖章；中标后的供货、施工、安装、交货都不经过 T 公司，而由 S 公司独自完成。

第四，T 公司未实际承担合作风险。从合同约定看，T 公司与 S 公司签订的每份分包合同均约定，S 公司承担 T 公司对 J 公司应承担的所有责任与全部风险，这实质上说明 S 公司对整个工程项目负责，T 公司不介入具体业务。这样的约定不符合商业合作风险共担、利润共享的原则。从款项结算看，T 公司从未与 J 公司沟通过货款结算问题，在 J 公司不支付货款或延期支付货款的情况下，都是史某某负责与 J 公司沟通。部分情况下，甚至出现由 S 公司代 J 公司向 T 公司付款的情况。这印证了合同约定的 T 公司不承担风险的条款，进一步说明 T 公司不介入三方业务，不承担合作经营风险。

第五，T 公司收取的"收益"实际系垫资成本。宋某某等多名 T 公司人员均证实，T 公司与史某某约定的每笔业务中收取合同金额约 5% 的中介费用，系 T 公司需承担的资金使用成本及开票税费。这证实 T 公司获取"收益"系基于提供资金，存在资金使用成本，并非基于作为中介公司参与三方合作，提供中介服务，所谓"收益"主要系垫资成本。

综上，根据在案证据，T 公司并未实质性居间参与三方木制品家具制作与安装业务，而仅是根据张某指令，以合作为名为 S 公司垫付资金。

（二）将公款供一人公司使用的，应当根据一人公司是否具有独立人格区别认定为将公款供自然人使用或者单位使用

挪用公款归个人使用，是挪用公款罪的重要构成要件。对于挪用公款归个人使用的认定，2002 年全国人民代表大会常务委员会发布的《关于〈中华人民共和国刑法〉第三百八十四条第一款的解释》规定，有下列情形之一的，属于挪用公款归个人使用：（1）将公款供本人、亲友或者其他自然人使用的；（2）以个人名义将公款供其他单位使用的；（3）个人决定以单位名义将公款供其他单位使用，谋取个人利益的。该立法解释的第一项是典型的"归个人使用"；第二项是将公款先挪出后作的处分，也应属于"归个人使用"；第三项是个人决定以单位名义将公款供其他单位使用。在第三项情形下，行为人将公款作为个人谋取私利的工具，尽管最终的使用者是"其他单位"，但对于行为人而言，仍然不失为公款私用的一种形式。

本案公款使用的主体为 S 公司，该公司系一人公司。案件审理过程中，

对于将公款供一人公司使用属于将公款供自然人使用，还是供其他单位使用，存在不同认识。一种意见认为，一人公司由一人出资经营，经营所得归于一人，难以区分个人财产与法人财产，本质上是个人经营，不能认定为刑法上的单位。将公款供一人公司使用的，属于将公款供自然人使用，根据上述立法解释规定，属于挪用公款归个人使用。另一种意见认为，一人公司具有公司法上的法人资格，在民事上具有独立人格，在刑法领域同样应该承认其主体资格，在刑法上可以被认定为“单位”，但应当排除一人公司和公司股东人格混同的情形。

我们同意后一种意见。理由如下：

第一，承认一人公司刑法上的主体资格有利于《刑法》和《公司法》的有效衔接。2005 年修订《公司法》时对一人公司进行了特别规定，明确规定了一人公司的法人资格，即在公司法意义上，一人公司虽仅具有 1 名自然人或法人股东，但其属于企业法人，有独立的法人财产，享有法人财产权。在此之后，我国一人公司大量出现，成为市场经济的重要主体与参与者。在《公司法》确认一人公司主体资格，并保护一人公司合法权益的背景下，《刑法》作为部门法的保障法，应与《公司法》衔接，承认一人公司的主体资格，并为一人公司的发展提供法律保障。

第二，承认一人公司刑法上的主体资格系平等保护市场主体合法权益的必然要求。一人公司依法设立，作为独立的市场主体与其他公司、企业共同参与市场经济活动，开展商业竞争。《刑法》作为保障法，应对一人公司与其他公司、企业平等保护。刑法在赋予其他公司、企业单位主体资格的同时，同样应承认一人公司的主体资格，将一人公司认定为刑法上的“单位”。因此，挪用公款供一人公司使用的，与挪用公款供一人公司以外的其他公司使用一致，均应属于挪用公款供其他单位使用。

第三，承认一人公司属于刑法意义上的“单位”符合现有法律规定。相关司法解释对《刑法》条文中“单位”的含义进行了解释。1999 年最高人民法院印发的《关于审理单位犯罪案件具体应用法律有关问题的解释》规定的单位犯罪中的“单位”以公司、企业、事业单位具有法人资格为要素条件。2008 年最高人民法院、最高人民检察院印发的《关于办理商业贿赂刑事案件适用法律若干问题的意见》规定的非国家工作人员受贿罪、对非国家工作人员行贿罪中的“单位”不仅包括具有法人资格的公司，还包括村民委员会、居民委员会、村民小组等非法人组织。对照上述司法解释与规定，具有法人资格的一人公司均属于上述《刑法》条文规定的“单位”范畴。

当然，认定一人公司属于刑法上的“单位”，不等于认为所有的一人公司均具有独立人格。《公司法》第六十三条规定，一人有限公司的股东不能证明公司财产独立于股东自己的财产的，应当对公司债务承担连带责任。也就是说，《公司法》将证明一人公司财产独立的责任归于一人公司的股东，系基于一人公司股东唯一性情况下，公司缺少监督制约主体，易出现人格混同。当出现人格混同时，则可能会出现一人公司即为个人的情形。

刑事诉讼中，证明有罪的责任属于公诉机关，不能要求一人公司的股东对其具有独立人格进行举证。但办案机关应充分重视一人公司是否具有独立人格的认定：审查一人公司是否在公司登记中注明自然人独资或者法人独资，并在公司营业执照中载明；是否具有公司章程；是否编制财务会计报告，并经会计师事务所审计；是否公司财产与股东财产混同，等等。若相关证据能够证明一人公司不具有独立人格，那么该一人公司不属于刑法上的“单位”。

本案中，鉴于公诉机关出示充分证据证实，S 公司存在公司财产与股东财产混同的情况，法院认定 S 公司不具有独立人格，不属于刑法上的“单位”。因此，张某指令下属单位 T 公司以合作名义提供资金给 S 公司使用，实质系将公款供自然人史某某使用，属于挪用公款归个人使用。

（三）单位负责人决定将公款出借给自然人使用，并非为了单位利益的，仍然应当以挪用公款罪定罪处罚

2003 年《全国法院审理经济犯罪案件工作座谈会纪要》规定，经单位领导集体研究决定将公款给个人使用，或者单位负责人为了单位的利益，决定将公款归个人使用的，不以挪用公款罪定罪处罚。挪用公款侵犯的是单位对于公款的使用权，其实质是将单位公款非法置于个人的支配下，也就是公款私用。如果经过单位领导集体讨论通过或同意，或单位负责人为单位利益出借公款，利益归于单位，那么这些行为均反映出单位的意志，属于单位决定将公款给个人使用，则不构成挪用公款罪。因此，在认定是否构成挪用公款

时，还需考量单位负责人出借公款的主观目的。

对于张某未经单位领导集体研究，即指令T公司出借公款给史某某个人的行为，有观点认为，张某出借公款系为单位利益，不构成挪用公款罪。理由是：客观上，每笔业务中T公司赚取了合同金额约5%的“差价”，收取了一定的公款出借收益；主观上，被告人张某供述及辩解均证实，其系为单位拓展业务出借公款。综合主客观证据，张某出借公款系为单位利益。

我们认为，挪用公款罪侵犯的客体系公款使用权，公款使用权是否受到侵害，不能仅从出借公款是否存在收益及收益大小的角度进行认定。在单位负责人将公款出借给个人使用的情况下，认定单位负责人出借公款是否系为单位利益，要从单位视角出发，综合出借公款的起因、借款时单位是否有出借公款需求、款项出借风险情况、出借利益归属及大小、单位负责人对单位款项出借条件的主观认知等方面进行判断。就本案而言，综合在案证据能够认定，张某指令T公司向史某某个人出借公款，并非为单位利益。主要理由为：

第一，出借公款的起因系史某某存在资金需求。前文已提及，开展业务“合作”的背景系作为同乡的史某某拜访张某，告知张某其业务发展需要资金支持。在此种情况下，张某基于与史某某的长期人情交往关系，要求下属的T公司以合作形式，为史某某提供资金支持。因此，业务“合作”的起因不是张某希望为T公司带来收益或拓展业务，而是张某希望为同乡史某某提供资金支持。

第二，T公司未有出借公款的需求。T公司资金并不充裕，没有资金可以用于出借。在此种情况下，T公司的宋某某等人基于张某的指令，为了能够给史某某提供资金，只能使用银行贷款授信额度，在向银行贷款并承担高额贷款利息的情况下，向史某某提供资金。

第三，T公司垫资成本与收益相当。经T公司的宋某某等多人证言及相关财务凭证证实，虽然每笔业务中，T公司能够收取合同金额约5%的差价利益，T公司前后总计有100余万元的资金收益，但T公司需承担年息7%的贷款成本及中介业务开票费用，出借公款的成本较高。另外，在“合作”中，因J公司未能按照3个月的约定按时回款，大部分业务还款周期达到1年以

上，这使T公司的资金成本进一步提升，T公司的100余万元收益与垫资成本总体持平。

第四，T公司的公款出借行为存在一定风险。T公司的宋某某等多人证实，垫资回款受史某某供应的木制品家具质量情况、J公司资金及回款情况等多重因素影响，“合作”具有不稳定性，存在一定风险。实际“合作”过程中，大部分垫资资金未能按照约定的3个月期限归还，甚至个别业务出现了J公司未回款的情况，这进一步印证了垫资存在一定风险。

第五，张某对出借公款持放任态度。张某在要求T公司为史某某垫资提供资金时，对S公司实际情况、史某某开展的木制品家具业务情况、史某某所需资金数额、用款周期等缺乏了解。张某也未听取T公司的汇报说明，未了解T公司是否有木制品家具业务开展的需要、是否有出借资金需求、是否有足够资金以及出借资金的收益情况等。在上述情况下，张某作为上级国有公司领导，直接给下级的T公司总经理宋某某打电话，要求T公司为史某某提供资金，开展“合作”，这反映张某在主观上对T公司是否具备出借公款条件持放任态度，具有出借公款给史某某的强烈意愿。

综上，张某指令T公司出借公款给史某某个人使用的行为属于挪用公款归个人使用，应以挪用公款罪论处。

（撰稿：江苏省高级人民法院　毕晓红　凌　霄　王天奇
审编：最高人民法院刑二庭　张　杰）

[编号 017]

隐瞒境外存款罪的适用问题

内容摘要：我国现行有效的明确要求国家工作人员对其境外存款和投资情况予以报告的国家规定为 2017 年 2 月 8 日中共中央办公厅、国务院办公厅发布的《领导干部报告个人有关事项规定》。隐瞒境外存款罪中的存款不限于合法财产，亦可包括非法财产，但该非法财产应当是证明构成其他犯罪证据不足情形下的非法财产，而非已查明构成其他犯罪情形下的非法财产。境外存款已经查明系贪污等犯罪所得，行为人隐瞒不报的，一般不以隐瞒境外存款罪定罪。

关键词：隐瞒境外存款　国家规定　司法认定

【基本案情】

2009 年 6 月至 2013 年 4 月，被告人史某某利用其担任某国有公司副总经理、总经理等的职务便利，骗取材料费、咨询费 555 笔，共计折合人民币 4 亿余元。史某某将骗取的材料费和咨询费转入其设立的境外公司 A 公司账户，A 公司后通过 7 家境外公司将部分赃款转入其妻罗某于 2012 年在香港汇丰银行开设的账户，折合人民币 4891.052713 万元。后罗某支取账户中的钱款在香港购买房产和停车位。2015 年 3 月，史某某所在国有公司组织填报个人事项，在“领导干部个人有关事项报告表”中没有明确要求填写境外存款情况，但报告表中有个人认为需要报告的其他事项一栏，史某某对其境外存款未予填报。公诉机关起诉史某某未予申报其香港财产的行为构成隐瞒境外存款罪。

【争议问题】

被告人史某某的行为是否构成隐瞒境外存款罪？

【问题解析】

本案被告人史某某贪污部分的认定没有争议，史某某构成贪污罪。但对史某某未如实报告其境外存款的行为是否另认定构成隐瞒境外存款罪，是本案争议的焦点。围绕该问题，形成以下两种意见：

第一种意见认为，本案构成隐瞒境外存款罪。史某某违反《中华人民共和国外汇管理条例》、《关于领导干部报告个人有关事项的规定》（已失效），将钱款存入境外银行账户，未进行申报，不论账户内钱款来源、存款目的，只要未进行申报，其行为即构成隐瞒境外存款罪。主要理由是：

（1）本罪的“国家规定”含义不能局限在《刑法》第九十六条规定的范围内。《刑法》第九十六条规定的“违反国家规定”是指违反全国人民代表大会及其常务委员会制定的法律和决定，国务院制定的行政法规、规定的行政措施、发布的决定和命令，该条属于解释性的条款，它解释的是《刑法》中的“违反国家规定”，而不是“国家规定”。只有在条文中出现“违反国家规定”的字样，其含义才是《刑法》第九十六条规定的范围。对只出现“国家规定”的条款，如对隐瞒境外存款罪在《刑法》第三百九十五条第二款中的表述是“应当依照国家规定申报”，此处的“国家规定”不应局限于《刑法》第九十六条的“国家规定”范围。

（2）我国现行有效的与隐瞒境外存款罪相关的“国家规定”有两件：中国人民银行 2006 年公布的《个人外汇管理办法》和 1995 年 4 月 30 日中共中央办公厅、国务院办公厅印发的《关于党政机关县（处）级以上领导干部收入申报的规定》。本罪涉及的“国家规定”是《个人外汇管理办法》。《个人外汇管理办法》第八条规定：“个人跨境收支，应当按照国际收支统计申报的有关规定办理国际收支统计申报手续。”在人民币还不能完全自由流通的今天，只要将存款存放于境外，它多是以外币的形式体现的。外汇是指以外币表示的可以用作国际清偿的支付手段和资产，主要是指外国货币，包括纸币、铸币。所以，国家工作人员在境外的存款属于“外汇”的范畴，理应受到《个人外汇管理办法》的规制，而“统计申报”则明确要求存款人向相关机构报告存款的事实，只不过是向国家外汇管理机关进行申报。《刑法》第三百九十五条第二款只是规定了应当申报，并没有明确申报的机关，因此，将国家外汇管理机关视为申报机关并没有违背立法者的本意。

（3）取款行为不能影响隐瞒境外存款罪的认定。隐瞒境外存款罪规制的是国家工作人员的不申报境外存款行为，只要没有申报境外的存款，数额达到折合人民币30万元以上，即构成本罪，其取款行为并不能影响本罪的构成，即取款行为不是定罪情节，仅仅是量刑情节。在有存取款交易记录的情况下，应当以账户内的最高额为依据计算本罪的犯罪数额。

（4）即便是合法收入，如果存放境外不申报，也应当追究隐瞒境外存款罪的刑事责任。隐瞒境外存款罪的存款，既有可能是合法收入，也有可能是通过贪污、受贿、挪用公款甚至盗窃等犯罪行为获得。行为人通过贪污获得的赃款，存入境外银行，并不予申报，对行为人应当以贪污罪和隐瞒境外存款罪数罪并罚。

第二种意见认为，本案不构成隐瞒境外存款罪。主要理由是：

（1）该账户内部分存款已经转化为房产，其余钱款已经被转移，该银行账户在刑事立案前已销户，史某某将钱款存入香港汇丰银行的目的并不是隐瞒存款。

（2）该账户内存款一直在变化，只能确定该账户内的取款总额，不能确定某一时段该账户内存款的具体数额。

（3）在该账户内存在大量存款时，关于应当申报境外存款的国家规定并不明确。根据本案证据，涉案国有公司是在2015年3月组织填报个人事项的，彼时对应当申报境外存款的要求亦不明确。

（4）本案没有证据证实汇丰银行账户内的钱款是由境内转出，即涉案行为未侵犯我国外汇管理制度。

（5）如果认定被告人在香港汇丰银行的存款行为构成隐瞒境外存款罪，则其在A公司账户内的钱款也未申报，是否应一并认定构成隐瞒境外存款罪？公诉机关对此作了不同处理。就法的统一性而言，本案不宜认定构成隐瞒境外存款罪。

我们赞同第二种意见。

（一）本案有充分证据证明被告人史某某配偶境外银行账户的存款来源史某某贪污的赃款，对已经查明境外存款系贪污等犯罪所得的，不宜再以隐瞒境外存款罪评价

1. 对已经查明系贪污等犯罪所得的境外存款，行为人隐瞒不报的，应属于不可罚的事后行为。主要理由是：

首先，对已经查明系贪污等犯罪所得的境外存款，要求犯罪人对其违法所得主动申报不具有法律上的期待可能性。根据期待可能性理论，从行为时的具体情况看不能期待行为人作出合法行为的，则为阻却责任事由。在行为人贪污等行为实行完毕后，基于社会一般人的常态和人性特点，行为人不可能主动报告其赃物去向等情况。行为人隐瞒贪污等违法所得去向的行为本质上属于对其赃物的转移处分行为，期待行为人对其赃物处分行为主动如实报告不具有可能性。

其次，行为人隐瞒境外贪污等违法所得行为与贪污等前罪行为具有依附性。行为人隐瞒境外贪污等违法所得的行为属于贪污等犯罪行为完成后，为维持或利用不法状态以确保其犯罪利益得以实现而实行的事后行为，该事后行为与贪污等前罪行为相伴而生，是贪污等前罪行为的自然后续，与贪污等前罪有强烈的依附关系，对其隐瞒境外存款的事后行为的刑罚判断，应在贪污等前罪刑罚中予以考虑。

综上，对已经查明系贪污等犯罪所得的境外存款，行为人隐瞒不报的，虽然在形式上符合隐瞒境外存款罪的构成要件，但实质上存在阻却责任事由，属于不可罚的事后行为，一般不以隐瞒境外存款罪定罪处罚。

2. 隐瞒境外存款罪中的存款不限于合法财产，亦可以包括违法财产，但该违法财产应当是在证明构成其他犯罪证据不足情形下的违法财产，而非已查明构成其他犯罪情形下的违法财产。主要理由是：

首先，隐瞒境外存款罪与巨额财产来源不明罪规定在《刑法》同一条中，对隐瞒涉违法财产的境外存款的性质判定宜参照巨额财产来源不明罪的认定思路，即在有证据证明涉嫌其他犯罪的情况下，以其他犯罪认定；在证明其

他犯罪证据不足的情况下，可以适用该罪名。具体如下：如果能够查明该境外存款为其贪污、受贿犯罪所得，则应当以贪污罪、受贿罪等罪名对其定罪处罚；如果无法查明该境外存款的性质，应责令其说明该境外存款的来源，无法说明该境外存款来源合法的，达到了巨额财产来源不明罪的立案标准，则根据想象竞合犯择一重罪处断的原则，以巨额财产来源不明罪追究其刑事责任。只有不符合上述情形的，依法才能认定为隐瞒境外存款罪。

其次，从已处理的案件来看，同时认定贪污贿赂犯罪及隐瞒境外存款罪进行数罪并罚的，多为部分犯罪数额涉及职务犯罪，另有与职务犯罪财产无关的其他财产涉及隐瞒境外存款罪。对已经查明境外存款系贪污等犯罪所得而隐瞒的，审判实践中不再认定构成隐瞒境外存款罪。

（二）本案被告人申报时的相关规定

根据《刑法》第三百九十五条第二款的规定，隐瞒境外存款罪是指国家工作人员依照国家规定应该申报境外存款而隐瞒不报、数额较大的行为。何为“国家规定”，《刑法》第九十六条规定：“本法所称违反国家规定，是指违反全国人民代表大会及其常务委员会制定的法律和决定，国务院制定的行政法规、规定的行政措施、发布的决定和命令。”《最高人民法院关于准确理解和适用刑法中“国家规定”的有关问题的通知》（法发〔2011〕155号）第一条规定，根据《刑法》第九十六条的规定，《刑法》中的“国家规定”是指，全国人民代表大会及其常务委员会制定的法律和决定，国务院制定的行政法规、规定的行政措施、发布的决定和命令。其中，“国务院规定的行政措施”应当由国务院决定，通常以行政法规或者国务院制发文件的形式加以规定。以国务院办公厅名义制发的文件，符合以下条件的，亦应视为《刑法》中的“国家规定”：（1）有明确的法律依据或者同相关行政法规不相抵触；（2）经国务院常务会议讨论通过或者经国务院批准；（3）在国务院公报上公开发布。目前，我国涉及国家工作人员申报制度的国家规定有4件，即1995年4月30日中共中央办公厅、国务院办公厅印发《关于党政机关县（处）级以上领导干部收入申报的规定》（已废止）（以下简称1995年规定），1997年1月31日中共中央办公厅、国务院办公厅发布的《关于领导干部报告个人重大事项的规定》（已废止）（以下简称1997年规定），2010年5月26日中共中央办公厅、国务院办公厅印发《关于领导干部报告个人有关事项的规定》（已失效）（以下简称 2010 年规定），2017 年 2 月 8 日中共中央办公厅、国务院办公厅发布的《领导干部报告个人有关事项规定》（现行有效）（以下简称 2017 年规定）。

上述 4 件涉及我国国家工作人员财产申报制度的国家规定中，前 3 件规定均未明确规定国家工作人员应对其境外存款和投资情况予以报告。其中，1995 年规定未有国家工作人员报告其境外存款和投资情况的任何规定要求；1997 年规定和 2010 年规定中，虽然规定了个人认为有需要请示事项的兜底性内容（1997 年规定的第三条第二款，2010 年规定的第九条），但对该事项的报告规定的是“可以”向组织请示报告，而非“应当”请示报告；2017 年规定则明确要求领导干部应对其境外存款和投资情况予以报告。在 2017 年规定出台前，实践中对于适用隐瞒境外存款罪的最大争议是如何认定申报规定；在 2017 年规定出台后，对于此前的隐瞒行为有无溯及力等，均存在争议。考虑到本案史某某及其配偶境外账户内存在大量存款的时间为 2009 年至 2013 年，且其未予申报的境外存款是贪污犯罪所得，故可以不认定其为隐瞒境外存款罪。

应当注意的是，前述第一种意见中以史某某违反中国人民银行 2006 年公布的《个人外汇管理办法》第八条规定（个人跨境收支，应当按照国际收支统计申报的有关规定办理国际收支统计申报手续）进而认定其构成隐瞒境外存款罪，属于适用法律错误。《个人外汇管理办法》系规范个人在我国与境外之间的收支行为，并不规范个人在他国（境）之间的收支行为。本案中，史某某的账户流转系在境外某国家与我国香港地区间的收支流转，并未涉及我国与境外某国家或内地与香港地区的收支流转，不适用《个人外汇管理办法》，且《个人外汇管理办法》规定的办理国际收支统计申报手续并不属于国家规定的申报境外存款行为，故不能据此认定史某某构成隐瞒境外存款罪。

（撰稿：最高人民法院刑二庭　庄慧娟

审编：最高人民法院刑二庭　黄　嵩）

［编号 018］

为避免政府违约而违规返还土地出让金的行为是否构成滥用职权罪

内容摘要： 考虑当前国家土地政策多次发生调整、变动以及党和国家大力倡导加强诚信政府建设等背景因素，在地方政府未能履行招商引资承诺并返还土地出让金的情况下，国家机关工作人员为避免政府违约而违规返还土地出让金的，尽管客观上造成了公共财产损失，但鉴于其行为具有维护政府诚信、“新官理旧账”的性质，一般不宜以滥用职权罪追究刑事责任。

关键词： 滥用职权罪　土地出让金返还　政策调整

【基本案情】

被告人李某某，男，曾任 A 市 Y 区区长兼大桥经济开发区管理委员会（以下简称大桥管委会）主任，2017 年 4 月 6 日被逮捕。

2006 年 8 月，香港精博集团（以下简称精博集团）经招商引资到 A 市 Y 区开办企业，并与大桥管委会签订协议。其中就投资工业项目及配套房地产项目约定：自一期工业项目入区破土动工之日起 12 个月内，大桥管委会应在 6 个月内通过“招拍挂”形式先出让 80 亩房地产净地给精博集团，待精博集团按土地中标的约定金额缴款后 30 日内，对于超出 18 万元每亩部分，大桥管委会财政予以返还且每拖延一日应支付 1‰的逾期违约金。2007 年 1 月，国家政策发生变化，明令禁止土地出让金以任何形式返还。2007 年 8 月，李某某开始担任 Y 区区长兼大桥管委会主任。2009 年 6 月 23 日，精博集团的子公司艾诺威公司通过“招拍挂”方式以 93.09 万元每亩的价格取得一期工业项目配套房地产用地 80 亩。根据先前约定，在艾诺威公司全额缴纳土地出让金后的30日内，大桥管委会财政应返还超出18万元每亩的土地溢价金6007万元。

2009年12月，Y区区长办公会专门对此事进行了研究，被告人李某某在会上提出“既要严格依照原有合同，又要符合现行土地出让金政策，对外来投资奖励政策也要执行，可以用固定资产投资奖励的办法来变通执行原来的土地出让金奖励政策”，并确定了“既要讲究诚信，兑现合同约定；又要依法办事，不能违背现行土地政策”的原则。2010年4月，大桥管委会向Y区政府递交《关于精博集团配套房地产项目合同履约问题的请示》，提出以固定资产投资奖励的形式支付艾诺威公司6007万元。经李某某签批同意后，Y区政府下发《关于艾诺威科技工业项目合同履约问题的批复》，同意大桥管委会的方案。此后，大桥管委会开会研究，同意支付6007万元的固定资产投资奖励给艾诺威公司。同时要求艾诺威公司最迟于2013年年底实现工业项目达标且每亩税收不低于10万元，总投资额不低于1500万美元。此外，会议还要求请中介机构对艾诺威科技项目实际固定资产投资情况进行评估审核，并安排Y区审计局出具审计报告，再由艾诺威公司出具项目达标承诺书。后大桥管委会据此分两次将6007万元的财政资金以固定资产投资奖励名义转入艾诺威公司账户。

检察机关指控被告人李某某犯滥用职权罪。被告人李某某及其辩护人提出：李某某以固定资产投资奖励返还土地出让金客观上维护了大桥管委会和国家利益，也符合国家利用外资的基本国策，其行为不构成滥用职权罪。

【争议问题】

对被告人李某某为避免政府违约而违规返还土地出让金的行为，能否以滥用职权罪定罪处罚？

【问题解析】

案件处理过程中，存在以下两种不同意见：

第一种意见认为，被告人李某某构成滥用职权罪。理由是：李某某明知法律、法规以及文件明令禁止返还土地出让金，在收受贿赂后利用职务便利，主动提出以固定资产投资奖励的方式变相返还土地出让金，并且以管委会主任及区长的身份发表决定性意见，授意艾诺威公司负责人许某某出具虚假的资产评估报告、签署形同虚设的承诺书，故意不认真履行职责，最终导致国家财产损失，具有滥用职权的主观故意和客观行为，应以滥用职权罪追究其刑事责任。

第二种意见认为，被告人李某某以固定资产投资奖励形式变相返还土地出让金，系履行上一届政府签订的土地出让合同，其行为带有“新官理旧账”的性质。同时，在国家土地管理政策多次进行调整的背景下，被告人的行为有别于一般的滥用职权犯罪，不宜追究其刑事责任。

我们倾向于同意第二种意见。

（一）现有证据不能证实被告人存在滥用职权的主观故意

在案证据显示，香港精博集团与大桥管委会签订的项目合同约定，大桥管委会财政应返还精博集团缴纳的土地出让金。由于2007年后国家土地政策发生变化，禁止土地出让金以任何形式返还，大桥管委会便不具备返还土地出让金的条件。但根据双方合同约定，大桥管委会每拖延一日便需支付1‰的逾期违约金。在此背景下，被告人李某某召开区长办公会议，提出以固定资产投资奖励的形式返还部分土地出让金给精博集团所属的艾诺威公司，并要求艾诺威公司承诺如不能完成投资金额、税收任务，则需将全部奖励资金退还给大桥管委会。李某某的行为在一定程度上具有避免政府违约、维护政府诚信的性质，其行为区别于一般滥用职权犯罪中未经集体研究、个人独断专行作出决定或明知国家已禁止返还土地出让金却无任何正当理由仍予以返还的情形；其为保障政府奖励资金的安全而设定附加条件的行为，也区别于一般滥用职权犯罪中明显或恶意损害公共财产、国家利益的情形。

（二）本案中存在国家土地政策调整、变动的情形，被告人的行为客观上有别于典型的滥用职权犯罪

滥用职权罪在刑法体系中属于“行政犯”，即犯罪主体需先行违反相关行政法规或规范性文件的要求，才有可能构成本罪。本案中，地方政府在招商引资过程中，国家土地政策屡次发生调整，在一定程度上影响了“违规返还

土地出让金”类型的滥用职权罪的认定。概括而言，围绕土地出让金返还的相关政策可以划分为以下三个阶段：（1）改革开放之初至 2006 年。地方政府基于招商引资的目标需求，普遍给予投资企业诸多优惠政策，包括减免、返还土地出让金等。在这一阶段，地方政府返还土地出让金的行为一般不作为犯罪处理。（2）2006 年 12 月，国务院办公厅颁布《关于规范国有土地使用权出让收支管理的通知》（国办发〔2006〕100 号），严禁地方政府以招商引资名义减免土地出让金或以其他形式变相减免土地出让金。此后，国务院于 2014 年再次出台文件，重申国办发〔2006〕100 号文件精神，严禁对企业以优惠价格或者零地价出让土地。（3）2015 年 5 月，国务院发布《关于税收等优惠政策相关事项的通知》，宣布暂停执行 2014 年文件，不再以“一刀切”的方式禁止地方政府履行优惠政策，并提出“各地与企业已签订合同中的优惠政策，继续有效；对已兑现的部分，不溯及既往”。此后，地方政府针对招商引资过程中以“固定资产投资奖励”等形式的优惠政策，如在 2015 年之前已经作出承诺或已经兑现的，可继续执行或不再撤销。

大桥管委会于 2006 年 8 月与精博集团约定返还土地出让金的优惠条件，发生在国务院颁布禁令之前。在当时的情况下，精博集团对管委会返还土地出让金具有合理期待，故李某某同意以固定资产投资奖励的方式变通执行先前优惠协议，区别于国务院相关文件出台后仍然违规决定返还土地出让金的情形。此外，国务院在 2015 年重新发布文件，对地方政府在招商引资过程中所作出的承诺乃至个别不规范的优惠政策给予一定的执行空间，并明确表示对已经兑现的部分“不溯及既往”，实质上是对一些地方政府兑现先前优惠政策的追认。在此背景下，李某某的行为虽不符合国务院在 2006 年、2014 年的政策规定，但已经被国务院 2015 年的文件所基本认可。

此外，通过对中国裁判文书网相关案例的检索可见，最高人民法院亦曾就地方政府与企业返还土地出让金纠纷作出多份民事生效判决，包括（2017）最高法民终 352 号民事判决、（2017）最高法民再 288 号民事判决、（2017）最高法民申 3974 号民事裁定等，均明确支持相关企业主张政府应依照协议返还土地出让金的诉求。故此，我们认为，在本案中已经没有追究被告人李某某刑事责任的现实必要性和紧迫性。

（三）现有证据尚不能证实被告人的行为致使公共财产、国家和人民利益遭受重大损失

尽管艾诺威公司获得了大桥管委会拨付的固定资产投资奖励6007万元，但根据被告人李某某的要求，艾诺威公司向大桥管委会出具了书面承诺书，承诺如不能如期实现约定项目总项目投资和税收回报，则将该项目固定资产投资奖励以现金或相应土地和厂房、机械设备方式退还或抵扣给大桥管委会。由此表明，大桥管委会与艾诺威公司之间，达成的是一项“附条件的、可撤销的奖励政策协议”，相关固定资产投资奖励并非无偿赠与，而是需要满足一定条件后才能获得。尽管艾诺威公司在获得固定资产投资奖励后，因市场行情发生变化并未实际盈利，但基于该公司先前所作出的承诺，大桥管委会有权通过协议约定的仲裁方式收回上述投资奖励或以艾诺威公司的土地、房产和设备予以折抵。鉴于公诉机关未就艾诺威公司的涉案土地、房产、设备委托评估机构进行审计和评估，故尚不能确定造成公共财产的实际损失数额。

（四）追究被告人滥用职权刑事责任，不符合当前党和国家关于加强诚信政府建设的政策导向

当前，地方政府在发展地方经济过程中以“新官不理旧账”、政策变化、规划调整等理由违约、毁约，侵犯民营企业家合法权益的行为不同程度存在。对此，党中央、国务院曾多次发布文件，要求各地政府加强“政府诚信建设”“确保诚信履约”，严格兑现其依法作出的承诺，切实改善营商环境，保障企业发展和企业家的合法权益。例如，2016年中共中央、国务院发布的《关于完善产权保护制度依法保护产权的意见》明确要求，大力推进法治政府和政务诚信建设，地方各级政府及有关部门要严格兑现向社会及行政相对人依法作出的政策承诺，认真履行在招商引资、政府与社会资本合作等活动中与投资主体依法签订的各类合同。2017年中共中央、国务院发布的《关于营造企业家健康成长环境弘扬优秀企业家精神更好发挥企业家作用的意见》明确要求：“研究建立因政府规划调整、政策变化造成企业合法权益受损的依法依规补偿救济机制。”2017年国务院办公厅发布的《关于进一步激发民间有效投资活力促进经济持续健康发展的指导意见》要求，地方各级政府要认真履行与民营企业签订的合法合规协议或合同，不得以政府换届、相关责任人更替

等理由拒不执行，不得随意改变约定，不得出现“新官不理旧账”等情况。此外，2018 年最高人民法院发布的《关于充分发挥审判职能作用为企业家创新创业营造良好法治环境的通知》还提出，对于确因政府规划调整、政策变化导致当事人签订的民商事合同不能履行的，依法支持当事人解除合同的请求。对于当事人请求返还已经支付的国有土地使用权出让金、投资款、租金或者承担损害赔偿责任的，依法予以支持。结合本案有关事实，由于 2007 年年初国家土地政策发生变化且管委会负责人予以调整，艾诺威公司在完成合同约定的义务后，无法基于原协议内容获得已缴纳的土地出让金，为此多次联系新任大桥管委会主任被告人李某某，李某某遂在区长办公会议上提出，“既要讲究诚信，兑现合同约定；又要依法办事，不能违背现行土地政策”，并以变通方式兑现了管委会先前承诺。如果以此追究其刑事责任，则不利于推动地方政府守信践诺和依法行政，也有违当前党和国家保护企业家合法生产经营权益的政策导向。因此，从政策层面考虑也不宜对李某某“新官理旧账”的行为科以刑罚。

综上，被告人李某某的行为不符合滥用职权罪的构成要件，且在处理此类案件过程中，对于因政策变化、人事调整而发生的政府履约、“新官理旧账”等因素亦应一并考虑，故对公诉机关关于李某某犯滥用职权罪的指控，不应认定。

（撰稿：最高人民法院刑二庭　于同志
天津市第一中级人民法院　张文波
审编：最高人民法院刑二庭　张　杰）

［编号 019］

接受他人代为支付“跑官”“买官”费用行为的性质认定

内容摘要：行为人对于他人代为支付“跑官”“买官”费用具有概括故意的，即便双方对具体数额事前无通谋，仍应按受贿犯罪处理，数额以实际支付的计算。

关键词：受贿罪　跑官　买官　概括故意

【基本案情】

秦某某系多家私营企业实际控制人，曾在 Y 市多家银行机构工作 10 余年。2015 年，经朋友介绍，秦某某与时任 G 省银保监局二级巡视员的被告人李某相识，为与李某搞好关系获取银行贷款等方面帮助，秦某某经常为李某提供高档红酒，主动陪李某吃饭或安排宴请，二人关系逐步密切。2019 年开始，秦某某应李某要求为其安排专职司机、出资租赁房屋。其间，李某经常在银行机构面前为秦某某“站台”“撑腰”，接受秦某某请托向银行机构“打招呼”，帮助秦某某获取银行贷款、银行授信，上调银行授信评级等。

2020 年 3 月中旬，李某告知秦某某，自己调任 Y 市农村商业银行董事长已得到 G 省金融监督管理局和 Y 市国有资产监督管理委员会的书面推荐，但一直没有消息，要求秦某某想办法向 Y 市主要领导“打招呼”推进此事。秦某某为进一步拉近与李某的关系，遂表示其生意伙伴胡某的政治资源丰富，认识 Y 市和原中国银行保险监督管理委员会有关领导，可以找胡某帮助。李某同意并让秦某某抓紧联系胡某推进此事，并向秦某某提供了个人简历。随后，秦某某两次到外地与胡某见面，请胡某为李某调任一事帮忙，并承诺给胡某提供现金1000万元和自己某公司20%的股权。胡某同意帮忙，后告知秦某某已找了原中国银行保险监督管理委员会的领导，该领导已答应找Y市领导推动。李某得知消息后，要求秦某某继续跟进。审查调查期间，胡某交代自己并不认识原中国银行保险监督管理委员会和Y市领导，也从未找过上述领导。

2020年4月初，李某、秦某某与胡某在Y市见面商议请胡某帮忙一事，李某表示相信胡某的背景和人脉资源，对胡某答应帮忙表示感谢，承诺如果调任Y市农村商业银行董事长，会继续关照秦某某和胡某，并要求秦某某搞好与胡某的关系，继续跟进其调任一事。秦某某表示请李某放心，并于4月8日将之前承诺的1000万元转账至胡某指定账户。后胡某向秦某某谎称已找原中国银行保险监督管理委员会的领导向Y市领导“打招呼”，Y市领导已答应安排李某调任事宜。

2020年5月上旬，李某得知自己调任Y市农村商业银行董事长一事已经Y市市委研究通过，但因被举报而被纪检监察部门紧急叫停，遂请胡某帮助尽快处理其被举报及被叫停调任问题。胡某表示会赴京“打点”，通过原中国银行保险监督管理委员会的领导“打招呼”。李某与胡某通话后，当晚即约见秦某某，要求秦某某承担胡某赴京“打点”费用。同时，秦某某告知李某，之前因其调任一事已给胡某1000万元，为其调任还要继续花钱，特别是处理举报问题，并答应李某会继续出钱。至此，李某已明确知道秦某某给了胡某1000万元，表示“早知道要花那么多钱就不办了，现在说这些也没用，还是赶紧解决被举报的问题”，随后仍继续催促秦某某找胡某解决其被举报问题。

2020年5月15日，胡某电告秦某某，谎称需购买名家字画送给相关部门领导，要求秦某某支付购画款800万元（案发后胡某交代其告知秦某某购画费用为300万元）。秦某某当日转账给胡某指定账户180万元，后未再支付剩余款项。同年5月下旬，李某、秦某某、胡某在Y市见面吃饭，胡某向李某、秦某某二人称已购买价值800万元字画，并已送给了相关领导。饭后，李某单独约见秦某某并称，买画这么大一笔钱不可能都是现金支付，还涉及转账，让秦某某小心一些，不要被查到。秦某某告知李某，因其公司资金周转困难只给了胡某180万元，其余买画费用系胡某垫付，李某听后释然并表示感谢，要求秦某某催促胡某抓紧处理被举报问题。同年6月，李某担心1180万元问题被查，要求秦某某和胡某串供，将上述钱款编造成二人生意往来款，与其无关，后又担心上述说法不够合理，要求秦某某编造向胡某购买古董的事实，并要求双方签订虚假协议，逃避组织调查。之后，李某继续要求秦某某找胡某推动解决上述问题。同年12月，李某得知已无法调任Y市农村商业银行董事长后，继续要求胡某帮助调往其他金融机构，胡某均答应但均未成功。其间，李某多次催促秦某某找胡某抓紧处理其被举报问题，胡某均编造理由搪塞。

2022年3月8日，秦某某被采取留置措施后，李某担心事情败露，主动约胡某到Y市见面，认为秦某某已与胡某成功串供后，未再追问关于1180万元的具体情况。

【争议问题】

如何准确认定接受他人代为支付“跑官”“买官”费用的性质？

【问题解析】

案件办理过程中，对于本案中秦某某代李某支付的1180万元“买官”费用的性质认定，产生了以下两种意见。

第一种意见认为，应将秦某某为李某支付的1180万元“跑官”费用分别评价，其中180万元可认定为李某受贿，1000万元无法认定受贿，应做违纪处理。理由是：

1. 秦某某先后支付给胡某的1000万元、180万元，针对的请托事项不同、找的领导关系也不同。李某在已被书面推荐调任Y市农村商业银行董事长的前提下，认为只需Y市市委同意便可调任，其通过秦某某请托胡某找Y市主要领导帮忙，主要基于秦某某、胡某系生意伙伴，未想到“打招呼”需要花费巨资。秦某某在事先未告知李某请胡某帮忙需要费用的情况下支付了1000万元，李某事后知情并曾表示诧异，不能认定李某有受贿故意。李某对1000万元属事后知情，且“早知道要花那么多钱就不办了”等供述也表明其对此事不持积极态度。

2. 李某虽同意由秦某某请胡某帮忙找 Y 市领导“活动”，但秦某某在事前未请示、告知李某的情况下，被胡某骗得 1000 万元，远超李某的认知，李某与秦某某就 1000 万元金额事前无共谋，仅事后知情，不能认定李某对该 1000 万元承担受贿的刑事责任。

3. 2022 年 3 月 8 日，李某向胡某询问秦某某是否送给其钱款，表明李某对 1000 万元不存在法律意义上的明知，根据主客观相一致原则，对该部分不宜以受贿论处。

第二种意见认为，应当将秦某某为李某支付的 1180 万元“买官”费用做整体评价，不宜割裂，应按一罪认定李某构成受贿 1180 万元且既遂。

我们同意第二种意见。行为人对于他人代为支付“跑官”“买官”费用具有概括故意的，即便双方对具体数额事前无通谋，仍应按受贿犯罪处理，数额以实际支付的计算。理由是：

1. 李某指使秦某某请托胡某帮助调任 Y 市农村商业银行董事长、解决信访举报问题以及后续调往其他银行机构任职，并由秦某某支付“买官”费用，系为实现调离中国银行保险监督管理委员会系统谋求银行高管职务这一目的而实施的连续行为。李某对 1000 万元的知情，应认定其主观上予以认可。李某、秦某某向胡某提出了帮助调任 Y 市农村商业银行董事长、解决信访举报问题、调往其他银行机构任职等请托事项，目的是一致的，即帮助李某调离中国银行保险监督管理委员会系统到银行机构任职，其中解决信访举报问题系实施“跑官”“买官”过程中的牵连行为，体现为：一是李某于 2020 年 5 月因调任受阻才请托胡某帮忙解决信访举报问题，该问题与调任 Y 市农村商业银行董事长、调往其他银行机构任职，相互关联，高度重合、交叉；二是李某明知其多个调动想法难以实现的原因，即信访举报问题没有解决。因此，李某通过秦某某请托胡某帮助工作调动、解决信访举报问题，并先后给予胡某 1000 万元与 180 万元的行为，应统一认定为李某为谋求职务调任而指使秦某某为其支付“买官”费用的不同阶段，李某得知送予 1000 万元的时间并非“事后”，而系受贿犯罪行为进行过程中。结合后续秦某某又支付 180 万元以及李某继续要求秦某某找胡某帮助调动等情节综合评价，李某对 1000 万元的主观故意应认定为明知。

2. 李某存在积极追求1000万元“买官”这一结果发生的客观行为。一是李某交代其系在得到组织推荐调任Y市农村商业银行董事长，但迟迟无进展的情况下，要求秦某某“找关系”推动，即明确要求秦某某通过非正常手段帮助其实现调任目的。二是秦某某告知李某1000万元事实后，虽有“早知道要花那么多钱就不办了”等表述，但实际未予以制止或消除影响，并未中止犯罪行为，反而继续要求秦某某为解决举报问题进而实现调任Y市农村商业银行董事长而支付胡某“买官”费用，形成事实上对1000万元的确认，并积极追求最终结果的实现。三是李某事后嘱咐秦某某与胡某串供，再次证明其对自身行为性质及后果的不正当性系明知且积极追求。2022年3月8日李某询问胡某的行为，结合其本人交代，应为其再次企图掩盖犯罪行为。四是2020年12月李某得知调任Y市农村商业银行董事长失败后，又向胡某提出调往其他金融机构，但未再支付“买官”费用，客观上反映出李某对胡某“之前已收钱，就要办成事”的确认。

3. 李某对其为秦某某谋取利益，及秦某某为其“买官”给予胡某1000万元等，应有“符合对价”的常识判断。李某与秦某某均有丰富的金融从业经验，对监管部门领导干部身份及谋求的金融机构高管职务身份的价值，均应当有清晰认知，对李某已经给予的及承诺给予的帮助，均应当有准确的价值判断。结合李某“病急乱投医”的心理和其对秦某某急需资金状态的了解，其对秦某某给胡某1000万元的金额应有“符合对价”的判断。审查调查发现：2016年，李某帮助秦某某获取银行贷款4950万元；2018年，帮助秦某某获取银行贷款9450万元；2019年，帮助秦某某获取银行贷款8177万元；2019年7月，帮助秦某某上调授信评级并获取并购贷款。此外，李某多次向秦某某、胡某表达，其调任Y市农村商业银行董事长后，会继续“关照”秦某某和胡某。

4. 李某与秦某某之间属于典型的长期围猎型贿赂关系。综合评价李某、秦某某日常交往事实，二人已形成有别于“一事一贿”的利益捆绑模式，即李某利用职权为秦某某谋取利益但不直接收受现金，而由秦某某为李某支付应由其本人支付的费用或为其提供服务。这种模式在经济发达地区较为普遍。

实际上，李某曾多次为秦某某谋取利益而未直接收受现金贿赂，但却多次向秦某某提出各种利益要求，秦某某也有求必应。据李某交代，“秦某某为了长期与我搞好关系，所以对我提的要求从不拒绝”。秦某某给予胡某1000万元前，李某先与胡某见面，并明示其调任Y市农村商业银行董事长后，将为秦某某进一步谋利，符合李某为秦某某办事，秦某某为李某花钱的贿赂特征，李某的主观表示也促使秦某某不惜重金帮助李某调任。

综上，对于他人代为支付“跑官”“买官”费用的行为，即便行受贿双方事前对具体数额无共谋，但受贿人对此有概括故意的，仍应按受贿犯罪处理。就本案而言，李某和秦某某存在长期的权钱交易关系，对于秦某某代为支付的“跑官”“买官”费用，李某虽然事前不知道确切的数额，但是事前明确指示秦某某推进其职务调动事宜，事后要求秦某某“打点”被举报事宜，即秦某某支付“跑官”“买官”费用在李某整体的犯罪故意之内，故李某对秦某某代为支付的全部“跑官”“买官”的费用构成受贿罪。

（撰稿：最高人民法院刑二庭　郭　慧
中央纪委国家监委驻国家金融监管总局纪检监察组　金　纪
审编：最高人民法院第五巡回法庭　逄锦温）

[编号 020]

以房屋交易形式收受贿赂犯罪中房屋价格认定报告的审查与判断

内容摘要：价格认定报告应包括价格认定依据、过程及方法。就房屋价格认定而言，选取市场法对房屋价格进行认定的，价格认定报告应包括选取的可比实例房屋情况及依据可比实例进行价格计算的过程和方法。应对价格认定报告所附价格认定依据、过程及方法进行实质审查判断。

关键词：交易型受贿犯罪　房屋价格认定

【基本案情】

被告人陶某某，某市城市管理局原党组成员、副局长。

一审法院经审理查明：被告人陶某某于 2005 年至 2013 年，利用职务便利，为他人谋取利益，先后 14 次索取、收受他人贿赂的财物，单独受贿共计折合人民币 637 万余元。部分单独受贿的情况如下：（1）2005 年 5 月左右，被告人陶某某要求某市 Y 公司董事长谢某某以明显低于市场的价格 200 万元将某市威尼斯花园米兰区 82 号别墅出售给自己。经价格认定，上述房产交易时的市场价格为 335.121 万元，被告人陶某某从中索取 135.121 万元。（2）2013年 2 月，被告人陶某某以明显高于市场的价格 800 万元将某市威尼斯花园米兰区 82 号别墅出售给顾某某。经价格认定，上述房产交易时的市场价格为 653.465 万元，被告人陶某某从中索取 146.535 万元。（3）2009 年下半年至 2010 年 2 月，被告人陶某某要求江苏 H 集团常务副总经理杨某将某市长广溪花园 152 号双拼别墅以明显低于市场的价格 500 万元出售，并让其哥哥陶某生（另案处理）实际购得。经价格认定，上述房产交易时的市场价格为629.8093万元，被告人陶某某从中索取129.8093万元。

（陶某某其他单独受贿及共同受贿事实、滥用职权事实、徇私枉法事实、内幕交易事实略。）

一审法院认定被告人陶某某构成受贿罪，判处有期徒刑十三年，并处罚金人民币200万元（其余量刑部分略）。

被告人陶某某提出上诉后，二审法院江苏省高级人民法院经审理查明共同受贿事实、滥用职权事实、徇私枉法事实、内幕交易事实与一审法院一致，对部分单独受贿事实予以改判：（1）上述一审法院认定的第1起事实，修改为上诉人陶某某要求某市Y公司董事长谢某某以200万元的价格将威尼斯花园米兰区82号别墅出售给自己，同时提出将房产面积相同的米兰区79号别墅优惠出售给其朋友陈某清，陈某清购买米兰区79号别墅的实际成交价为250万元。82号别墅实际成交价200万元明显低于同时期交易的79号别墅的实际成交价，陶某某从中索取50万元。（2）上述一审法院认定的第2起、第3起事实，二审法院未予认定（其他犯罪事实略）。

二审法院判决上诉人陶某某犯受贿罪，判处有期徒刑十一年六个月，并处罚金人民币120万元（其余量刑部分略）。

【争议问题】

（一）价格认定报告是否应包括价格认定依据、过程及方法？

（二）对房屋价格认定报告是否需要进行实质审查与判断？

【问题解析】

近年来，随着经济社会的发展，受贿犯罪手段翻新且更加隐蔽，为更好地打击贿赂犯罪，2007年最高人民法院、最高人民检察院发布了《关于办理受贿刑事案件适用法律若干问题的意见》，为打击房产、汽车等物品交易环节的受贿犯罪提供了司法依据。该意见规定，国家工作人员利用职务上的便利为他人谋取利益，以交易形式收受请托人财物的，构成受贿犯罪；受贿数额按照交易时当地市场价格与实际支付价格的差额计算。在司法实践中，交易型受贿犯罪的性质及数额认定仍存在相关争议，如以房产交易形式收受贿赂犯罪中房产市场价格的认定问题。本案中，对于以下三起受贿事实是否认定，存在较大分歧：第1起事实——2005年5月，被告人陶某某以200万元，购买市场价格335.121万元的威尼斯花园米兰区82号别墅，以明显低于市场价格135.121万元购买房产；第2起事实——2013年2月，被告人陶某某以800万元出售市场价格653.465万元的威尼斯花园米兰区82号别墅，以明显高于市场价格146.535万元出售房产；第3起事实——2009年下半年至2010年2月，被告人陶某某要求他人以500万元向其哥哥出售市场价格629.8093万元的长广溪花园152号别墅，以明显低于市场价格129.8093万元购买房产。其主要焦点为价格认定机构出具的3份价格认定结论书能否客观、真实反映房产交易时的市场价格。

（一）价格认定报告应包括价格认定依据、过程及方法

本案涉及威尼斯花园米兰区82号别墅的两次交易均为二手房交易，鉴于二次交易时别墅市场价格与别墅买入价格已存在较大差异，公诉机关未选取买入价格认定别墅价格，而是委托价格认定机构对别墅交易时的市场价格进行价格认定。涉及长广溪花园152号别墅房屋的交易虽系新房交易，但因该别墅系开发商预留给内部员工，并未打算进行市场销售，故公诉机关同样委托价格认定机构对别墅交易时的市场价格进行认定。

对于价格认定机构出具的上述3份价格认定结论书能否作为定案证据，我们认为，价格认定报告应包括价格认定依据、过程及方法。就房屋价格认定而言，选取市场法对房屋价格进行认定的，价格认定报告应包括选取的可比实例房屋情况及依据可比实例进行价格计算的过程和方法。对于缺乏上述要素的价格认定报告，应当要求检察机关补充调取。具体理由为：

1. 价格认定报告包括价格认定依据、过程及方法具有明确规定。2016年国家发展和改革委员会印发《价格认定行为规范》，对价格认定报告所应包括的主要内容进行了明确规定。《价格认定行为规范》第三十一条规定：“……价格认定结论书应当包括下列内容：（一）价格认定事项描述；（二）价格认定依据；（三）价格认定过程及方法；（四）价格认定结论……”也就是说，价格认定结论书不仅应包括价格认定结论，还应包括价格认定依据、过程及

方法。

对于价格认定依据，司法实践中存在不同认识，有的观点认为，价格认定依据仅指法律、法规依据，如《价格法》《价格认定规定》等；有的观点认为，价格认定依据不仅包括法律、法规依据，而且包括据以进行价格认定的资料、数据。我们赞同后一种观点。《价格认定规定》第十五条也明确规定："价格认定人员应当全面、客观、公正地收集资料作为价格认定依据，并对其真实性、合法性和关联性进行审查。"也就是说，价格认定人员收集的相关价格认定资料亦系价格认定依据。结合上述规定，在房屋价格认定中，价格认定人员收集的可比实例房屋信息、交易资料属于价格认定事实依据，应在价格认定报告中予以载明。

对于价格认定过程及方法，《价格认定行为规范》第三十条规定："价格认定小组应当对收集到的资料进行整理分析、数据处理，按照价格认定相关规定、规则，结合价格认定标的特点，选择合理的技术路径和方法进行测算，并形成测算说明。"第三十一条第一句规定："价格认定小组应当根据测算说明，按照价格认定文书格式的相关规定，撰写价格认定结论书。"也就是说，价格认定过程和方法系在分析、处理价格认定资料的基础上，选取合理的技术和方法进行价格测算的过程和方法。结合上述规定，在房屋价格认定中，价格认定人员在分析、处理收集的可比实例房屋信息、交易资料后，选取合理、科学的价格认定方法，对标的房屋进行价格测算的过程等，均应在价格认定报告中予以体现。

2. 价格认定报告包括价格认定依据、过程及方法是保障被告人权利的必然要求。价格认定报告作为认定涉案财物价值的依据，对被告人权利具有重大影响，是直接决定被告人是否构成犯罪及犯罪数额认定的重要证据，需要向被告人及辩护人出示。价格认定报告的结论是否能够客观、真实反映涉案财物的市场价格，需要通过审查价格认定依据、过程及方法进行判断。因此，向被告人出示的价格认定报告，不仅应包括价格认定结论，还应包括详细的价格认定依据、过程及方法，以保障被告人对影响其权利的事项充分知悉，进而提出有针对性的质证意见，为法庭依法裁判提供重要参考。本案中，价格认定报告系认定涉案房屋市场价格的关键证据，对是否认定被告人陶某某系以房产交易形式收受贿赂具有重要影响。因此，在价格认定报告仅有价格认定结论及法规依据的情况下，需调取价格认定人员在价格认定过程中调取的可比实例房屋情况及依据可比实例房屋进行价格测算的方法与过程等材料，以确定价格认定报告认定的房屋市场价格是否客观、真实。

3. 参照刑事诉讼法鉴定意见、专门性报告有关规定，价格认定报告应包括价格认定依据、过程、方法。《最高人民法院关于适用〈中华人民共和国刑事诉讼法〉的解释》（以下简称《刑事诉讼法解释》）第九十七条规定，对鉴定意见的审查应包括检材的来源、取得、保管、送检是否符合法律、有关规定，鉴定的过程和方法是否符合相关专业的规范要求等内容。也就是说，鉴定意见书应包括对送检材料的来源、取得、保管、送检等情况的说明及对鉴定过程和方法的论述。《刑事诉讼法解释》第一百条第一款、第二款规定："因无鉴定机构，或者根据法律、司法解释的规定，指派、聘请有专门知识的人就案件的专门性问题出具的报告，可以作为证据使用。对前款规定的报告的审查与认定，参照适用本节的有关规定。"也就是说，对有专门知识的人就案件的专门性问题出具的报告的审查，应参照鉴定意见的审查认定过程。价格认定报告作为第三方出具的、对被告人权利具有重要影响的意见，第三方收集获取的资料及依据资料进行的论证过程和论证方法，应予以体现，并作为证据审查与认定的重要依据。

司法实践中，不同价格认定机构出具的价格认定报告具有不同的格式，有的价格认定报告直接在正文中对价格认定依据、过程及方法进行详细说明，有的价格认定报告虽未在正文进行详细说明，但通过附件（包括测算说明、技术分析报告、情况说明等形式）予以说明，这均符合《价格认定规定》《价格认定行为规范》的规定，经审查后，均可以作为定案证据。

（二）应对价格认定报告所附价格认定依据、过程及方法进行实质性审查判断

二审期间，出庭检察员调取了价格认定人员在价格认定过程中形成的原始价格认定资料，即可比实例别墅及价格计算过程、方法等资料。经庭审举证、质证，上诉人、辩护人与二审出庭检察官就与涉案别墅相关的3份价格

认定结论书不能客观、真实反映别墅交易时的市场价格，不应采信作为定案证据，达成一致意见。二审法院经审查，同意双方意见，未采信 3 份价格认定结论书，综合在案证据，对一审认定单独受贿第 1 起事实予以改判，改判被告人陶某某以明显低于市场价格 50 万元购买威尼斯花园米兰区 82 号别墅；对一审认定单独受贿第 2 起事实、第 3 起事实予以改判，不予认定。主要理由如下：

1. 选取的可比实例别墅与涉案别墅存在较大差异，不具有可比性。实践中，价格认定机构一般采用市场法对房屋价格进行认定。《价格认定行为规范》第五十九条第一句规定："市场法是指通过市场调查，选取 3 个或者 3 个以上与价格认定标的相同或者类似的可比实例或者参照物，分析比较价格认定标的与参照物之间的差异并进行调整，从而确定价格认定标的市场价格的方法。"采用市场法进行房屋价格认定，一般程序为：（1）全面收集交易实例资料。（2）在交易资料中选取与价格认定标的房屋所处位置、用途、交通条件、房屋结构（户型、朝向、建筑面积）、交易时间等相类似的 3 个或以上可比实例房屋。（3）以价格认定标的房屋的交易单价为参照，根据价格认定标的房屋与可比实例房屋之间在交易情况、市场状况、房地产状况方面的差异，对可比实例房屋的交易单价进行修正。（4）计算可比实例房屋修正后的平均交易单价，以平均交易单价为价格认定标的房屋的市场交易单价；以平均交易单价乘以房屋建筑面积计算房屋总价，即房屋市场价格。在上述价格认定过程中，可比实例房屋的选择作为价格认定的基础环节，至关重要，是决定后续价格修正是否准确的基础。可比实例房屋虽不需要与价格认定标的房屋完全一致，但二者需是类似房屋，这是能够进行价格修正，保证后续价格测算准确的前提条件。

价格认定机构对威尼斯花园米兰区 82 号别墅 2005 年 5 月时市场价格的认定，存在选取的可比实例别墅与价格认定标的别墅差异较大的问题。价格认定人员选取山水湖滨小区 3 套别墅作为可比实例，经审查，该 3 套别墅与威尼斯花园米兰区 82 号别墅存在较大差异，体现为：（1）距离相距较远。山水湖滨小区距离威尼斯花园小区 5 公里以上，且两小区所在地域版块的商业、教育、医疗等相关配套设施存在较大差异。（2）房屋面积相差较大。威尼斯花园米兰区82号别墅建筑面积334.92平方米，而山水湖滨小区3套可比实例别墅的建筑面积均在500平方米以上。（3）建筑年代相差较久。威尼斯花园一期，即米兰区，建筑年代为1995年，山水湖滨小区建筑年代为2005年，两小区建筑年代相差10年。综合上述因素，可比实例别墅与价格认定标的之间不具有可比性，不能以与威尼斯花园米兰区82号别墅差异较大的山水湖滨小区3套别墅作为可比实例，计算威尼斯花园米兰区82号别墅的市场价格，价格认定机构出具的该份价格认定结论书的结论不能采信作为定案证据。

本案一审认定的第1起事实，卷中有证据证明，2005年，威尼斯花园米兰区82号别墅市场交易价格一般为300万元左右。被告人在购买威尼斯花园米兰区82号别墅的同时，向房产销售公司"打招呼"，让其朋友以250万元的优惠价格购买相邻的79号别墅（两套别墅建筑结构一致）。故在价格认定报告的认定结论不能作为定案证据的情况下，二审法院从有利于被告人角度出发，认定被告人陶某某于2005年5月，以200万元的价格购买市场价格达250万元的威尼斯花园米兰区82号别墅，系以明显低于市场价格50万元购买别墅，构成受贿犯罪。

2. 除房屋情况外，未考虑影响交易价格的其他因素。在二手房交易中，除房屋情况外，其他对交易价格有影响的因素也需要充分考量，如付款交易方式即对房屋交易价格具有重要影响。

本案一审认定的第2起事实中，为认定威尼斯花园米兰区82号别墅2013年2月时的市场价格，价格认定机构选取了同时间段内成交的威尼斯五里湖花园（威尼斯花园二期）3套别墅作为可比实例。经差异修正，取平均价格，认定威尼斯花园82号别墅的市场交易单价为1.8436万元（被告人陶某某实际出售单价为2.3886万元），市场交易总价为617.4585万元（被告人陶某某实际出售总价为800万元）。考虑威尼斯花园米兰区82号别墅交易时存在装修及家电，价格认定机构对装修及家电价格进行评估后，计入房屋总价，认定威尼斯花园米兰区82号别墅市场价格为653.465万元。

经审查，该价格认定结论不能客观、真实地反映威尼斯花园米兰区82号别墅的市场价格，理由为：（1）价格认定结论书选取的3套可比实例别墅与威尼斯花园米兰区82号别墅存在较大差异。3套威尼斯五里湖花园别墅与威尼斯花园米兰区82号别墅在别墅面积、别墅建筑年代、小区环境等影响别墅价格的因素上存在较大差异，不能以3套威尼斯五里湖花园别墅的交易价格为基础，计算威尼斯花园米兰区82号别墅的市场价格。（2）价格认定结论书的结论未考虑分期付款及加盖建筑对别墅价格的影响。从交易方式上看，被告人陶某某与顾某某之间的房产交易具有较为特殊的付款方式，系以多次分期付款形式支付房款。2013年2月顾某某与陶某某完成交易，2013年8月顾某某首次支付房款100万元，随后顾某某于2014年2月支付200万元、2015年2月支付200万元、2016年2月支付200万元、2017年8月支付100万元，即房款系多年分5次支付完成。这样的房款支付方式与全款交易或按揭贷款交易明显不同，对房屋交易价格具有一定的不利影响。从房屋装修看，被告人陶某某在2005年5月购买米兰区82号别墅后，加盖了违建房屋几十平方米，加盖的房屋虽然不能作为产权面积，但花费了一定成本，具有一定的使用价值，应当考虑该因素对交易价格的有利影响。综合上述因素，价格认定报告不能客观、真实反映威尼斯花园米兰区82号别墅的市场价格，不应采信作为定案证据，认定被告人陶某某以明显高于市场价格向他人出售威尼斯花园米兰区82号别墅的证据不足，二审法院对该起事实予以改判，对一审认定单独受贿第2起事实不予认定。

3. 存在反证实例，其他房屋的交易价格明显低于可比实例房屋。低价购房贿赂犯罪中，需进一步审查是否存在反证实例，即明显低于可比实例房屋价格的其他真实成交实例，以确定可比实例房屋的选取是否合理，是否能够代表同类房屋的一般市场交易价格。

本案一审认定的第3起事实中，为认定长广溪花园152号别墅2009年下半年至2010年2月时的市场价格，价格认定机构选取了同小区、同交易时间段内的3套别墅作为可比实例。3套别墅的交易单价分别为1.2723万元、1.354万元、1.3808万元，经差异修正，取平均价格，认定长广溪花园152号别墅的市场交易单价为1.3357万元（被告人哥哥陶某生购买单价为1.0604万元），市场交易总价为629.8093万元（被告人哥哥陶某生购买别墅价格为500万元）。二审期间，辩护人提出，开发商处存在明显低于价格认定结论书认定交易单价的其他别墅，要求调取开发商处的别墅成交资料。为进一步查明相关成交情况，二审出庭检察官从开发商处调取了长广溪花园小区别墅全部销售数据。经审查，2010年前后，长广溪花园小区别墅的成交单价大部分在1万元左右，与152号别墅毗邻的153号别墅的交易单价为1.0604万元，价格认定人员选取的别墅均系该小区较高交易单价。由于存在较多无法排除的低价实例，价格认定人员选取的同小区3套别墅不能反映同类别墅市场交易价格，不能作为价格认定依据，价格认定机构出具的价格认定结论书不能采信作为定案证据。考虑同时间段内，长广溪花园小区同户型别墅的销售单价多为1万元左右，与被告人哥哥购买别墅的单价相差不大，二审法院对该起事实予以改判，对一审认定单独受贿第3起事实不予认定。

综上，二审法院全面、认真审查价格认定机构出具的价格认定结论书，并在此基础上客观认定被告人的受贿事实和受贿金额，是正确的。

（撰稿：江苏省高级人民法院　蒋凌军　王天奇
审编：最高人民法院刑二庭　高洪江）

[编号 021]

有实际出资的合作经营型受贿行为认定

内容摘要：党政领导干部在职期间，利用职务之便为请托人谋取利益，或请托人为了与其搞好关系而进行长期“感情投资”的前提下，党政领导干部虽实际出资但未参与管理经营，即只享受收益、不承担风险的“旱涝保收”型合作投资，且所获“利润”明显高于出资应得利润，或者所获“利润”与企业经营情况无关，可以受贿论处。国家工作人员有实际出资，但收取了超出出资比例分红的，则超出部分系国家工作人员利用职务之便为合办的公司谋取利益的一种对价，属于权钱交易的范畴。

关键词：合作投资型受贿　受贿数额计算

【基本案情】

被告人张某，曾任某区东北塘镇镇长、党委书记、某区住建局局长等职务。

一审法院经审理查明：2003 年至 2020 年，被告人张某利用职务便利，为他人谋取利益，先后收受 A 房产公司和 B 公司实际控制人章某某等人所送的现金、购物卡等财物，共计折合人民币 600.267 万元（其中收受章某某 500 万元）。部分具体事实如下：2003 年 6 月，张某以投资入股 B 公司为名交给该公司实际控制人章某某 30 万元，后其于 2004 年至 2020 年，先后 17 次收受章某某以“B 公司分红款”名义贿赂的现金 500 万元，扣除其给章某某的 30 万元，张某实际收受章某某贿赂 470 万元。另查明，2020 年 6 月的一天，章某某因向他人行贿被监察机关调查，被告人张某担心其受贿行为败露，将 470 万元现金退还给章某某（其余部分事实略）。

行为产生的孳息。”[①] 该种情形属于“虚假出资、真实合作”，即国家工作人员的出资额由请托人支付，没有实际出资，就不应当获取投资收益。但党政领导干部确实参与了经营管理，可在孳息的认定上适当扣减其应当获取的劳动报酬。

3. 党政领导干部有实际出资但未参与管理经营从而获取利润，不应绝对排除受贿犯罪。有观点认为，党政领导干部有真实投资，即使未实际参与经营、管理活动，也不宜认定为受贿罪。我们原则上同意上述观点。但随着受贿犯罪的日趋隐蔽，我们认为既要坚持罪刑法定的刑法原则，也要实事求是，立足权钱交易的本质进行审查，准确认定以投资入股公司企业为名，行权钱交易之实的受贿行为。因此，党政领导干部在职期间，利用职务之便为请托人谋取利益，或请托人为了与其搞好关系而进行长期“感情投资”的前提下，党政领导干部虽实际出资但未参与管理经营，即只享受收益、不承担风险的“旱涝保收”型合作投资，且所获“利润”明显高于出资应得利润，或者所获“利润”与企业经营情况无关，可以受贿论处。主要理由如下：

第一，“旱涝保收”型合作投资不符合现代企业制度的基本特征。现代企业制度是社会主义市场经济的基础，基本特征是“产权清晰、权责明确”。其中，产权清晰是指资产的所有权和运营权相分离，资产所有者可凭借产权获得资产收益，资产运营者可凭产权运营获得运营收益；权责明确是指所有者（股东）按其出资额，享有资产受益、重大决策和选择管理者的权利，承担相应的经营风险和运营损失。因此，只享受收益、不承担风险，不符合现代企业制度的基本特征，也不能视为《公司法》意义上的股东。

第二，所获“利润”明显高于出资应得的收益，超出部分应当认定为受贿。根据《公司法》的规定，股东一般按照出资比例获取红利，但全体股东另有约定的除外。因此，党政领导干部担任股东期间，所获分红明显高于其出资比例，且利用职务便利为其他合作人谋取利益的，不论全体股东是否明确约定不按出资比例分红，都应当将收取的超出出资比例的部分认定为受贿数额。此外，实践中还有一种情况也值得注意，即党政领导干部所获“利润”

① 胡云腾主编：《最高人民法院指导性案例参照与适用》，人民法院出版社2012年版，第39页。

并非来自企业经营所得。有些企业经营业绩并不理想、常年亏损；有些企业从未进行利润分配，但企业主为向党政领导干部兑现当初的“承诺”，从个人财产中以企业分红名义分配利润，目的是想和党政领导干部搞好关系或者感谢对方利用职务之便为自己谋取利益，实质上是一种变相的权钱交易行为。

本案中，被告人张某于2003年出资30万元入股章某某的B公司，占股15%，由章某某帮助张某代持。2004年至2020年每年春节前，章某某均会给张某30万元的现金分红（2004年20万元，其余年份均为30万元），共计500万元。张某有实际出资，但未参与企业实际经营管理。被告人张某的辩护人认为起诉书指控张某收受章某某500万元贿赂事实不清，该500万元中有系张某投资入股B公司所得的分红款，属领导干部违规经商办企业，不宜认定为受贿。关于张某收受该分红款的性质，我们认为应属于受贿，主要理由是：

其一，被告人张某的行为系虚假投资。张某的30万元出资款未投入到B公司，也从未办理过工商登记。B公司系章某某的家族企业，章某某为大股东兼实际控制人。章某某从未将张某视为公司股东，B公司的多次股权变动也未告知过张某，张某亦未实际参与公司经营管理、行使出资人权利。其二，B公司从2003年设立至案发时从未进行过分红。章某某给予张某的“分红款”全部来自章某某个人备用金，与B公司的盈利情况及张某的出资额无任何关联。事实上，B公司从2003年设立至今，总体经营上是亏损的。具体到每年，B公司仅有2008年至2010年三年盈利，其余年份均为亏损。且2011年后，B公司没有再进行过房地产开发业务，处于停业状态。其三，张某主观上对“分红款”的性质也具有明确认知。其在供述中讲“我知道这个分红款不正常，投资入股B公司只是一个名头，与实际经营无关，分红款更容易接受。章某某也承诺过无论公司经营状况如何，每年都会给我分红”，此即前述“旱涝保收”型合作投资。其四，张某利用职务之便为章某某谋取了利益。张某在担任东北塘镇党委书记、镇长期间，章某某的A房产公司和B公司均在张某管理的辖区内从事房地产开发。2002年左右，张某在东北塘镇关于东北塘房产公司转制的会议上“力挺”章某某，并私下向章某某承诺转制之后将东北塘镇的安置房项目交给该公司承建，并在后续的工程款支付中均及时签批发放，章某某对此十分感激，才以合作投资“分红款”的名义向张某进行利益输送，实质上这是一种权钱交易行为。综上，张某的行为应当以受贿罪追究刑事责任。

（二）有实际出资的合作投资型受贿中受贿数额的计算

关于被告人张某收受章某某贿赂的数额，有以下几种观点：第一种观点认为，张某的受贿数额为2004年至2020年收到章某某所送“分红款”500万元，即公诉机关指控的犯罪数额。第二种观点认为，张某的受贿数额为470万元，即章某某所送“分红款”500万元，再扣除张某实际出资的30万元，实得金额为470万元。第三种观点认为，张某的受贿数额应扣除张某在B公司盈利的年份中，可分红数额（B公司于2008年至2010年三年有盈利，但未实际分配）83.4万元和张某实际出资的30万元，实得金额为386.6万元。

我们同意第二种观点，主要理由是：国家工作人员与他人合作投资，实际出资并参与经营管理的，同时利用职务之便为公司谋利，如未超过出资比例分红，如前文所述，依照“谁投资、谁受益”的原则，属于党政领导干部违规经商办企业。但是，国家工作人员有实际出资，却收取了超出出资比例分红的，则超出部分系国家工作人员利用职务之便为合办的公司谋取利益的一种对价，属于权钱交易的范畴，超出比例的分红部分，实质上是公司其他股东为感谢国家工作人员利用职务之便为公司谋利所让渡的部分红利，可参照交易型受贿的数额认定方式，受贿数额 = 实际收益 - 出资额 - 出资应得收益。因此，本案中张某的受贿数额应按照下列方式计算：

第一，应当扣除被告人张某的30万元出资款。2004年至2020年收受章某某给予的“分红款”数额为500万元。2020年6月，章某某因向其他国家工作人员行贿被调查，张某担心收受章某某贿赂的事实败露，才主动向章某某退还现金470万元，并对章某某讲“30万元本金算我拿回去了，其他的470万元都退给你”。张某的供述也反映出其主观上认为收受的“分红款”为470万元，符合主客观相统一的原则，也更加实事求是。故第一种观点（公诉机关指控数额）不能成立。

第二，被告人张某在B公司出资应得收益为零。侦查机关调取的B公司的工商登记资料、财务报表、纳税记录等书证，证实B公司于2003年至2010

年从事房地产开发，2011 年之后不再开展业务。其中，2008 年至 2010 年公司每年盈利约 550 万余元，共计盈利 1668 万余元，其余年份均为亏损，从 2003 年设立至今总体业绩也为亏损。考虑 B 公司至今没有分过红，且至案发时经营总业绩为亏损，故张某理论上不仅不能享受分红，还应当根据出资额承担一定比例的经营损失。鉴于 B 公司尚未清算注销，从有利于被告人的角度，其实际出资应得收益为零。第三种观点仅调取 B 公司盈利的年份，计算出张某可得分红收益为 83.4 万元，有以偏概全之嫌。故第三种观点不能成立。

综上，依照公式：受贿数额 = 实际收益 - 出资额 - 出资应得收益，法院得出本案中被告人张某的受贿数额为 470 万元，是正确的。

（撰稿：江苏省无锡市中级人民法院　范　凯
江苏省无锡市人民检察院　梁　果
审编：最高人民法院刑二庭　高洪江）

［编号 022］

受贿犯罪中用他人股票账户及资金炒股导致亏损行为的认定

内容摘要：国家工作人员借助自身的公权力通过约定免除了自身本应承担的风险，其炒股导致的“亏损”是一种财产性利益，应当认定到受贿金额中。此类案件犯罪既遂的认定，需结合受贿罪权钱交易本质特征进行判断。对于利用他人股票账户及资金炒股的亏损受贿数额的认定，应兼顾有利于被告人原则及司法经济原则。

关键词：利用他人股票账户及资金炒股亏损　财产性利益　受贿数额

【基本案情】

被告人张某，原系某交通产业集团风控总监。

一审法院经审理查明：2013 年 12 月至 2017 年春节前，被告人张某利用职务之便，为刘某、徐某、陆某等人谋取利益，非法收受上述人员所送现金人民币 209.836397 万元、美元 3.5 万元、港币 16 万元、购物卡 2 万元，折合人民币共计 245.897257 万元，产生孳息人民币 3 万元。其中，2016 年年初，张某接受刘某提供的人民币 350 万元，利用刘某开设、张某实际控制的海通证券公司尾号 4805 证券账户进行炒股。双方约定张某不占有上述炒股本金，盈利部分归张某所有，亏损部分由刘某承担。2016 年 12 月 15 日，因他人被立案调查，张某害怕被查处，将该证券账户退还给刘某管理，并按之前双方约定，亏损的人民币 82.836397 万元（2016 年 12 月 15 日当天收盘价计算得来）由刘某承担，作为送给张某的感谢费。

一审法院判决被告人张某犯受贿罪，判处有期徒刑五年，并处罚金人民币30万元，扣押在案的赃款计人民币245.897257万元、孳息计人民币3万元，共计人民币248.897257万元，予以收缴，上缴国库。一审宣判后，被告人未上诉，检察机关未抗诉。刑事判决已发生法律效力。

【争议问题】

（一）利用他人提供的资金和股票账户炒股亏损的部分是否属于受贿罪中的财物？

（二）上述情形中的受贿数额应当如何认定？

【问题解析】

本案中，被告人张某身为国家工作人员，利用职务便利为他人谋取利益，利用他人提供的资金和股票账户炒股至亏损的事实清楚，但对张某炒股亏损的部分是否属于受贿罪中的财物，存在两种不同意见：第一种意见认为，炒股受市场、炒股人的认识判断等多重因素影响，张某并未占有炒股本金，炒股的亏损不应认定为受贿财物，且上述金额难以确定。第二种意见认为，张某的炒股行为是一种有“风险”的行为，张某借助自身的公权力通过约定免除了自身本应承担的风险，其炒股导致的“亏损”是一种财产性利益，应当认定到受贿金额中。

针对此类新型受贿犯罪，我们同意第二种意见。

（一）炒股亏损金额属于受贿罪中的财物

被告人张某作为某公司资金管理中心副经理（主持工作）、经理，利用职务上的便利，在融资业务洽谈、费用支付等方面为刘某提供帮助，在主体身份、职务便利、谋取利益、受贿故意等方面均符合受贿罪的犯罪构成。双方约定由刘某承担的张某炒股亏损金额，虽在一定程度上具有不确定性，但同样应认定为受贿罪中的财物。具体理由如下：

第一，受贿罪中财物的外延在司法实践中不断扩大。随着反腐败斗争的持续深入，受贿罪中“财物”的外延也经历了三个阶段的扩充：一是货币、贵金属、房产等实物；二是以“去物化”为特征的财产性利益，如会员服务或旅游等；三是经过市场交易衍生出来的可期待性利益。从受贿犯罪所保护的法益出发，国家工作人员利用职权所谋取的私利只作为保护法益的组成要素之一，而非被保护的对象，更多的是作为利益输送的媒介出现，故“财物”在作为国家工作人员所谋取的私利时，无论来源和性质如何，均不应影响对受贿犯罪的认定。从现有的法律规定来看，根据《最高人民法院、最高人民检察院关于办理贪污贿赂刑事案件适用法律若干问题的解释》（以下简称《贪污贿赂解释》）第十二条的规定，贿赂犯罪中的“财物”，包括货币、物品和财产性利益。财产性利益包括可以折算为货币的物质利益如房屋装修、债务免除等，以及需要支付货币的其他利益如会员服务、旅游等。后者犯罪数额，以实际支付或者应当支付的数额计算。张某利用刘某的股票账户和本金炒股，张某获取炒股收益而刘某承担亏损，从原物与孳息的关系以及物权归属的角度分析，张某所收受的贿赂既包括积极收益即炒股盈利，也包括消极收益即炒股亏损。依照《贪污贿赂解释》的规定，本案中炒股的亏损应当属于“财产性利益”的范围，且属于消极收益，故将其纳入受贿数额符合《刑法》关于受贿罪中财物的认定。

第二，被告人张某和刘某约定由刘某承担张某的炒股亏损，本身就是权钱交易的反映。本案不是典型的股权交易型受贿犯罪，但其本质仍是以股票交易行为和股票交易市场的波动掩盖的行贿和受贿。双方“盈利归张某、亏损归刘某”的约定，违背了股票交易市场责任自负的公平原则，也明显不符合正常的情理。刘某之所以愿意承担上述风险和最终的亏损，明显是受到张某职权的影响，结合张某利用职务之便为刘某谋利的事实，可以认定该约定的本质就是双方的权钱交易，而不是表面呈现的股票交易盈亏。

第三，刘某承担的炒股亏损具备了受贿罪中财物的应有特征。一般来说，作为受贿罪犯罪对象的财物应具备以下四个特征：其一，可以用货币衡量（可控）；其二，满足了受贿人的个人需要或欲望，增加正面利益、减少负面利益（有用）；其三，并非任何人都能替受贿人承担亏损（稀缺）；其四，受贿人不当行为的对价（关联）。本案中刘某承担被告人张某炒股的亏损，收盘价的存在使亏损可以用货币衡量，免除了张某本应负担的损失，该亏损转嫁给刘某，是张某利用职权为刘某谋利的不当行为的对价之一，符合受贿罪中财物的特征。

第四，将亏损认定为受贿金额符合严惩腐败犯罪的刑事政策。本案中双方均明确地将犯罪的意图、行为及对象锁定在被告人张某炒股盈亏这种财产性利益上，且本案张某所收受的利益既包括积极利益的增加，也包括消极利益的减少，故该亏损当然应作为本案的受贿金额。如果因未将该亏损认定为财物而导致实质上属于权钱交易的行为不能被认定为受贿罪，不仅与行为人的主客观实际不相符合，而且会造成重罪轻判、放纵犯罪、鼓励违法的后果。坚持以更加宽泛、开放的态度和立场来认识贿赂犯罪中的“财物”，有助于严密反腐败斗争的刑事法网，更加契合当前中央依法从严惩治腐败犯罪的政策要求。除此之外，实践中对将免除债务、替国家工作人员还债、帮国家工作人员结清大额餐费认定为受贿已是共识，本案和上述情形并无本质区别。

（二）受贿数额应按照权钱交易终了时的盈亏金额计算

被告人张某的辩护人对炒股亏损事实部分提出以下辩护意见：受贿金额应以各股票实际交易日（抛售套现日）的价格计算亏损金额，不应以张某退还证券账户时的收盘价来计算亏损金额。

通说认为受贿罪以财物的实际取得为既遂标准，该标准对于传统收受金钱或实物不存在争议。对于不具有物质形态，未来能否实现及盈亏多寡的不确定的财产性利益，利益的交付、转移、承担一般缺少定型性或与载体的转移不同步，以致难以确定利益取得或不利益免除的具体节点，犯罪既遂并不容易判断。本案中，被告人张某利用职权为刘某谋取利益，利用刘某的资金和股票账户炒股，双方约定盈利归张某，亏损归刘某，故张某收受的财产性利益属于期待利益的范畴。张某的收受行为是持续的过程，受证券市场股票交易价格影响，收受金额处于动态波动当中。此类案件犯罪既遂的认定，需结合受贿罪权钱交易本质特征进行判断。张某将股票账户交还刘某之时，账户就脱离了张某的控制，双方权钱交易终了。基于双方约定，账户内股票的亏损无须行贿人的任何行为即可固定下来，成为可以货币计量的经济利益并自动由刘某承担，此时受贿犯罪已经既遂。

在受贿数额具体计算过程中，2016 年 12 月 15 日被告人张某将股票账户退还给刘某，失去对股票账户的控制，但在案证据未显示张某退还账户的具体时间点。结合股票买卖实际情况，张某可能在以下五个时间段将股票账户退还给刘某：第一，早晨开市前；第二，早晨开市后上午闭市前；第三，上午闭市后下午开市前；第四，下午开市后当天收盘前；第五，闭市后。因股票交易期间，股票亏损额是不断变化的，对于利用他人股票账户及资金炒股的亏损受贿数额的认定，应兼顾有利于被告人原则及司法经济原则。

本案选择被告人张某交还股票账户给刘某的2016年12月15日的收盘价计算亏损额进而确定受贿数额，主要从以下四个方面考虑：第一，在案证据无法证明张某归还股票账户的具体时间段，仅具体到了2016年12月15日。第二，以收盘价计算亏损额进而确定受贿数额符合司法经济原则，有利于实践操作。第三，以股票抛售日抛售后的股票实际价格计算亏损额，犯罪数额具有极大的不确定性，如果后期股票状态为不亏不盈，则无法追究被告人的刑事责任，与事实也不相符。第四，如此选择并没有必然对被告人造成不公。

另外，本案在讨论过程中还有两个争议问题：第一，被告人张某所用炒股本金是否应当没收；第二，假如宣判前股票扭亏为盈，盈利部分是否应当没收。我们认为，张某所用炒股本金不能没收。根据双方约定，行受贿意图所指向的均不是炒股本金而是炒股的盈亏，张某所用炒股本金既不应被认定为受贿数额，也不宜被认定为犯罪工具，更像是借用，不没收系实践中的一般做法，没收反而依据不足。假如宣判前股票扭亏为盈，盈利部分亦不能没收。因为张某归还股票账户之后，即失去了对股票账户的控制，结合双方约定，股票账户归还之时，股票的盈亏额即受贿数额已经确定，受贿罪也已既遂。后续盈亏额仍在不断变化，如果股票扭亏为盈，张某既没有对之施加影响，也不可能从中获得好处，盈利部分既不是张某受贿财物产生的孳息，也不是张某受贿行为产生的违法所得，且宣判前谁来没收、没收多少、何时没收等均存在现实困难，也难以解释如果后续股票持续亏损，对新亏损部分无法追缴的情形。

综上，江苏省句容市人民法院根据被告人张某犯罪的事实、性质、情节和对社会的危害程度，对其的定罪量刑是正确的。

（撰稿：江苏省镇江市中级人民法院　俞江虹　鲁照兴

审编：最高人民法院刑二庭　黄　嵩）

［编号 023］

张某非国家工作人员受贿案

内容摘要：民营企业员工在本单位内控部门谈话期间交代收受商业贿赂的事实是否构成自首，应在厘清监察机关谈话与内控部门谈话区别的基础上，分层依次进行审查。监察机关和企业内控部门在性质上的根本差异，决定了监察机关谈话与企业内控部门谈话在被谈话人的义务、谈话程序的要求以及产生的法律后果等方面存在诸多不同。民营企业员工在本单位内控部门谈话期间交代收受商业贿赂的事实是否构成自首，应当结合案件具体情况，从举报线索指向是否具体明确、谈话方式是否带有强制性以及是否发生影响自首认定的后续行为等方面分层依次进行审查。

关键词：非国家工作人员受贿　企业内控部门谈话　自首

【基本案情】

被告人张某，案发前系 A 公司采销经理。

一审法院经审理查明：被告人张某利用担任 A 公司自营产品采销经理的职务便利，于 2017 年 7 月至 2020 年 7 月非法收受供应商以“推广费”“返点”等名义给予的人民币 71.285 万元，为相关公司在商品销售中谋取利益。

一审法院认定被告人张某构成非国家工作人员受贿罪。张某在接受本单位监察部门调查谈话，于所在单位报警后到案，不符合自首条件。以非国家工作人员受贿罪判处张某有期徒刑二年，并处罚金人民币 35 万元。

宣判后，被告人张某不服，提出上诉。被告人张某及其辩护人提出，一审法院未认定张某具有自首情节不当，建议二审法院依法改判。

二审法院经审理认为，一审法院认定上诉人张某收受商业贿赂的事实清楚，证据确实、充分。另查明，A公司监察部接到举报张某收受商业贿赂的匿名电子邮件，后于2022年2月28日通知张某谈话，张某知道受贿事发主动接受谈话；谈话前，A公司监察部工作人员明确告知张某“有权利和自由选择在任何时候终止谈话和离开”，张某未离开，主动如实交代了详细的受贿事实；次日，张某接A公司监察部电话前往公司，监察部工作人员告知张某A公司已报案，张某在原地等待，后被侦查机关传唤到案。

二审法院认为，上诉人张某出于本人意志向单位承认犯罪事实，自愿置于单位人员控制之下，等待法律制裁，具备投案的主动性和自愿性，符合自动投案的立法本意，应视为自动投案，加之到案后如实供述犯罪事实，符合自首法定要件，一审法院未认定张某具有自首情节，导致量刑过重，依法应予改判。以非国家工作人员受贿罪改判张某有期徒刑一年六个月，并处罚金35万元。

【争议问题】

民营企业员工在本单位内控部门谈话期间交代受贿事实能否认定构成自首？

【问题解析】

商业腐败不仅严重扰乱公平竞争的市场秩序，破坏社会诚信体系，还影响企业自身的生产经营活动和对外形象。一些民营企业在积极配合司法机关加大对商业腐败查处力度的同时，先后成立监察部、合规部等内控部门，负责调查公司内部发生的商业腐败行为，积极对接和配合司法机关。民营企业的内控部门对企业内部商业腐败行为进行调查，一方面有助于及时发现犯罪线索，促使商业贿赂案件及早告破，降低司法机关收集证据的难度；另一方面因其并非法定办案机关，在具体案件处理中容易引起法律适用争议。

本案中，A公司监察部接匿名电子邮件举报，反映公司员工被告人张某在工作中私下收受回扣。张某在接受本单位监察部谈话期间交代收受商业贿赂的事实，能否视为主动投案进而认定具有自首情节，是本案争议焦点问题，在类案中亦具有代表性。对此，存在以下两种意见：第一种意见认为，A 公司已掌握张某收受商业贿赂的线索，张某未主动向单位或司法机关投案，不符合自首法定条件；第二种意见认为，张某明知收受商业贿赂事发，主动接受本单位监察部谈话并交代犯罪事实，自愿置于单位人员控制之下等待法律制裁，可视为主动投案，且到案后仍能如实供述，应认定具有自首情节。

我们赞同第二种意见。民营企业员工在本单位内控部门谈话期间交代收受商业贿赂的事实是否构成自首，应在厘清监察机关谈话与内控部门谈话区别的基础上，分层依次进行审查。

（一）监察机关谈话与企业内控部门谈话的区别

监察机关依法履行监察职能，对公职人员进行监察，调查公职人员职务违法犯罪，行使国家公权力。民营企业设立内控部门，针对本单位内部人员违法违纪行为展开调查，属于企业自治和行使经营管理权。监察机关和企业内控部门在性质上的根本差异，决定了监察机关谈话与企业内控部门谈话存在诸多不同。

1. 被谈话人的义务不同。监察机关依据《监察法》和《监察法实施条例》对涉嫌贪污贿赂、失职渎职等职务违法的监察对象进行谈话，依法行使监察和调查职权，监察对象有义务如实说明情况或者作出陈述。企业内控部门依据公司章程等内部规定对涉嫌违法违纪员工进行谈话，员工没有相关法律义务。

2. 谈话程序的要求不同。《监察法实施条例》第四章第三节规定监察机关在问题线索处置、初步核实和立案调查中，可以依法对涉嫌职务违法的监察对象进行谈话，并对谈话程序作出严格规定。其中，对监察对象进行谈话必须由两人以上个别进行，初步核实阶段与被核查人谈话应当按照规定报批，立案调查后首次谈话应当出示被调查人权利义务告知书或谈话通知书，并全程同步录音录像。企业内控部门对本单位员工进行谈话无严格程序要求。

3. 产生的法律后果不同。监察机关谈话属于法定调查措施，直接影响自动投案的判定，进而影响自首情节的认定，对此，《监察法实施条例》第二百一十四条分不同情况作出明确规定。企业内控部门谈话不是法定办案环节，虽与自首情节认定有关，但二者之间缺乏必然联系。例如，监察对象主动到案，但在接受谈话时未如实交代监察机关已掌握的职务犯罪问题，不应认定具有自首情节；民营企业员工在企业内控部门谈话时未主动交代单位已掌握的犯罪事实，却在之后主动向司法机关投案并如实供述，则应认定具有自首情节。

（二）对企业内控部门谈话分层依次审查

鉴于企业内控部门谈话与监察机关谈话存在上述重大差异，自首认定思路上也应有所区分。将二者混为一谈，以监察机关谈话认定标准审查企业内控部门谈话，将导致不当限缩民营企业内部商业贿赂等犯罪自首认定的范围，偏离了《刑法》设置自首制度鼓励主动到案和积极认罪悔罪，节约司法资源等的立法本意。民营企业员工在本单位内控部门谈话期间交代收受商业贿赂的事实是否构成自首，应当结合案件具体情况，从以下几个方面分层依次进行审查：

1. 举报线索指向是否具体明确

在司法实践中，得知犯罪信息的途径等有所不同，举报线索具体指向和明确程度也因此呈现出较大差异，直接影响自首情节的认定。本案中，举报人仅听说A公司员工收受他人回扣，犯罪线索无明确指向，民营企业内控部门亦不能根据举报线索掌握员工收受商业贿赂的行为，在此情形下，对员工进行谈话，员工主动交代收受商业贿赂的具体事实，等待下一步查处，依据《最高人民法院关于处理自首和立功具体应用法律若干问题的解释》（以下简称《自首立功解释》）第一条的规定，应当视为主动向单位投案，结合归案后如实供述表现，可认定具有自首情节。相反，如举报材料包含行贿人、收款方式和金额等具体信息，民营企业内控部门据此已基本掌握员工收受商业贿赂的事实，员工在谈话中如实交代犯罪事实，能否认定具有自首情节还需进一步审查判断。

2. 谈话方式是否带有强制性

民营企业内控部门不具有侦查权，非因紧急情况和法定事由不得限制员工人身自由。例外情形是，《刑事诉讼法》设置的扭送等制度，允许临时控制犯罪嫌疑人，报警后等待民警到来或直接送交司法机关，这就使民营企业内控部门的谈话行为可能附带产生强制性和威慑效应。谈话方式是否带有强制性，同样影响自首情节的判定。民营企业内控部门掌握员工收受商业贿赂的事实，电话通知员工接受谈话，此类谈话不具有强制性，员工意识到受贿事发可以在逃匿和接受谈话之间进行选择，如其主动、自愿选择接受谈话，也应当依据《自首立功解释》第一条视为主动向单位投案，具备构成自首法定条件之一。相反，民营企业内控部门掌握员工收受商业贿赂的事实后，对其及时予以控制，谈话只是送交司法机关之前履行公司内部调查手续，员工已经丧失自动投案机会的，不应认定具有自首情节。

3. 是否发生影响自首认定的后续行为

民营企业内控部门未掌握员工收受商业贿赂的具体线索，或者已掌握相关犯罪事实，仍决定给予员工主动投案的机会，员工主动、自愿接受谈话并交代犯罪事实，也只能说可能构成自首。最终能否认定具有自首情节，还需结合后续行为表现进行综合审查。所谓"自动投案"，一般是指犯罪嫌疑人在犯罪后、归案前，出于本人意志向公安机关、人民检察院、人民法院及其他有关单位和人员承认自己实施了犯罪，并自愿置于上述单位和人员的控制之下，等待法律制裁。犯罪嫌疑人向司法机关投案并如实供述犯罪事实，本身就意味着等待接受法律裁决，符合自首法定要件。向单位投案并如实交代犯罪事实，并非必然构成自首。司法实践中，有的员工在事发后，虽主动、自愿接受单位谈话并如实交代犯罪事实，但其并非为了接受法律制裁，而是与单位讨价还价，希望单位不移送司法机关，按照内部违纪处理。部分单位接受员工"提议"，以内部处分替代刑事追诉，或虽未接受员工"提议"，但没有及时移送司法机关，导致员工逃匿。上述后续行为足以证明犯罪嫌疑人虽接受单位谈话，但缺乏等待并接受法律制裁的意愿和行为，违背《刑法》设置自首制度的初衷。之后，犯罪嫌疑人被查获归案，即便如实供述犯罪事实，也不应因先前具有向单位"投案"的行为，认定其具有自首情节。

具体到本案，A 公司监察部根据匿名举报电子邮件，已基本掌握被告人张某收受商业贿赂的犯罪事实，后通知张某谈话。张某意识到收受商业贿赂事发，出于本人意志自愿接受单位监察部的谈话，并向单位主动交代犯罪事实；根据 A 公司监察部谈话笔录和张某的供述等证据，A 公司监察部的谈话行为不带有强制性，张某仍自愿置于单位人员控制之下，等待法律制裁；侦查机关接A公司报案，对张某进行传唤，此后张某始终如实交代收受商业贿赂的事实。张某的前后行为反映出其在案发后具备投案的主动性和自愿性，符合主动投案的立法本意，可视为主动投案，其在到案后还能如实供述犯罪事实，符合自首法定要件，应依法认定并予以从宽处罚。

综上，二审法院认定张某具有自首情节并改判较轻刑罚是正确的。

（撰稿：北京市第二中级人民法院 李晨睿
最高人民法院刑二庭 周 耀
审编：最高人民法院第五巡回法庭 逄锦温）

［编号 024］

收受未还清银行抵押贷款房产的受贿罪既、未遂认定

内容摘要：在实践中，因房产价值较高，一些案件中出现了“贷款行贿”的现象。在认定受贿犯罪时，应当按照行受贿双方达成的合意，结合涉案房产的价值确定具体受贿数额。通常将受贿人实际取得涉案财物作为认定受贿罪既遂的重要标准，即使没有办理权属登记，只要有证据证实受贿人实际上对涉案房产实现了控制，即应认定为受贿既遂。受贿人收受未还清银行贷款的房产，抵押对应的未偿还贷款本金部分应认定为受贿未遂。认定未还贷款本金部分未遂，与认定收受房产既遂实质上并不矛盾，只是对房产价值做出的精细化认定。将尚未还清贷款本金部分认定为未遂，有利于追赃工作的顺利进行。

关键词：收受房产型受贿犯罪　受贿数额计算

【基本案情】

被告人于某某，系某省退役军人事务厅原党组成员、副厅长。

一审法院经审理查明：2002 年至 2020 年，被告人于某某利用职务便利以及职权、地位形成的便利条件，直接或通过其他国家工作人员的职务行为，为他人提供帮助，先后索取或非法收受王某某等单位或个人给予的财物，共计折合人民币 5000 余万元。其中，被告人于某某先后两次索取或收受山东某公司董事长王某某给予的人民币 90 万元、价值 1532 万余元的别墅 1 套，共计折合人民币 1622 万余元。该别墅一直登记在行贿人王某某名下。购买别墅时，王某某首付 649. 9 万元，用该别墅贷款 883 万余元，与于某某约定贷款

由王某某自行偿还，至案发时尚有 831 万余元贷款本金未还清（其他受贿犯罪事实略）。

一审法院认定被告人于某某构成受贿罪。于某某收受王某某价值 1532 万余元的别墅 1 套，至案发时尚有 831 万余元按揭贷款未还清，该 831 万余元属于犯罪未遂。以受贿罪判处被告人于某某有期徒刑十四年六个月，并处罚金人民币 400 万元。扣押在案的涉案赃款赃物被依法追缴，由扣押机关依法处置后，上缴国库。

一审宣判后，被告人于某某未上诉，检察机关未抗诉。判决已发生法律效力。

【争议问题】

国家工作人员收受未还清银行贷款的房产，应当如何认定受贿罪既、未遂？

【问题解析】

近年来，利用房产行贿的案件数量居高不下。一般情况下，收受房产型受贿犯罪中，在受贿人控制、使用房产后，即使未办理过户手续，仍应当认定为受贿犯罪既遂。但在实践中，因房产价值较高，一些案件中出现了“贷款行贿”的现象，即行贿人使用按揭方式贷款购房并将房产送给国家工作人员使用。此时，如果案发时按揭贷款已经还清，当然应以涉案房屋全部价值认定为受贿罪既遂；但若截至案发，涉案房屋的按揭贷款尚未还清，对于未还清的贷款部分，如何认定既未遂，长期以来存在一定争议。

一种意见认为，受贿人控制该房产后就应当认定为受贿罪既遂，涉案房产上设有抵押贷款不影响受贿犯罪形态的认定。这种意见的理由是，受贿人所收受的财物系房产，而房产作为一种有具体形态的物品，可以在客观上被占有、使用、收益、处分，当受贿人实际控制涉案房产后，受贿犯罪行为就已经完成，应当以房产总体价值全部认定为受贿罪既遂。房产上设有贷款影响的是行贿人与房产公司、银行之间的民事法律关系，不应当影响此时国家工作人员受贿犯罪既未遂的认定。在本起事实中，被告人于某某收受并使用了行贿人给予的一套价值 1532 万余元的别墅，就应当认定为受贿罪既遂，受贿金额为 1532 万余元。

另一种意见认为，行贿人使用按揭方式贷款买房，国家工作人员收受房产后，行贿人按期偿还贷款，案发时该贷款尚未还清的，应当以该房产价值作为被告人的受贿数额，但对于尚未还清的贷款本金应认定未遂，首付与已归还的贷款本金应认定为既遂，已偿还利息为行贿犯罪成本，不计入受贿数额，即应认定被告人于某某受贿数额为 1532 万余元，其中案发之时尚未还清的贷款本金 831 万余元为未遂，其他由行贿人已实际支出的首付及已归还的贷款本金部分为既遂。

我们同意第二种意见。

（一）应以房产总体价值为基础确定受贿数额

在认定受贿犯罪时，应当按照行受贿双方达成的合意，结合涉案房产的价值确定具体受贿数额。无论是行贿人未将贷款买房的情形告诉受贿人，只是自行实际按期还款的情形，还是行贿人告知受贿人涉案房产系贷款购买且其上设立了抵押，并与受贿人约定贷款由行贿人清偿的情形，只要行受贿双方达成的是收受具有完整所有权、无他人主张权利的房产的合意，同时受贿人也实际收受了该房产，都应以房产总体价值为受贿数额，再结合受贿人实际获取的经济利益，按照主客观相一致的原则，认定受贿人受贿犯罪的既未遂形态。

具体到本案中，涉案别墅虽系行贿人王某某使用按揭贷款方式购买，但被告人于某某与王某某已就于某某不对贷款承担任何责任，该部分贷款由王某某自行偿还达成约定，双方系就总体价值为 1532 万余元的涉案别墅达成行受贿的合意。因此，对该笔犯罪事实，应当认定于某某的受贿金额为 1532 万余元，并在此基础之上讨论其中的受贿既未遂形态问题。

（二）不动产登记管理制度对受贿成立和既、未遂形态的影响

根据《民法典》第二百零九条、第二百一十四条的规定，民事法律关系中，不动产物权的设立、变更、转让和消灭，除法律另有规定外，均须依法在有权机构登记后方可发生效力，相关法律行为以“记载于不动产登记簿”

的时间为生效时间，即在民事法律关系中，进行房屋产权登记是与房屋相关民事法律行为生效的形式要件。因此，在民法视域中，只有在将涉案房产过户到受贿人名下时，其才能取得行贿人所送房产的所有权。但在认定受贿犯罪时，依照最高人民法院、最高人民检察院发布的《关于办理受贿刑事案件适用法律若干问题的意见》的规定，“国家工作人员利用职务上的便利为请托人谋取利益，收受请托人房屋、汽车等物品，未变更权属登记或者借用他人名义办理权属变更登记的，不影响受贿的认定”。实践中通常采用受贿人实际取得涉案财物作为认定受贿罪既未遂的重要标准，即使没有办理权属登记，只要有证据证实受贿人实际上对涉案房产实现了控制，如受贿人拿到了房屋钥匙、实际居住、装修等，就足以认定受贿人实际取得了财物，即应认定为受贿罪既遂。

刑事与民事产生差异的原因在于，民法在全社会商品流通的视角下，将不动产的物权转移规定为一种要式法律行为，其目的是维护和促进交易，通过将登记明确为法定公示方式，帮助交易各方实现不动产交易中的信息平等，保护权利人与第三人尤其是善意第三人的利益。在刑法中认定受贿行为时，只要行受贿时房产上不存在他人既有的权利主张，就应把注意力集中在行受贿双方之间，考量行贿人与受贿人之间的利益让渡，而非关注该房产日后的交易安全。在认定受贿犯罪的既未遂形态时，应当正视这一差异。因此，在民事法律关系中，无论行受贿双方如何约定，只要未依法办理权属登记，就无法产生民法意义上物权转移的效果，无法使受贿人获取具有对世性的房产所有权。然而，在刑法层面，当行受贿双方达成收受房产的合意且受贿人实际控制了涉案房产时，即使行受贿双方出于逃避调查等原因而未办理不动产登记手续，仍应当认定行贿人已将经济利益转让给受贿人，受贿人收受财物的行为已经完成。

基于前述分析，被告人于某某收受王某某的房产后，虽然房产未过户登记到于某某名下，但因于某某已经实际控制该房产，应当认为其收受房产的行为已经完成。这也是认为该起受贿事实应以全部房产总价值1532万余元认定为既遂之观点的逻辑依据，如果涉案房产之上不存在第三方权利，也确实应当如此。但是，因为在行受贿行为完成之时，于某某收受的房产之上已经存在归属于银行的抵押权，该抵押权就在实际上影响了于某某所控制房产的价值，进而影响于某某受贿罪的既未遂数额。

（三）不动产登记管理制度对受贿罪既、未遂数额的影响

房产存在两种属性：一种是作为物品的物理属性，这是在判断受贿人是否控制了未办理权属登记的房产时需要重点考量的；另一种是作为商品的规范属性，这是在判断受贿人是否享有、享有多少涉案房产对应的经济价值时需要重点考量的。房产作为商品的规范属性，受到其权利状态和登记情况的影响。根据《民法典》物权编第八章和自然资源部《不动产登记暂行条例实施细则》的规定，不动产或动产可以由两个以上组织、个人共有，并依法按照共有性质进行登记，按份共有人可以转让其享有的共有份额。由此可见，民法上承认一份财物所对应的经济价值是可以被分割、共享的。房产作为物品被受贿人控制后，如果房产之上存在第三人依法定程序设立的权利，完全可能出现房产的经济价值部分归受贿人享有，部分归第三人享有的情形。此时如果只将注意力集中在行受贿双方之间考虑受贿人是否实现控制，而忽视第三人的权利，就不能作出全面、正确的判断。刑事司法应当尊重民事法律关系对经济利益的分配结果，承认此时受贿犯罪呈现出的部分既遂、部分未遂状态。当房产上有依法设立的抵押权时，抵押权人对房产的权利会影响受贿人所控制房产经济价值的份额和数额。根据《民法典》第四百零六条的规定，抵押人可以转让抵押财产，抵押财产转让的，抵押权不受影响。涉案房产上设立的抵押权与该房产是不可分的，受贿人在获得该房产的同时必须接受该房产上存在的抵押权，在认定受贿人收受房产的价值时，应当将该房产本身与房产之上设立的抵押权作为一个整体进行评价。根据《民法典》第四百一十条的规定，当债务人不履行到期债务时，抵押权人可以与抵押人协议以抵押财产折价或者以拍卖、变卖该抵押财产所得的价款优先受偿，当行贿人向银行办理购房贷款并以涉案房产作抵押时，银行对尚未清偿贷款本金对应部分的房产价值一直享有优先主张的权利，一旦行贿人停止还贷，银行有权基于抵押权而要求对涉案房产进行折价、拍卖、变卖，且该权利优先于受贿人对房产的控制，此时受贿人只有帮助债务人偿还剩余贷款才能继续保留房产，这种情形下如果认定受贿人已经完全取得了该房产对应的全部经济利

益，则与前述内容完全矛盾。换言之，受贿人取得有抵押的房产时，因其能够控制的经济利益不可避免地受到该抵押权的影响，取得的是一个具有权利负担、经济利益存在“缺口”的房产，对该房产有一部分经济利益尚未取得，这在认定受贿数额时应当予以考虑。行贿人已经完成并将要持续下去的还贷行为支撑了受贿人继续对该房产保持控制，当受贿人的控制依赖于行贿人将来的还贷行为时，当然不能认为其取得了未偿还贷款对应的经济价值，因而应当将该部分数额认定为受贿未遂。从此意义上讲，认定未还贷款本金部分未遂，与认定收受房产既遂实质上并不矛盾，只是对房产价值做出的精细化认定。

具体到本案中，被告人于某某收受的财物系涉案别墅，该别墅上存在为第三方（银行）设立的抵押权，在认定受贿数额时，应当尊重在对应贷款未全部偿还之前，银行债权和抵押权会影响受贿人取得的经济价值这一客观事实。

（四）受贿人收受未还清银行贷款的房产，抵押对应的未偿还贷款本金部分应认定为受贿罪未遂

在按揭贷款的情况下，受贿人在收受房产时，实际获得的是有抵押房产的经济价值，无论受贿人是否明知房产的抵押贷款情形，其在客观上对于抵押贷款对应的价值部分均尚未获取，对此部分价值应当评价为受贿未遂。随着行贿人按期还款，未偿还的贷款本金逐渐减少，受贿人能够控制的房产价值也在发生变化，直到贷款还清、抵押解除后，受贿人才能取得完全产权、无他人权利主张房产的全部价值。因此，在案发前，行贿人的持续还款行为会使部分未遂金额持续转化为既遂，直至案发。至于行贿人已经向银行支付的贷款利息，因其只涉及行贿人的贷款成本，对房产上的抵押权、仍须偿还的本金都没有影响，因此对受贿数额的认定没有影响，应当评价为行贿人的行贿成本。

具体到本案中，被告人于某某收受总价值 1532 万余元的房产系行贿人首付 649.9 万元、按揭贷款 883 万余元购买，设立的抵押使该房产只有在还清房贷并解除抵押后才能在市场上实际卖出 1532 万余元的价格。因此，在收受时应认为受贿人已经取得了首付 649.9 万元对应的经济利益，系既遂；而尚

未取得按揭贷款部分对应的经济利益，系未遂。随着行贿人按期偿还贷款，部分未遂数额变成既遂，至案发时，该抵押权对应的贷款本金，即于某某尚未取得经济价值最终确定为831万余元，对该831万余元应认定为未遂。

另外，需要注意的是，并非所有的贷款购买房产后行贿都涉及上述抵押贷款对房产价值的影响和变化。如果行贿人未在该房产上设立抵押，而使用其他担保方式取得银行贷款，则受贿人在一开始就取得了房产整体的经济价值，行贿人的贷款是另一个完全独立的法律关系，与涉案房产与行受贿均无关系，那么当然应当以房产价值全额认定为受贿既遂。

（五）将尚未还清贷款本金部分认定为未遂，有利于追赃工作的顺利进行

对未还清贷款部分既未遂的认定还可能对追赃带来影响。如果按照房产的整体价值全额认定为受贿既遂，则按照《刑法》第六十四条的规定，在追赃时需要向受贿人追缴房产的全部价值及对应升值收益，但当受贿房产上设有抵押时，将涉案房产依法拍卖后，须以拍卖所得先偿还银行贷款，剩余部分方可予以追缴，从而出现受贿人未全部退赃、需要向受贿人继续追缴的情形。实际上，受贿人没有能够取得剩余贷款本金部分对应的经济利益，向受贿人继续追缴其没有获得的利益并不公平，而将未还贷款本金部分认定为未遂可以很好地解决这一问题。

具体到本案中，虽然认定被告人于某某在本起事实中受贿1532万余元，但因其没有取得未还贷款本金对应的831万余元经济利益，该部分被认定为未遂，在追赃时应当予以考虑，即涉案房产依法拍卖后，以拍卖所得先清偿银行贷款831万余元，剩余部分上缴国库，清偿银行的这831万余元贷款可以不再向于某某追缴。

综上，一审法院按照房产价值1532万余元认定受贿数额，并将案发时尚未还清的贷款数额831万余元认定为未遂，既尊重了客观事实，又有利于追赃工作的开展，是正确的。

（撰稿：山东省高级人民法院　孙　浩

审编：最高人民法院刑二庭　刘琳琳）

[编号 025]

国家工作人员利用职务便利，向行政管理对象索要由财政资金支持的工程项目，由自己组织施工获取工程利润行为的认定

内容摘要：国家工作人员利用职务之便向行政管理对象索取中标工程项目，自己组织施工获取的利润本质是权钱交易的结果，还应当进一步从是否有投入、是否承担市场风险的角度判断行为人向行政管理对象索取工程项目，自己组织施工获取的利润是商业机会还是财产性利益，进而判断行为人是否构成受贿罪。

关键词：财产性利益　商业机会　受贿罪　贪污罪

【基本案情】

2011 年至 2014 年，B 市人民政府利用国家财政资金实施国家农业综合开发土地治理高标准农田建设示范工程、渠道防渗工程、城乡风貌改造工程、乡村道路硬化工程、基层财政所标准化建设等工程。B 市的国家财政资金工程项目建设，在进行招投标前均要经过财政局下属二层机构 B 市财政投资项目评审中心对工程项目进行预算评审，工程项目的预算评审结果要向财政局局长汇报。时任财政局局长的被告人蓝某，利用国家财政工程项目的承建、工程资金拨付等方面有决定权的职务便利，根据工程项目的评审预算情况，有选择性地对认为有利可图的国家财政工程项目，在招投标前，利用其职务便利，指使招标公司，即 A 招标有限公司（以下简称 A 公司），负责人操作招投标，由其找建筑公司为其意欲承揽的工程项目进行投标，以及指使财政

局的工作人员为其理顺意欲承揽的工程项目的招投标事宜。中标公司为了日后得到更多财政资金工程的建设以及顺利获得工程拨款，只能按照蓝某的意图将中标工程交由蓝某承揽建设。蓝某取得国家财政资金工程项目的承建权后，雇请许某某带施工人员以中标公司名义进场施工并管理，支付给许某某的工资每月固定 5000 元。在工程施工建设过程中，中标公司任命并派驻项目经理全权负责蓝某承揽工程的建设管理工作，所有工程款均由建设单位按照工程进度拨付到中标公司的银行账户，中标公司在扣除工程税费及管理费后，将余下的款项汇入到蓝某指定的由其操控的户名为许某某的银行账户，施工过程中所需支出的费用由蓝某取款交由许某某支付。工程竣工验收合格、结算后，蓝某将承揽工程所获利共计 251 万元占为己有。

公诉机关指控被告人蓝某构成贪污罪。

被告人蓝某及辩护人提出其承揽工程建设所得利润不构成贪污罪，应作为违纪处理。

一审法院认为，被告人蓝某身为国家工作人员，利用职务上的便利，指使他人操作招投标事宜，借用中标公司名义承揽国家财政资金工程，操控国家财政资金，利用承揽工程的合法形式骗取财政局管理的国家财政资金，并非法占为己有，数额巨大，其行为构成贪污罪。

一审宣判后，被告人蓝某不服，提出上诉。

二审法院认为，上诉人蓝某在本案中利用职务便利，通过承揽工程项目获取工程利润 251 万元的行为构成受贿罪，理由是：第一，根据蓝某供述，其作为财政局局长，在工作中知道涉案的 7 个财政资金项目，而且这几个项目比较容易实施，投资小，据其判断有钱可赚，其也知道自己没有资质，又想通过挂靠招投标公司的方式，将这几个工程项目承担下来自己做，于是其在项目的招投标前先和财政局农发办工作人员、市政府采购办的主任、A 公司经理等人沟通，要求他们提供帮助。在经过公开的招投标确定中标公司后，中标公司被相关人员告知已做好安排，蓝某就安排许某某等人到中标公司领取中标材料，留下用于接收工程项目款的银行卡号码，银行卡和密码则掌握在蓝某手上。相关证人的证言证明 A 公司和中标公司系基于蓝某是财政局局长，为了在政府的财政资金项目的招投标和工程拨款等业务上得到蓝某的关照，在涉案项目招投标后，由中标公司把项目施工交给蓝某，并通知蓝某找人过来对接，领取中标材料，以中标公司的名义承揽项目施工，上述的证人证言与蓝某的供述相吻合，且相关的政府文件以及市财政局的资金申请表、支付表等书证，证明涉案的7个项目均为政府的财政资金项目，均需要经过财政部门评审讨论，报名参与这些项目的招投标也需要有相关的资质，蓝某作为财政局局长，在对涉案项目评审及资金的拨付方面等均有审批的职权。故蓝某系利用职务便利向中标单位索要涉案项目承揽施工，以获取工程利润，其主观上有非法占有的目的。第二，根据《最高人民法院、最高人民检察院关于办理贪污贿赂刑事案件适用法律若干问题的解释》第十二条的规定，贿赂犯罪中的“财物”，包括货币、物品和财产性利益。财产性利益包括可以折算为货币的物质利益，如房屋装修、债务免除等。蓝某利用担任财政局局长的职务便利，选取投资少、回报高、风险低的国家财政资金工程项目，指使招标公司操纵招标，向中标单位索要中标工程承揽施工，非法获取工程利润251万元，该部分款项可视为上述司法解释所规定的财产性利益。因此，蓝某利用国家工作人员的职务便利，向具有行政管理关系的单位索要财物，其行为构成受贿罪。综上，原判对蓝某犯贪污罪的事实部分定性有误，应定性为受贿罪。

【争议问题】

（一）如何正确区别交易型受贿与贪污？

（二）国家工作人员索取工程项目自行组织施工获取的利润是否属于刑法意义上的财产性利益？

【问题解析】

（一）通过对行为人所获得的财物实际上是来源于对方单位还是将本单位财物假借对方单位输送给行为人进行综合审查，判断行为人的行为是交易型受贿还是贪污

行为人在实施贪污贿赂犯罪过程中，为逃避处罚，犯罪手段不断变异和

翻新。实践中，国家工作人员在对本单位的财物进行拍卖、处置和对工程项目进行招投标过程中，往往与竞买人或者投标人私下进行权钱交易和利益勾兑，采取更隐蔽的手段掩盖犯罪，其行为究竟是受贿还是贪污有时很容易混淆。在这种情况下，要结合交易的真实情况，具体分析行为人所获得的财物实际上是通过弄虚作假以虚增交易成本、增设交易环节、提高交易价格等方式将本不应支出的本单位的资金输送到对方单位之后再假借对方单位之手收取，抑或虽然表面上依规照章办事但私下要求对方给予好处或者回扣，如果是前者，则应认定为贪污，如果是后者，则应认定为受贿。

在本案中，蓝某是财政局局长，负责审批财政资金工程项目的进度款，有经手、管理财政资金的职务便利，正因如此，对于蓝某的行为是贪污还是受贿有两种不同的意见。

一种意见认为，蓝某作为财政局局长，利用职务便利通过操控招标公司和中标的工程公司，弄虚作假以中标公司名义将容易完工且利润大的工程项目由自己组织施工，在基本上没有投入资金的情况下，将本人经手管理的财政资金以拨付进度款的形式通过中标公司转入了由本人控制的银行卡，非法占为己有，所得利润来源于本单位的财政资金，系利用承揽工程的合法形式骗取本人经手管理财政局的国家财政资金，数额巨大，其行为构成贪污罪。

另一种意见认为，蓝某利用担任财政局局长负责拨付工程进度款的职务便利，向与其具有行政管理关系的工程中标公司索要投资少、风险小、回报高的工程项目自己组织施工并获取利润，所得利润来源于向中标公司索取的工程，属于向他人索取财物，其行为构成受贿罪。

我们赞同后一种意见。主要理由是：

1. 蓝某的行为不构成贪污。第一，在案没有证据证明蓝某在索取工程项目之前或者在组织施工过程中以弄虚作假、徇私舞弊的方式采取虚增成本和支出的手段骗取财政拨款，财政局不存在将上述本不应支出的资金拨付到中标公司账户的情形，财政局不存在损失。第二，在案证据证实蓝某组织施工的工程竣工后均由有关部门进行验收并检验合格，没有证据证明蓝某存在与有关检验人员串通将不合格的工程项目弄虚作假通过验收的情形。第三，蓝某组织施工的工程是以中标公司名义进行，中标公司任命并派驻项目经理全权负责工程项目建设管理工作，相关工程项目经验收合格后，中标公司自然取得了由财政部门拨付的工程款的所有权、支配权，中标公司取得的款项也不再具有公款的性质。显然，蓝某获得的工程利润表面上来自财政部门拨款，但实际上源于中标公司中标的工程项目经检验合格后取得的工程收益。因此，蓝某的行为不符合贪污罪的构成要件，不构成贪污罪。

2. 蓝某的行为构成受贿。财政资金工程项目均需要财政局及时拨付工程进度款，而本案中工程中标公司除中标蓝某索要的财政资金工程项目外，还同时中标多个其他财政资金工程项目，中标公司在对其他中标的财政资金项目施工过程中，同样需要财政局及时拨付工程进度款，与蓝某之间存在行政管理关系。在这种情形之下，蓝某作为财政局局长要求中标公司将中标工程项目交由自己组织施工获取利润属于《刑法》第三百八十五条规定的利用本人职务之便，双方之间本质上是一种权钱交易，应当认定为受贿性质，至于蓝某自己组织工程项目施工获取的利润是否属于刑法意义上的财产性利益，下文再行论述。

综上，蓝某在本案中获取的利润实际上是来源于向行政管理对象索取的工程而非财政局，蓝某利用职务之便向行政管理对象索取中标工程项目自己组织施工获取的利润本质是权钱交易的结果，其行为构成受贿而非贪污。

（二）从是否有投入、是否承担市场风险的角度，判断行为人获取的利润是商业机会还是财产性利益的问题

在本案审理过程中，对蓝某向中标公司索取工程项目自己组织施工获取的利润是商业机会还是财产性利益有两种不同观点。

一种观点认为，刑法意义上的财产性利益一般是“纯粹的利益”或者说直接经济利益，不需要再额外投入。本案中蓝某索取的财物只是一个工程项目，后期需要自己组织施工队进行施工，除支付施工人员的工资外，还要接受验收并面临检验是否合格的风险，并非“纯粹的利益”或者直接经济利益，一般情况下很难折算为具体、确定的金额，实际上只是一种获取利益的机会和可能，属于一种商业机会，不符合《最高人民法院、最高人民检察院关于办理贪污贿赂刑事案件适用法律若干问题的解释》第十二条规定的财产性利益。

另一种观点认为，财政资金工程项目要报财政局有关部门进行预算评审，蓝某作为财政局局长在评审过程有意识从中选取其中投资少、施工技术要求低、易于通过验收、风险低的项目要求中标公司给自己组织施工，以实现利润最大化，且有证据证明蓝某从工程项目中所获的利润能够以货币形式体现，属刑法意义上的财产性利益。

我们同意后一种观点，主要理由是：

1. 蓝某索取工程项目自己组织施工后获取的利润能够以货币形式体现。（1）蓝某索取工程项目后，既可以将项目整体转给他人施工自己收取较少的转让费，也可以自己组织施工以实现利润最大化。实践中，对于收受工程项目后将项目整体转让给第三人施工并收取转让费的，该转让费当然可以认定为受贿数额。既然转让给他人施工收取第三人较少转让费可以认定为受贿，那么举轻以明重，由自己组织施工而获得更大利润的当然更应当认定为受贿。二者并无本质上的不同，区别在于前者可以直接以货币的形式体现，而后者有的可以货币的形式体现，有的因投入、支出难以统计，核算工程取得的利润存在困难。（2）蓝某索取工程项目后，请许某某带队施工并负责管理，蓝某提供银行卡给中标公司接收工程款，施工过程中所需支出的费用由蓝某取款交由许某某支付。经核计，从财政拨款中扣除中标公司收取的管理费用和代缴的费、税以及许某某帮蓝某管理的7个工程项目的支出等，蓝某获取的利润共计251万元。本案不存在无法估算投入成本和支出以及获取利润的情形。

2. 蓝某自己组织施工过程中基本不需要投入和没有市场风险。（1）蓝某获取的财政资金工程项目是由政府拨付进度款，其虽然组织施工队进场施工，但有关支出基本来源于财政拨付的工程进度款，由此可以认定为基本没有投入资金。（2）蓝某在索取工程项目之前已利用职务之便对报送评审的工程项目先行筛选，有意识地从中选择有财政部门拨付工程进度款、技术含量低、容易通过验收、有利可图、风险低的项目，由此可以认定其索取的工程项目没有市场风险。事实上，蓝某索取的7个工程项目中，除1个平本外，其余6个均获利甚丰。因此，本案的财政资金工程项目与市场上需要承担风险的工程项目有明显的区别。

综上，判断行为人索取行政管理对象工程项目自己组织施工获取的利润是商业机会还是财产性利益，应当注意从两个方面进行判断：第一，获取的利润能否以货币形式折算或者体现。第二，行为人对工程项目是否有投入和是否面临市场风险。没有投入或者投入较少、没有市场风险或者风险可控，且获取的利润或者收益能够以货币计算的，可以认定为刑法意义上的财产性利益。

本案中，被告人蓝某从行政管理对象处索取优质工程项目，该项目无资金投入、市场风险小，盈利可能性大，可以认定是从行政管理对象处收受财产性利益，其行为构成受贿罪。

（撰稿：广西壮族自治区高级人民法院　韦宗昆

玉林市中级人民法院　粟春雄

审编：最高人民法院刑二庭　于同志）

［编号 026］

国家工作人员通过民企经营者为请托人谋取利益并收受该请托人财物的行为如何认定

内容摘要：国家工作人员利用职务上的便利为民企经营者谋取利益，没有收受民企经营者财物，后又通过该民企经营者为请托人谋取利益，并收受该请托人财物的，构成受贿罪。如果国家工作人员与民企之间具有监督、制约关系，即使国家工作人员没有利用职务上的便利为民企经营者谋取利益，只要通过该民企经营者为请托人谋取利益并收受该请托人财物，即构成受贿罪；如果国家工作人员与民企之间不具有监督、制约关系，没有利用职务上的便利为民企经营者谋取利益，即使其通过该民企经营者为请托人谋取利益，也与其职权无关，不属于“利用职务上的便利”，在这种情况下，国家工作人员收受该请托人财物，不构成受贿罪。

关键词：受贿罪　民营企业　职务　制约

【基本案情】

2019 年年初，担任甲银行副行长的被告人徐某与叶某商定，由其帮助叶某承揽工程项目，叶某送工程利润给徐某。因徐某曾为李某实际控制的民营企业在甲银行贷款提供过帮助，双方往来密切，徐某遂找到李某，要求李某帮助叶某承揽工程项目，李某答应。2019 年下半年，李某将自己承接的工程量 7000 余万元的工程项目转让给叶某，叶某承诺在项目结算后送给徐某 50% 的利润。

【争议问题】

被告人徐某的行为是否构成受贿罪？

【问题解析】

关于被告人徐某的行为是否构成受贿罪，在案件办理过程中，有以下两种意见：

第一种意见认为，被告人徐某的行为不构成受贿罪。理由是：徐某虽然利用担任甲银行副行长的职务便利，曾为李某实际控制的民营企业在甲银行贷款提供过帮助，但从未收受过李某的财物，李某也未给予或承诺给予徐某财物，故徐某在这起事实中不构成受贿罪。另外，徐某要求李某帮助叶某承揽工程项目，李某遂将自己承接的工程项目转让给叶某，叶某承诺在该工程项目结算后送给徐某50%的利润，即使徐某利用了职权或者地位形成的便利条件，但并非通过其他国家工作人员职务上的行为，而是通过非国家工作人员李某为叶某谋取利益，因此，徐某在该起事实中不构成受贿罪。

第二种意见认为，被告人徐某的行为构成受贿罪。理由是：徐某曾利用担任甲银行副行长的职务便利，为李某实际控制的民营企业在甲银行贷款提供过帮助，虽未收受过李某的财物，但其要求李某帮助叶某承揽工程项目，在李某将自己承接的工程项目转让给叶某后，叶某按照之前与徐某的商定，向徐某承诺在该工程项目结算后送给徐某50%的利润。由此可见，如果徐某之前没有利用职务上的便利为李某谋取利益，李某是不可能按照徐某的要求将自己承接的工程项目转让给叶某，叶某也不可能承诺给予徐某50%的工程利润，根据前因后果，综合来看，徐某利用了职务上的便利，为叶某承揽工程项目，并收受叶某财物，其行为构成受贿罪。

我们赞同第二种意见。

（一）被告人徐某利用了职务上的便利

《全国法院审理经济犯罪案件工作座谈会纪要》有关于“利用职务上的便利”的认定，《刑法》第三百八十五条第一款规定的“利用职务上的便利”，既包括利用本人职务上主管、负责、承办某项公共事务的职权，也包括利用职务上有隶属、制约关系的其他国家工作人员的职权。担任单位领导职务的国家工作人员通过不属于自己主管的下级部门的国家工作人员的职务为他人谋取利益的，应当认定为“利用职务上的便利”为他人谋取利益。

被告人徐某身为甲银行副行长，担任的是甲银行领导职务，无论其是利用本人职务上主管某项事务的职权，还是利用职务上有隶属、制约关系的其他银行工作人员的职权，抑或是通过不属于自己主管的下级部门的银行工作人员的职务为他人谋取利益，均应当认定为“利用职务上的便利”为他人谋取利益。徐某利用职务上的便利，为李某实际控制的民营企业在甲银行贷款提供帮助，继而要求李某帮助叶某承揽工程项目，徐某利用职务上的便利为李某谋取利益、要求李某为叶某谋取利益这两个行为前后连贯，应视为徐某利用了职务上的便利为叶某谋取利益。

（二）被告人徐某为叶某谋取了利益

《全国法院审理经济犯罪案件工作座谈会纪要》有关于“为他人谋取利益”的认定，为他人谋取利益包括承诺、实施和实现三个阶段的行为。只要具有其中一个阶段的行为，就可以认定为“为他人谋取利益”。

本案中，被告人徐某事先就与叶某商定，由其帮助叶某承揽工程项目，应视为承诺为叶某谋取利益；接着，徐某要求李某帮助叶某承揽工程项目，实施了为叶某谋取利益的行为；后来，李某将自己承接的工程量 7000 余万元的工程项目转让给了叶某，从而徐某实现了为叶某谋取利益。由此可见，徐某为叶某谋取了利益。

（三）被告人徐某同意收受叶某财物

本案中，被告人徐某与叶某最初就约定，由徐某帮助叶某承揽工程项目，叶某送工程利润给徐某。当徐某要求李某帮助叶某承揽工程项目，李某将自己承接的工程项目转让给叶某后，叶某就按照之前与徐某的约定，承诺在该工程项目结算后送给徐某 50% 的利润。由此可见，徐某同意收受叶某财物。

综上，被告人徐某利用职务上的便利为李某谋取利益、要求李某帮助叶某承揽工程项目、同意收受叶某财物，这三个行为相继衔接连贯，等同于徐某利用职务上的便利为叶某承揽工程项目，并同意收受叶某财物。因此，被告人徐某的行为构成受贿罪。

此外，如果国家工作人员没有利用职务上的便利为民企经营者谋取利益，但又通过该民企经营者为请托人谋取利益并收受该请托人财物，该行为应如何认定？笔者认为，应分两种情形予以分析。

1. 国家工作人员与民企之间具有监督、制约关系

若国家工作人员与民企之间具有监督、制约关系，即使国家工作人员没有利用职务上的便利为民企经营者谋取利益，但凡其要求该民企经营者为请托人谋取利益，该民企经营者也不得不为之，否则将可能承担不利的后果。国家工作人员之所以能够通过该民企经营者为请托人谋取利益，正是因为其利用了本人职务上主管、负责、承办某项公共事务的职权，该职权对民企具有监督、制约作用，即利用了职务上的便利为请托人谋取利益。因此，如果国家工作人员与民企之间具有监督、制约关系，即使国家工作人员没有利用职务上的便利为民企经营者谋取利益，只要通过该民企经营者为请托人谋取利益并收受该请托人财物，就如同国家工作人员利用职务上的便利，为请托人谋取利益，并收受该请托人财物，其行为构成受贿罪。

2. 国家工作人员与民企之间不具有监督、制约关系

如果国家工作人员与民企之间不具有监督、制约关系，没有利用职务上的便利为民企经营者谋取利益，即使其通过该民企经营者为请托人谋取利益，也与其职权无关，不属于“利用职务上的便利”。这种情况下，国家工作人员收受该请托人财物，通常不构成受贿罪。国家工作人员收受的财物可作为违纪所得予以处理。

（撰稿：江西省高级人民法院　林勇康

审编：最高人民法院刑二庭　于同志）

［编号 027］

依法审判外逃人员归国案件，实现以案促追逃追赃

内容摘要：人民法院作为国家的审判机关，严格依照党中央的决策部署，依法稳妥审理每一起外逃职务犯罪案件，做到以案释法、以案促追逃追赃，用法律的权威感召和震慑外逃人员。第 49 号“百名红通人员”——被告人常某贪污、挪用公款案的审理，体现了人民法院在反腐败国际追逃追赃工作中的职责使命。该案的成功审判，不但实现了对常某追逃追赃的双丰收，还促成了第 46 号“百名红通人员”孔某某也迅速回国投案，是以案释法、以案促追逃追赃的典型案例。

关键词：红通人员　国际追逃追赃　自首　退赃

【基本案情】

被告人常某系深圳市某进出口有限公司原副总经理，兼任某石油实业有限公司原副总经理。2011 年 11 月逃往加拿大，2013 年 12 月 11 日被广东省人民检察院批准逮捕，12 月 30 日广东省人民检察院报请最高人民检察院通过公安部发出国际红色通报。2016 年 2 月 18 日常某主动回国投案，次日被取保候审。

（一）贪污事实

2003 年 5 月，由时任某石油实业有限公司（以下简称某实业公司）副总经理孔某某（另案处理）提议，经某实业公司董事长陶某某（另案处理）同意，该实业公司购买了某市崂山区澳门花园共八套房产作为员工宿舍，但未在该公司登记入账。2008 年，某实业公司在关闭注销过程中，本应将上述八

套房产上交。后经孔某某等人提议，董事长陶某某决定将八套房产分给被告人常某、孔某某等人。常某作为某实业公司副总经理，明知该套房产应归国有，且自己并未实际支付对价，仍积极操作并办理过户手续，最终将其中1套房产据为己有。经鉴定，该房产价值为人民币206.13万元。2012年7月，常某将该房产以人民币390万元转让。

（二）挪用公款事实

2007年至2008年，被告人常某在担任某实业公司副总经理期间，经董事长陶某某同意，某实业公司将所属的Z公司10%的股权转让给常某，常某以其实际控制的L公司名义受让该10%股权。在股权转让过程中，陶某某同意由某实业公司借款300万元给常某用于购股，常某和L公司实际并未支付300万元的股权转让金。2008年年底某实业公司清算关闭期间，经陶某某指示，公司财务主管将某实业公司账目调整为应收L公司300万元及利息，某实业公司关闭后，将上述应收款转移到Z公司账上记载。2010年年底、2011年年初，X公司以1300万元收购被告人常某所持的Z公司10%股权。由于被告人常某未支付股权转让金，经陶某某指示，在X公司支付股权转让款时Z公司扣下本金300万元，但并未扣下利息。常某通过持有并出让Z公司股权实际获利人民币1000万元。

另查明，案发后，检察机关依法冻结了被告人常某存放在其胞兄常某1名下账户的违法所得261万余元。常某主动回国投案自首后，主动退出违法所得93.66万余元。法院审理期间，常某主动退出违法所得45万元。

珠海市中级人民法院认为，关于法律适用，本案审理期间，《刑法修正案（九）》修正了贪污罪的法定刑，《最高人民法院、最高人民检察院关于办理贪污贿赂刑事案件适用法律若干问题的解释》亦明确贪污罪、挪用公款罪定罪量刑的数额、情节标准，依照《刑法》第十二条、《最高人民法院、最高人民检察院关于适用刑事司法解释时间效力问题的规定》第三条规定从旧兼从轻的法律适用原则，对被告人常某的行为应当适用修正后的《刑法》第三百八十三条第一款第二项、《最高人民法院、最高人民检察院关于办理贪污贿赂刑事案件适用法律若干问题的解释》第二条第一款、第六条第一项的规定。

被告人常某作为国有企业某石油实业有限公司的副总经理，利用职务之便，伙同他人共同侵吞国有资产并实际分得房产 1 套，价值206.13万元，数额巨大，其行为已经构成贪污罪；常某在并无实际出资的情况下，伙同他人利用职务之便，挪用国有公司资金 300 万元用于持股营利活动，个人因持股转卖获利 1000 万元，情节严重，其行为已经构成挪用公款罪。常某犯数罪，应当对其依法数罪并罚。常某在共同犯罪中起次要作用，是从犯，应当从轻或者减轻处罚。常某主动归国投案，到案后如实供述自己的罪行，是自首，而且积极退出违法所得，具有悔罪表现，可以从轻或者减轻处罚。根据常某的犯罪事实、犯罪性质、情节和对于社会的危害程度，决定对其减轻处罚。鉴于常某犯罪情节较轻，有悔罪表现，没有再犯罪的危险，宣告缓刑对其所居住社区没有重大不良影响，决定对其适用缓刑。

2017 年 8 月 30 日，珠海市中级人民法院以（2017）粤 04 刑初 32 号刑事判决，认定常某犯贪污罪，判处有期徒刑二年六个月，并处罚金人民币 25 万元；犯挪用公款罪，判处有期徒刑一年六个月，决定执行有期徒刑三年，缓刑五年，并处罚金人民币 25 万元。检察机关依法冻结和被告人常某主动退出的违法所得人民币 4000661.83 元予以追缴，剩余的违法所得人民币 9899338.17 元予以继续追缴。

一审宣判后，被告人常某未上诉，检察机关亦未抗诉。判决已发生法律效力。

【争议问题】

如何在追逃追赃案件的审判中依法贯彻政策，实现以案促追逃追赃？

【问题解析】

在当前反腐败斗争依然严峻复杂的形势下，巩固压倒性态势，争取压倒性胜利的决心必须坚如磐石。习近平总书记指出“不管腐败分子逃到哪里，都要缉拿归案、绳之以法。”① 持续释放党中央反腐败国际追逃追赃工作力度

① 中共中央党史和文献研究院编：《习近平关于全面从严治党论述摘编（2021 年版）》，中央文献出版社 2021 年版，第 377 页。

不减、节奏不变、尺度不松的强烈信号。

该案被告人常某系“百名红通人员”，“百名红通人员”案件国际影响重大，人民法院在审理过程中应该正确理解与适用法律，以展示我国法治建设和人权保障的水平，切实体现我国以法治思维、法治方式开展反腐败斗争和国际追逃追赃工作的良好法治形象。同时，也应当用好、用足政策，力争做到以案释法、以案促追逃追赃，用法律和政策感召和震慑外逃人员。

（一）正确认定外逃人员归国案件中的自首情节

鼓励自首和坦白从宽是我国司法实践中长期坚持的刑事政策，2009年3月，最高人民法院、最高人民检察院印发《关于办理职务犯罪案件认定自首、立功等量刑情节若干问题的意见》指出：“对于具有自首情节的犯罪分子，应当根据犯罪的事实、性质、情节和对于社会的危害程度，结合自动投案的动机、阶段、客观环境，交代犯罪事实的完整性、稳定性以及悔罪表现等具体情节，依法决定是否从轻、减轻或者免除处罚以及从轻、减轻处罚的幅度。”该政策在敦促职务犯罪案件境外在逃人员归国投案方面有着尤为重要的指导意义。

1. 追逃追赃案件中自首情节的认定有着尤为重要的意义

由于各国法律制度、习惯、政治体制等各方面的差异，国际追逃追赃工作的难度远远大于国内追逃追赃工作，因此，敦促外逃人员主动回国投案，是其中较为理想的方式。按照2014年“天网行动”的统一部署，我国公布了100名红色通缉人员名单，俗称“百名红通人员”，加大了全球追逃力度。通过对已回国的“百名红通人员”归案方式的分析可以看到，劝返是最常用的一种方式。劝返，是通过释理说法、政策感召，促使外逃人员主动回国接受处理的一种措施。境外在逃职务犯罪案件人员如能认清形势，珍惜机会，回国投案，如实供述，人民法院通过认定自首可对其依法从宽处理。反之，如拒不投案自首而随后被引渡或者遣返的，则会面临依法从严惩处的后果。近年来追逃追赃实践取得的成果也充分证明通过劝返可以最大化实现这一理想方式。正确理解和认定劝返回国的自首问题，对人民法院准确把握量刑政策具有重要的意义。

被告人常某案发后畏罪潜逃加拿大，由于加拿大与我国没有引渡条约，劝返是办案人员追逃的首选方式。经过追逃的办案人员对被告人常某释法析理、讲明政策，2016年2月18日被告人常某主动回国投案，并在诉讼过程中如实供述自己的罪行，最终被人民法院认定为自首，从而得到从宽处罚。

2. 外逃人员职务犯罪案件自动投案的认定标准

在审理实践中容易引发争议的主要问题是：潜逃境外的人员，因引渡、遣返、异地追诉等法律程序而在外国被限制人身自由的情况下，放弃上诉等法律救济手段或权利，自愿接受遣返或者引渡，能否认定为自动投案？我们认为可以。2011年4月最高人民法院印发《关于处理自首和立功具体应用法律若干问题的解释》第一条规定，犯罪后逃跑，在被通缉、追捕过程中主动投案的，应当视为自动投案。这一解释首先肯定了自首可以发生在犯罪后逃跑阶段，并阐明了自首的主动性和条件性，揭示了自首的实质，是鼓励犯罪分子自愿接受刑事追究，中止司法行动，节约司法成本。

外逃人员，在被通缉、追捕的过程中，即使在外国因为各种原因被采取强制措施，但由于外国不是我国司法主权可以控制的领域，犯罪分子不是被我国司法机关采取的强制措施，其完全可能利用各种复杂的外国法律程序，拖延诉讼程序，如黄某某案，历时8年，耗费了我国大量的司法成本；甚至有些犯罪分子还可能由此逃脱被引渡、遣返等后果，使我们短期内无法对其进行追诉。因此，我们认为，外逃人员只要在回国前主动放弃反抗，达到节约诉讼成本的自首本意，就应当视为自动投案。

3. 量刑中充分体现政策

在各类贪污贿赂腐败犯罪中，携款潜逃的被告人犯罪性质极为恶劣，社会危害程度极为严重，这些罪犯不仅想通过外逃来永久逃避我国法律制裁，而且想通过把资产转移到境外，过着不劳而获、骄奢淫逸、逍遥法外的生活。如果让这些犯罪分子的美梦得逞，就是国家的耻辱，也是我国司法机关的无能。因此，加强外逃职务犯罪案件被告人的追逃追赃工作，具有极端重要性。所以，职务犯罪案件境外在逃人员投案自首，主动接受我国法律的惩处，应当依法予以从宽。需要注意的是，追逃应与追赃并重，外逃人员投案后尽其所能退出违法所得，是以切实行为明确表示愿意接受司法机关给予刑罚的退赃行为，是体现其真诚认罪，彻底悔罪的最为有效方式。人民法院在办理案件过程中，应特别注意审查被告人的悔罪情节和退赃程度，切实体现宽严相济，严要严到让负隅顽抗、不知悔改的犯罪分子付出惨痛代价，宽要宽到让能够投案自首、退出赃款的被告人，真正体会到“回国投案才是正道”。

本案中，被告人常某投案自首后，积极发动家人多方筹措资金，主动退出违法所得400万余元，用实际行动表达了其真诚悔罪的态度，这也是法院对其从宽处罚的事实基础。

（二）注意发挥以案释法、以案促追逃追赃功能

本案是一起多人共同犯罪、先后潜逃境外的职务犯罪案件，其中包括某石油实业有限公司贪污、挪用公款系列案件在逃中国香港特别行政区的该公司原总经理、另一名“百名红通”人员孔某某。人民法院对常某的审判不仅是对他一个人的依法审判，更是对外逃人员的感召、警示、释明法律和政策的过程，因此，这个审判至关重要，希望达到以点带面、以案释法、以案促追逃追赃的效果。

被告人常某贪污、挪用公款案，人民法院严格适用法律，依照从旧兼从轻的法律适用原则，对被告人适用《刑法修正案（九）》处刑较轻的法律；认定常某在共同犯罪中起次要作用，是从犯，应当从轻或者减轻处罚；认定常某主动归国投案，到案后如实供述自己的罪行，是自首，而且积极退出违法所得，具有悔罪表现，可以从轻或者减轻处罚。最终，根据被告人常某的犯罪事实、犯罪性质、情节和对于社会的危害程度，决定对其减轻处罚；并鉴于常某犯罪情节较轻，有悔罪表现，没有再犯罪的危险，宣告缓刑对其所居住社区没有重大不良影响，决定对其适用缓刑。

该案宣判后不久，在逃中国香港的同案人孔某某在国家追逃追赃政策的感召下，并且从司法机关对常某案的处理中感受到了司法机关对于自首“红通”人员兑现政策的信誉与力度，遂于2017年10月12日，从中国香港回内地投案自首，并主动退出违法所得125.8万元。这也是本案审判取得政治效果、社会效果、法律效果相统一的直接体现。

（撰稿：珠海市中级人民法院　谢志刚

审编：最高人民法院刑二庭　黄　嵩）

实务释疑

赌赂犯罪既、未遂问题研究

王晓东[*]　段　凰[**]

新时代以来，反腐败斗争取得压倒性胜利并得到全面巩固，取得的成绩举世瞩目。但是，腐败与反腐败的较量还在激烈进行，随着经济、社会发展出现很多新情况、新问题，特别是在贿赂犯罪中表现明显，这其中，贿赂犯罪的既、未遂问题表现得尤为突出。

一、贿赂犯罪既、未遂简述

（一）立足于刑法分则犯罪构成模式对既、未遂标准界定

刑法理论界关于犯罪既、未遂的区分标准主要有以下三种：犯罪构成要件齐备说，即认为具备了犯罪构成全部要件的行为是犯罪既遂，反之具备部分构成要件的则是未遂；法定的危害结果发生说，即认为发生某种法定危害结果的是犯罪既遂，反之则是未遂；犯罪目的得逞说，即认为行为达到行为人犯罪主观目的的是犯罪既遂，反之则是未遂。

“法与时转则治，治与世宜则有功。”任何理论的产生都脱胎于当时的经济、社会背景。毫无例外，刑法理论能否具有价值和发挥作用应当结合一国的具体刑法规定进行分析，从而确立在应然角度还是实然角度探讨问题的基础。在以德、日为代表的大陆刑法体系中，占据犯罪既遂评判标准主流观点的是“构成要件要素充足说”，这与我国刑法理论中的犯罪构成要件齐备说既有相似之处，也有一定区别，原因主要在于德日刑法体系中的犯罪成立包括立体递进式的三要素，即构成要件该当性、违法性和有责性，而我国刑法体

* 王晓东，时任最高人民法院刑二庭庭长（现已退休）。

** 段凰，最高人民法院刑二庭三级高级法官。

系中的构成要件是将犯罪的形式特征和实质特征融为一体的平面化“四要件说”评价体系。虽然两种学说概念不同，理论背景不同，但上述两种学说都认为既遂体现了完整的（基本的）构成要件，而犯罪的其他完成形态则体现了不全面的（修正的）构成要件。

我国《刑法》总则规定了犯罪的未遂、中止、预备等形态，如《刑法》第二十三条规定：“已经着手实行犯罪，由于犯罪分子意志以外的原因而未得逞的，是犯罪未遂。对于未遂犯，可以比照既遂犯从轻或者减轻处罚。”但同时，我国《刑法》分则对很多犯罪行为采取定量加分阶段的模式予以规制，虽然分则条文大部分以故意犯罪的既遂为模式进行规定，但同样有行为犯、危险犯、情节犯等规定，因而采用犯罪构成要件齐备说在实践中容易造成犯罪构成与犯罪既遂标准的混淆，将行为构成犯罪理解成犯罪行为已经既遂。通常来说，只有在构成要件都符合的前提下才能认定犯罪，在此基础上再根据犯罪行为的完成形态判断行为属于既遂、未遂还是中止。

对于犯罪既、未遂的规定应当立足于《刑法》的规定，即以“犯罪有无得逞”来判断行为是否既遂。此处的得逞不能单纯理解为自然意义上的行为人的犯罪目的，而应当理解为法律意义上法律要求的危害后果有无发生。

（二）贿赂犯罪的既、未遂标准之争

贿赂犯罪存在犯罪未遂无论是在理论界还是实务界争议并不大。2003 年 10 月 31 日在第 58 届联合国大会上通过的《联合国反腐败公约》也明确，将实施贿赂犯罪的共犯、从犯或者教唆犯、未遂和中止以及预备行为均规定为犯罪。但与普通刑事犯罪相比较，贿赂犯罪既、未遂的认定既有统一性，又有特殊性。理论界关于贿赂犯罪既、未遂区分的标准存在以下几种观点：（1）承诺说。该说认为在索取贿赂的形式下，以是否完成索贿行为作为犯罪既遂与未遂相区别的标准，完成索贿行为即为既遂；在收受贿赂的情形下，承诺说认为应以受贿人承诺之时为既遂标志，即只要受贿人作出利用职务之便为他人谋取利益而表示收受他人贿赂的承诺时，即为受贿既遂。理由是：为他人谋取利益包括承诺、实施和实现三个阶段的行为，只要具有其中一个阶段的行为，如国家工作人员收受他人财物时，根据他人提出的具体请托事项，承诺为他人谋取利益的，就具备了为他人谋取利益的要件。那么对收受财物也应当作如此理解，即约定、要求和收受财物都是收受财物的表现形式。世界上也有其他国家的立法作出如此规定，如《日本刑法》第一百九十七条第一项规定："公务员或仲裁人员，因为职务，收受贿赂，或者要求或者约定贿赂时，处五年以下惩役。"根据此规定，受贿罪的行为模式为收受、要求、约定（合意）贿赂。收受，是指取得贿赂，收受的时期不问是在职务行为的前后，以目的物的取得或利益收受的时间点为既遂；要求，是指要求对方供与贿赂，对方即使未答应行贿，也成立受贿罪的既遂；约定（合意），是指在贿赂的供与方与收受方之间关于将来收受贿赂形成的合意，如果达成这种约定，即成立既遂。也就是说，依据《日本刑法》的规定，作为受贿罪的既遂来说，实际的贿赂之收受是不必要的，只要有了法定的行为，就成立犯罪的既遂。韩国等也是作此认定。（2）实际受贿说。该说认为应以行为人是否实际收受到贿赂作为受贿罪既遂与未遂相区别的标准，这种观点实际上就是犯罪既遂的目的说在受贿罪中的具体应用，因为在实际受贿行为当中，获取贿赂是行为人的犯罪目的，而为他人谋取利益只是行为人为了实现获取财物的目的而实施的手段行为，刑法之所以规定受贿犯罪的刑事责任，主要是因为行为人非法收受财物，如果利用职务之便，为他人谋取了利益而没有实际获取贿赂并不构成受贿罪，那么按照犯罪未遂的定义，它是犯罪未能得逞的一种形态。（3）谋得利益说。该说认为确定受贿罪的既遂与未遂，应以受贿人是否为行贿人谋取了利益为标准，谋取了利益的则构成既遂，未为他人谋取利益的则为未遂。除了上述几种基本观点外，还有一些复合观点，如谋得利益与实际受贿结合说，该说认为行为人既要实际取得贿赂，又要为他人谋得了利益才能构成既遂，缺一不可，否则则为受贿的未遂；收受贿赂与实际重大损失择一说，该说认为一般情况下应当以是否收到贿赂为标准，已经收受的为既遂，未收受的为未遂，但是虽然未收到贿赂，行为人利用职务之便为行贿人谋利益的行为，已经给国家和人民的利益造成实际重大损失的，也应属于受贿罪的既遂；索贿与受贿分别说，即对索贿和普通受贿进行区别对待，其中对于索贿是否存在既、未遂，以何种标准进行区分又有不同的观点。

《刑法》第三百八十五条第一款规定，国家工作人员利用职务上的便利，索取他人财物的，或非法收取他人财物，为他人谋取利益的，是受贿罪。如前所述，《刑法》分则规定的是犯罪构成而不是犯罪既遂，有收受或者索取他人财物行为的，只能是构成犯罪的条件而不是构成犯罪既遂的条件，换言之，贿赂犯罪是一种结果犯而不是一种行为犯。受贿犯罪是涉财职务犯罪，与普通贪财型犯罪一致，行为人的主观目的就是获取财物，至于他是不是为行贿人谋取了利益，都只是为了实现目的而采取的手段而已，只有行为人索取或者非法收受了贿赂，才能认为已经具备了受贿罪构成条件，如果客观上实施了利用职务之便为他人谋取利益的行为，但行为人并未从中收受财物，当然也就不能以受贿罪论处；至于是否已经为他人谋取了利益，并不影响受贿罪既遂的成立。

相对而言，承诺说的观点和相关立法例杜绝了受贿罪未遂成立的可能，从严密法网的角度而言不无益处。但目前我国的立法和司法实践尚未将收受财物的理解范围进行扩展，即未采用要求说或者合意说的观点，受贿犯罪是以数额和情节为主要定罪、量刑基础，在犯罪的成立上逐步虚化谋取利益这一条件，但仍以财物的实际获得为既遂标准。当然立法模式不宜简单地判断优劣，而是应当从犯罪学乃至社会学的角度进行全面评判。客观而言，将受贿犯罪的既遂标准提前到受贿人的要求或者行受贿双方的合意，实践中很可能出现仅根据请托人日后说的报答的一句话和国家工作人员未明确拒绝的态度就认定行受贿犯罪既遂的情形。结合现实，同时考虑到行受贿犯罪很多时候主要依靠行受贿双方供证一致加以认定这一客观情况，可能会导致实践中部分轻微违法违纪行为被认定为犯罪，不当地扩大定罪范围，也会导致很多企业家的合法财产被不当执行。目前，以财物取得作为既遂标准符合我国的国情和社会公众的普遍认知，也能够满足当前从严惩处贪腐犯罪的需求。

（三）获取财物的标准界定

正如前文所述，贿赂犯罪的既、未遂标准应当以受贿人是否收受或者索取到财物为标准。但理论中对于财产犯罪中“获取财物”的标准也有不同的理解。主要存在以下观点：（1）控制说，即以受贿人控制财物为标准；（2）失去控制说，即以行贿人失去对财物的控制为标准；（3）综合说，即综合财物的形态、性质、取得的手段等，分别采用隐匿、转移、失控、控制等不同标准加以判断。

与普通贪财型犯罪一样，贿赂犯罪行为人主观上是为了取得财物，判断受贿得逞的标准就是行为人实际控制、占有、使用了财物，因而只有控制说才能同时满足贿赂犯罪既遂对主观和客观两方面的要求。但贿赂犯罪又有着其独特性，和盗窃等侵财犯罪不同的是，行受贿双方对于财物转移的意思是一致的，行贿人所谋求的是国家工作人员的权力，因而通常也极力促成财物的转移。但随着经济社会的发展，对国家工作人员监管力度的不断加强以及受贿人犯罪手段的不断翻新、隐形变异，行受贿双方逃避侦查的意识越来越强，行受贿犯罪中谋取利益与收受财物已经不是简单的一一对应关系，而是在时间上、空间上进行了人为的分割、延长，因而对于贿赂犯罪中行为人是否已经控制财物不能简单沿用普通侵财犯罪的判断标准。同时，实践中很多新情况、新问题的出现使财物的归属状态不是一目了然，对贿赂犯罪中“实际控制”的理解也应当不断更新。比如，实践中常出现行受贿双方约定暂时不交付财物，而是由第三人或行贿人代持的情况，或者约定国家工作人员退休后再转移财物；再如，需要变更、登记的物品不予变更、登记但实际已经使用等；又如，行受贿双方结成牢固的利益同盟，国家工作人员对于财物有着“随用随拿”的权利等，诸如此类，均应当综合在案证据，全面审查分析被告人对财物的实际控制程度，从而判断受贿犯罪的既、未遂。

（四）两种不同未遂的区分

根据行为是否实施完毕，可以将未遂分为实施终了的未遂与未实施终了的未遂。在贿赂犯罪中，争议主要集中于实施终了的未遂，下文将一一展开讨论。但是实践中也存在一些未实施终了的未遂。如在张某受贿案中，张某是某国有企业董事长，该企业是某重点建设工程的业主单位，张某就让自己的朋友甲去找靠谱的建筑公司，将工程交给这家建筑公司做，建筑公司给提成，张某和朋友甲五五分成。甲找到了某大型建筑公司，并带该公司董事长乙和张某见面，商定由张某安排乙的公司中标，乙按照工程造价的4%以介绍费的名义将款项打到甲的账户。为此，由甲出面以甲的名义与乙签订了中介合同，约定了前述事项。通过招标投标程序，乙的公司如愿中标，获得了工程建设施工合同。中标后双方再次就前述约定进行了确认。之后乙安排公司人员进场施工，刚进场5天，其他参加投标的建筑公司举报乙串通投标，乙当天被带走调查，次日（第6天）张某和甲被留置。有意见认为，本案中张某等人行受贿尚未着手，应当属于犯罪预备。我们认为，张某几人就权钱交易的方式、数额等达成了合意，谋利行为已经完成，仅是最后未送出财物，应当属于未实施终了的未遂而不是犯罪预备。

二、贿赂犯罪既、未遂的具体认定

（一）以不动产为贿赂的情形

不动产是指实物形态的不动产土地和附着于土地上的改良物。在贿赂犯罪中，常见的以不动产为贿赂的有房屋、停车位、土地使用权、采矿权等。不动产具有不可移动性、独一无二性、寿命耐久性和数量稀缺性等特点。对于以不动产为贿赂的，在认定既、未遂时应当把握以下原则。

1. 不动产为贿赂的既、未遂不以转让登记为标准

《民法典》第二百零九条第一款规定："不动产物权的设立、变更、转让和消灭，经依法登记，发生效力；未经登记，不发生效力，但是法律另有规定的除外。"民法从保护物权和交易安全、对抗第三人的角度，规定不动产经登记发生法律效力，登记发挥着不动产物权公示、物权变动根据、权利正确性推定的效力。在民事法律关系中，无论给付和接受财物双方如何约定，只要未依法办理权属登记，都无法产生民法意义上物权转移的效果。刑法则不然，刑法将注意力集中在给付和接受财物双方之间是否给国家公职人员的廉洁性造成伤害，而非该房产日后的交易安全，虽然也考虑实际控制后物权因为没有登记而在民事上的无效性以及不能对抗第三人的性质，但这是次要的。在认定受贿犯罪的既、未遂形态时，应当正视这一差异。对于法律规定登记才转让所有权的不动产，行受贿双方没有进行所有权转让登记，但行受贿双方达成合意且受贿人实际使用的情形，应当认定为犯罪既遂。这是由贿赂犯罪的特征和打击职务犯罪的需要共同决定的。

一是行受贿双方不是普通的物权转让双方当事人，即不是平等的民事主体，转让也不是自愿、公平、等价有偿合理且正常的民事交易行为。法律规定的登记制度是明确大宗物品的权属情况，保障交易安全，针对的是平等主

体之间，双方之间不存在管理、制约和监督关系，但是行受贿双方的物权转让本就是一种公权力的渗透，公平等价的天平失衡，不是等价有偿而是权钱交易的产物，暗箱操作，行受贿双方并不需要国家登记制度作为保障，真正保障双方“转让合意”的是受贿人手中的职权。

二是作为贿赂的不动产是用以谋取不法利益的筹码，即使没有进行登记，行贿人一般也不可能依登记制度去取回已给付受贿人已经实际控制的不动产等，这一点行受贿双方都是心知肚明的。因而没有必要依赖登记制度来确认双方已经完成权钱交易的事实。

三是国家监管制度的发展。在现实中，国家监督机关对于国家工作人员的不动产有着严格的监管制度，如对于房屋、车库的使用权等，处级以上的国家工作人员对何时购入，何时过户，不动产单价、面积、总价等信息都需要如实填报，作为贿赂的不动产的过户无疑会将犯罪线索直接暴露于世，行受贿双方必然寻求更为隐蔽的方式。比如，在蔡某某受贿案中，蔡某某收受了行贿人购买的一套位于上海的别墅，为了掩盖双方的行受贿事实，房屋不仅没有过户，蔡某某又安排自己的亲友成立了公司，并以公司的名义和行贿人签订了以该别墅为标的的租房合同，且实际支付了部分租金。但是根据在案查明的证据事实，该租房合同不过是行受贿犯罪的“障眼法”，如先装修后签合同，签完合同后又伪造其他交易返还部分租金等。上述例子仅是纷繁复杂的实践表现之一，在行受贿双方均绞尽脑汁规避登记过户这一民事常规规定，如果司法实践中仍然机械地以登记为不动产等大宗商品的既、未遂标准，则诸如此类的犯罪基本都难以认定为既遂。要求受贿人完全地、彻底地实现所有权的转让无疑是放纵犯罪，既是不现实的，也是没有必要的，更不符合我国严惩贪腐犯罪的实际需要。

2. 不动产未转让登记认定既遂的情形

以对不动产的实际控制作为划分贿赂犯罪既、未遂的标准，但同时又排除了以不动产登记作为实际控制的表现，因而实践中对于何种情况属于“实际控制”存在争议。《民法典》第二百四十条规定，所有权人对自己的不动产或者动产，依法享有占有、使用、收益和处分的权利。由于《民法典》对所有权的规定是针对平等民事主体之间，而贿赂犯罪中由于公权力的介入，“实际控制”的标准有明显区别，同时又有联系。因而，在贿赂犯罪中对物的实际控制的判断应从形式要件和实质要件两个方面进行综合考虑。“实际控制”不限于“完全所有”，既可以综合完全行使占有、使用、收益、处分四项权能，也可以分开行使其中一项、二项或三项权利，如实际居住房屋、使用停车位等就是享有占有、使用权能，是最为常见的实际控制的表现形式。

如在蔡某某受贿案中，蔡某某要求行贿人在指定的地点为其和特定关系人购买房屋一套，行贿人购买后，又按照其特定关系人的要求斥资对房屋进行了改造、装修，但蔡某某及其特定关系人尚未实际居住就已案发，对于此种情形，我们仍然认定为受贿罪既遂。改造、装修是对房屋的实质占有、使用，因而排除行贿人或其他人对房屋的占有、使用，而受贿人实际有无居住或者实际居住时间长短并不影响其对房屋的实际控制状态。同样，如未实际居住房屋而将房屋租给他人收取租金的，不仅占有，而且还获得收益权和部分处分权。再如，一矿场继续由之前的工人采矿但将采矿收益转交给受贿人的，受贿人则具有占有、使用、收益三项权能的实体控制。上述情形均可视为国家工作人员对不动产的受贿既遂。当然，如果行受贿双方明确是以一段时间的使用权而不是不动产本身为贿赂的，仍然应当按照客观情况将其收益——而不是不动产本身，作为贿赂对象进行认定，这在本质上和《民法典》的规定仍然是一致的。

3. 部分既遂、部分未遂的情形

根据《民法典》物权编第八章和自然资源部《不动产登记暂行条例实施细则》的规定，动产或不动产可以由两个以上组织、个人共有，并依法按照共有性质进行登记，按份共有人可以转让其享有的共有份额。由此可见，民法上一份财物所对应的经济价值是可以被分割、共享的。同样，作为贿赂犯罪对象的不动产，可以是完整的不动产，也可以是其中的一部分。当以完整的不动产为贿赂，而受贿人实际只取得部分时，就存在部分既遂、部分未遂的结果。

如《民法典》第四百零六条规定了“带押转让”的问题，即“抵押人可以转让抵押财产……抵押财产转让的，抵押权不受影响”。在于某某受贿案中，于某某收受行贿人王某某一套价值1532万余元的别墅，该别墅一直登记在王某某名下。购买别墅时，王某某首付 649.9 万元，用该别墅贷款 883 万余元，并与于某某约定贷款由王某某自行偿还，至案发时尚有 831 万余元贷款本金未还清。在该案中即认定于某某受贿对象是别墅而不是现金，受贿数额为 1532 万余元，其中案发之时尚未还清的贷款本金 831 万余元为未遂，其他由行贿人已实际支出的首付及已归还的贷款本金部分为既遂，行贿人案发前已经偿还的贷款利息为犯罪成本。本案既根据客观情况认定于某某收受整个别墅的受贿犯罪事实，又承认因存在债权和抵押权会影响受贿人实施犯罪，存在部分既遂、部分未遂的客观事实。

4. 认定未遂的情形

即使有公权力作为权钱交易的保障，但实践中受各种特定或不特定因素的影响，仍然存在行贿人未对财物丧失控制权的情形，对于财物确实脱离受贿人控制的，应当根据客观事实认定未遂。

如刘某受贿案中，刘某和行贿人达成权钱交易的合意后，其利用手中职权为行贿人谋取了不正当利益，之后刘某和行贿人在共同考察一别墅项目时，刘某提出该别墅位置好，行贿人遂购买了一套别墅要送给刘某。刘某看了该别墅的具体户型后表示同意。行贿人以自己女儿的名义购买了该别墅，购买后该别墅一直闲置。之后行贿人由于生产经营中需要资金周转，多次将该别墅进行抵押贷款。后行贿人的妹妹以比市场价略低的价格，从行贿人手中购买了该处别墅，并进行了过户登记。关于行贿人抵押以及出售别墅的事情刘某均不知情。案发后虽然行贿人的证言表示如果刘某还想要这处别墅，他可以从其妹妹处再次回购该别墅。但分析认为刘某实际上未使用过该别墅，该别墅实际上不仅不属于刘某的实际控制范围内，行贿人亦失去控制。这种情况下，对该情形不宜认定为受贿既遂。

5. 国家工作人员使用后，财物发生变更、灭失的情况

贿赂犯罪中既遂的认定与民法的规定既有一致性，也有一定的特殊性，那么在个别情形下，这种冲突可能被凸显出来。尤其对于被告人收受财物后，财物发生了转移、灭失的，此时既不能简单的以财物在案发时的实际状况来否定被告人曾经占有、使用而实际控制的状态，也不能机械进行反推，认为只要被告人使用过就已经构成既遂。如行贿人送给国家工作人员甲一个停车

位，甲使用十年后因搬家不再使用又退给行贿人。对于此种情形，通常认为甲收受该车位构成既遂争议不大。但是如果甲使用了半个月认为车位离自家电梯太远而要求调换，行贿人又更换了另一个车位给甲，此时就不能认为甲收受了两个停车位，虽然甲曾经使用过第一个停车位，又收受了第二个停车位，但是第一个已经退还，不能以此认为受贿金额应当是两个停车位的总和且都属于既遂，而应当以后一个停车位的价值作为受贿金额并认定既遂。因为行受贿双方合意的价值就是一个停车位。

对于不能归属于行贿人的原因导致财物状态的变更、转移、灭失的，包括被告人的原因，如被告人退还；不可抗力的原因，如在行贿人处保管，因行贿人家遭受地震、火灾等；第三人的原因，如被他人损毁等，应当遵循谁控制财物、谁承担风险的原则。既然在贿赂犯罪中，不再以登记而是以实际控制作为既遂标准，同样风险的承担也应遵循同一标准。贿赂财物的变更、转移甚至是灭失都是由于受贿人行使财物的处分权，被告人实际控制的财物所产生的风险责任也应当由被告人实际承担。因而，对于此种情况，财物的变更、灭失不影响被告人既遂的认定。

对于因为行贿人的原因导致财物状态的变更、灭失的，如行贿人在房屋上设定了担保物权，国家工作人员居住一段时间后房屋被第三人收回用于实现担保物权；行贿人将小产权房送给国家工作人员，国家工作人员实际居住后小产权房因违建被行政机关要求拆除；行贿人将与他人共有的房屋送给国家工作人员，之后共有人又要求返还等。

上述情况虽然复杂，但共同特征都是存在物权不完整、有负担的情况。对此有观点认为，既然被告人最终没有取得财物，客观上也不可能取得涉案财物，应当属于未遂。也有观点认为，对此应当根据案件具体情况进行认定。我们认为，第一种观点存在忽略了财物是有使用价值的，而且对于被告人已经实际使用了财物但认为其没有既遂的，不符合实际情况，也和前文中所列举的认定既遂的几种情况出现既、未遂认定的倒挂。考虑到实践中的情况是千差万别的，对于此类问题的判断应当把握以下几点：

一是准确把握贿赂犯罪对象的转变。对此主要判断行受贿双方的合意情况，尤其是国家工作人员的实际认知情况：（1）行受贿双方对不动产的权利情况都认知清晰的，如有的国家工作人员对物权的情况是明知的，但大多数因为行贿人的承诺和自身权力的“背书”相信行贿人会处理妥当，对于国家工作人员清楚认识到相关情况及风险后仍然接受的，仍然应当以整个不动产为贿赂对象。可以拆分的，可以按照部分既遂、部分未遂进行认定，如收受行贿人和他人共有的房屋，对于行贿人所有的部分可以认定既遂，对他人所有并要求收回的部分可以认定未遂；不能拆分的，如收受的小产权房被要求拆除的，可以参照收受时小产权房的实际市场价值进行认定，事后因为违建被拆除的不影响受贿既遂的认定。（2）行贿人事前存在欺诈故意的，国家工作人员对情况不明知的，如有的房产商将已经预售出去的房子作为贿赂送给国家工作人员，待国家工作人员利用公权力为行贿人谋取利益后，又撺掇第三人通过诉讼或者其他方式取回房屋，对于此种情况，因为行受贿双方实际上未能达成行受贿的故意，故不能认定行受贿犯罪。构成滥用职权罪或其他罪的，依法根据相应罪名定罪。（3）行贿人犯意转变的，如有的是行贿人在送出房产后因为自身资金紧张又在房产上偷偷设立抵押或者私下出售过户，那么对事后无法兑现的部分应当视为受贿不能，认定为未遂。

二是准确把握刑事判决与执行的关系。《最高人民法院关于刑事裁判涉财产部分执行的若干规定》（法释〔2014〕13 号）明确规定，被执行人将刑事裁判认定为赃款赃物的涉案财物用于清偿债务、转让或者设置其他权利负担，第三人善意取得涉案财物的，执行程序中不予追缴。比如，在不动产上设定担保物权，在民事执行中应当充分保障上述权利，担保权人可以通过诉讼程序对涉案财物主张权利，但不能以执行中保护案外人权利来反推犯罪人的既、未遂，尤其在涉及境外执行的案中，民事纠纷错综复杂，有的案外人通过民事诉讼取得涉案不动产的所有权，但不意味着受贿行为都是未遂。如在张某某受贿案中，张某某收受了在我国香港地区的一处房产并让特定关系人实际居住，案发后一商人通过民事诉讼在香港法院取得上述房产的所有权，但这并不影响张某某受贿既遂事实的认定。

（二）以动产为贿赂的情形

1. 需要登记对抗第三人的动产

《民法典》第二百二十四条规定：“动产物权的设立和转让，自交付时发生效力，但是法律另有规定的除外。”第二百二十五条规定：“船舶、航空器和机动车等的物权的设立、变更、转让和消灭，未经登记，不得对抗善意第三人。”对于车辆、游艇等财物，最直接、最彻底地转让所有权是登记，对于上述动产，可以参照不动产的既、未遂进行认定。

如在M受贿案中，M的儿子经过M的同意，收受了行贿人送的阿尔法车1辆，该车辆直至案发一直登记在行贿人的公司名下，但是在案提取了M儿子居住小区的车辆登记档案，近半年的车辆进出小区表等，足以证明案发前系M儿子在实际使用该车辆，故该车辆的金额能够计入M的受贿数额，且已经既遂。

2. 货币

货币属于种类物，是最常见的贿赂。对于货币，交付意味着所有权的转让，通常认定受贿犯罪既遂。当然，实践中也存在一些特殊情况，如行贿人通过分红的方式在固定日期向受贿人账户汇钱，对于受贿人已经被监委留置后仍然汇入其账户的钱，考虑到受贿人不可能实际占有，不应认定既遂；对于未交付的，通常意味着行为人无法实现其占有、使用、收益、处分权，因而一般情况难以认定受贿人实际控制了该财物，也难以认定受贿犯罪既遂。对于此类的既、未遂争议，主要集中在尚未完全交付的情形。

（1）行贿人未转移交付且国家工作人员未实际控制的，应当认定未遂。实践中经常有一种情形，双方对于行受贿一事已经达成协议，但对于具体转让的时间、方式等尚未具体商议，或者国家工作人员交代先不转移交付，放在行贿人处，对于此种情形，应当如何认定，实践中存在争议。

有意见认为，如果行受贿双方对不转让交付一事已经达成合意，那么行贿人代持财物可以认为是受贿人对其财物的一种处置，是其处分权的一种体现，从严惩贪腐犯罪的角度看，应当认定为犯罪既遂。

我们认为，这种观点有失偏颇，虚化了“实际控制”的标准，在行贿人承诺的财物未实际交付，且受贿人对财物的控制力不明确的情况下，受贿人对约定财物的利益是一种预期利益，存在一定的不确定性，受贿人的财产利益未必能真正实现。哪怕受贿人自认为对约定财物具有完全、绝对的控制权，随时都能实现占有和使用，即便在理论上没有任何障碍，但事实上真正实现还需要一个过程，会受到各种因素的影响以及各种主客观条件的限制。[①] 具体理由是：一是受贿人实际控制财物还有赖于行贿人的意志。尽管行受贿双方在达成合意时可能有着“高度信任”的基础，但是行贿人的意志是可以自由转变的，行贿人完全可能因为请托之事未办成或者已办成而反悔，不能认为达成合意之时受贿人就已经实现对财物的控制。二是受贿人实际控制财物还有赖于其他外界因素。尽管有的行贿人通过种种保证甚至是书面承诺来增强受贿人对其的信任，有的行贿人通过立遗嘱的形式确保自己死后相关财产能交给受贿人，还有的行贿人将拟交给受贿人的那部分钱款单独开设账户、与自己个人财产进行分割，但即使行贿人交付财物的意志没有变，受贿人对财物的实际控制力仍是不确定的。如行贿人遭受火山、地震、泥石流、疫情等“不可抗力”而死亡的，给付财物无法实现，再如行贿人的企业经营不善甚至破产导致无法支付的情形，行贿人的子女拒不执行遗嘱不支付的情形，行贿人因为其他犯罪被没收财产的情形，行贿人因其他民事纠纷财产被查封、扣押、执行等，现实生活中的种种都可能影响到受贿人对贿赂款“权利”的实现。三是以对财物的合意作为既遂标准会不当扩大行受贿犯罪的既遂范围甚至提高了受贿犯罪的“门槛”。

（2）对于行贿人未转移交付但国家工作人员已经实际控制的情况，可以认定为既遂。虽然通常以货币为贿赂的，可以以交付来判断国家工作人员是否实现了“实际控制”，进而判断行为是否既遂，但是随着贿赂犯罪的隐蔽化程度越来越高，有的行受贿双方虽然从物理位置上未转移交付，而实际已经完成了控制权的转移，并作为掩盖犯罪的一种形式，对此应当透过现象看本质来进行认定。

如在 S 受贿案中，行贿人将巨额现金存放在一个保险柜中，并将该保险柜特意搬放至郊区自己名下但平日无人居住的别墅中，S 亲自设置了保险柜的指纹密码并拿走了保险柜的全部钥匙，同时行贿人给 S 专门配了别墅的钥匙，方便其随时支取，之后行贿人因怕别墅被盗，又将保险柜搬至自己妹妹家中。

---

① 参见王晓东：《贪污贿赂、渎职犯罪司法实务疑难问题解析》，人民法院出版社 2020 年版，第 212 页。

后S认为，该款使用麻烦，又无用武之处，遂让行贿人自行处理。对于此种行贿人将贿赂与自己的财产分离，单独存放，同时配备钥匙以保障受贿人可以随时使用、处分的情形，受贿人在事实条件下已具有了对财物较大的支配可能性，可以认定为既遂。

（3）对于受贿人部分使用、处分财物的情形，可以对已使用部分认定既遂。比如，行受贿双方达成了1000万元贿赂款的合意并放在行贿人处，约定受贿人随用随取，受贿人之后支取了500万元，能否根据受贿人部分处分钱款的行为推定受贿人对全部钱款具有事实上的支配权，从而认定受贿人受贿1000万元既遂呢？我们认为，钱款是可以分割的种类物，对此仍宜按照实际情况分别认定，已实际使用、处分的数额认定为受贿既遂，其余数额认定为受贿未遂。

3. 银行卡

银行卡，是指商业银行经中国人民银行批准，发行的具有消费信用、转账结算、存取现金等全部或部分功能的信用支付工具。根据功能，银行卡可以分为转账卡、专用卡、储值卡、贷记卡、准贷卡、商务卡等。通常在受贿犯罪中涉及的银行卡多指储值卡，也就是通常所说的借记卡，即发卡银行根据持卡人要求将其资金转至卡内储存，交易时直接从卡内扣款的预付钱包式借记卡。当然，实践中也有以贷记卡即通常所说的信用卡为贿赂的，将单独予以述明。

与普通财物相比，收受银行卡等受贿行为具有特殊性，银行卡作为一种记名的债权凭证，卡本身并不具有价值。银行卡内的资金属于动产，但银行卡的交付转让并不意味着卡内资金的绝对转移。银行卡的持有人可以凭卡支取现金，但银行卡的登记所有人仍然可以通过挂失登记、变更密码、补卡等行为来避免损失，对卡内的资金实现远程控制。需要说明的是，随着电子支付、手机支付的兴起，存储、支付手段和人们的交易习惯也在发生悄然地转变，在审理的案件中，很多收受资金行为已经脱离了传统银行卡的范畴，仅仅靠账户及密码就能完成。

对于银行卡内资金如何认定数额及既、未遂，不同犯罪有不同的规定，如最高人民法院、最高人民检察院发布的《关于办理盗窃刑事案件适用法律若干问题的解释》（法释〔2013〕8号）第五条规定：“盗窃有价支付凭证、有价证券、有价票证的，按照下列方法认定盗窃数额：（一）盗窃不记名、不挂失的有价支付凭证、有价证券、有价票证的，应当按票面数额和盗窃时应得的孳息、奖金或者奖品等可得收益一并计算盗窃数额；（二）盗窃记名的有价支付凭证、有价证券、有价票证，已经兑现的，按照兑现部分的财物价值计算盗窃数额；没有兑现，但失主无法通过挂失、补领、补办手续等方式避免损失的，按照给失主造成的实际损失计算盗窃数额。”该解释第十二条同时规定，以数额巨大的财物为盗窃目标的，可以构成盗窃未遂。2005年最高人民法院发布的《关于审理抢劫、抢夺刑事案件适用法律若干问题的意见》则规定，抢劫信用卡后使用、消费的，其实际使用、消费的数额为抢劫数额；抢劫信用卡后未实际使用、消费的，不计数额，根据情节轻重量刑。所抢信用卡数额巨大，但未实际使用、消费或者实际使用、消费的数额未达到巨大标准的，不适用“抢劫数额巨大”的法定刑。2016年最高人民法院发布的《关于审理抢劫刑事案件适用法律若干问题的指导意见》进一步明确，通过银行转账或者电子支付、手机银行等支付平台获取抢劫财物的，以行为人实际获取的财物为抢劫数额。根据以上司法解释不难看出，对于抢劫、抢夺、盗窃银行卡，均是以实际取得的财物认定犯罪的数额，并在此基础上认定既遂；尚未实际取得的财物，最多只能作为量刑情节予以考虑，不能认定为犯罪数额，更不属于犯罪未遂。

关于受贿犯罪，2008年11月20日最高人民法院、最高人民检察院联合发布的《关于办理商业贿赂刑事案件适用法律若干问题的意见》第八条规定，收受银行卡的，不论受贿人是否实际取出或者消费，卡内的存款数额一般应全额认定为受贿数额。使用银行卡透支的，如果由给予银行卡的一方承担还款责任，透支数额也应当认定为受贿数额。这也是基于受贿犯罪与其他侵财犯罪相比而言的特殊性作出的规定，最大的不同在于，在其他侵财犯罪中，财物的损失违背了银行卡所有人的意愿，而在受贿犯罪中行贿人对于卡内资金的去向绝大部分是明知且认可的。也就是说，在普通刑事犯罪中，银行卡和卡内记载的财物分离性的特征表现得更为突出，刑法既要评价不法取得银行卡的前行为，也要评价利用银行卡不法取得财物的后行为，且后行为的评价直接影响对行为人的量刑轻重甚至是罪数形态；但在受贿犯罪中，银行卡和卡内记载的财物的一体性特征更为突出。基于此，其他侵财犯罪的行为人一般会尽其所能地尽快取得卡内资金，但受贿人往往并不着急取现，其中的时间差就直接影响了受贿犯罪既、未遂的认定。

（1）银行卡未交付且受贿人未使用的，应当认定为未遂。银行卡是否交付是判断收受银行卡型受贿犯罪中是否既遂的最重要因素。通常认为，银行卡未交付意味着行为人无法实现对其中资金的占有、使用、收益、处分权，因而一般情况难以认定受贿人实际控制了该财物，也难以认定受贿犯罪既遂。当然，此处所说的交付是指随同密码一起交付，对于没有告知密码或者故意告知错误密码的行为，完全可以等同于未告知密码的情形，认定未遂没有太大争议。

（2）银行卡已经交付给受贿人的，通常认定为既遂。银行卡已经交付给受贿人的，受贿人可以随时支取但在案发时尚未使用或使用部分的，虽然理论界有不同的意见，但实践中对于上述情形基本已经形成统一认识，这种情形应当以银行卡内全部金额认定既遂。这是因为，虽然银行为了保障交易安全，对于银行卡这一记名的债权凭证，在银行卡丢失、密码忘记等情形下允许银行卡的申请人通过一系列操作来取回资金，但是行受贿双方之间的资金转让本就是权钱交易的产物，行受贿双方并不需要银行卡的实名转让作为交易的保障，真正保障双方转让合意的是受贿人手中的职权，故未实际支取钱款不影响既遂的认定。

实践中情况比较复杂多样，如受贿人持有一段时间后又交给行贿人保管的情形，受贿人在收受银行卡后，有的认为暂时没有消费需求，不如让行贿人用这笔钱去理财，又转而将银行卡或账户交由行贿人打理；有的是听到巡视或者审计的风声，为了逃避调查，又将银行卡还给行贿人；更有甚者，受贿人返还银行卡后为了避免行贿人取款，还将银行卡更改了密码并将卡内的资金存为定期。分析认为，这种情形下和行贿人一开始未交付银行卡有着本质的区别，后者的代持本质上是行受贿双方对于贿赂一事的合意，受贿人从时间维度上并没有控制过财物；收受财物又返还给行贿人的代持则是受贿人对自己控制下的财物的一种处置方式，应当视为既遂。对于为了逃避调查而退回的情形，司法解释更是予以明确，2007年最高人民法院、最高人民检察院联合出台的《关于办理受贿刑事案件适用法律若干问题的意见》第九条规定，国家工作人员受贿后，因自身或者与其受贿有关联的人、事被查处，为掩饰犯罪而退还或者上交的，不影响认定受贿罪。

（3）银行卡交付后，行贿人通过挂失等行为重新掌握卡内钱款的，对未支取的金额应当认定未遂或者不予认定。通常情况下，受贿人取得银行卡后视为已经实际控制了卡内资金，但实践中情况纷繁复杂，对于行贿人将存有贿赂款的银行卡及密码一并交付给受贿人，之后又反悔，去银行挂失银行卡并更改密码，导致受贿人无法取款的情形，有观点认为，受贿人已实际掌握了银行卡和密码，在一定时间内取得了对卡内款项的占有及控制，整个受贿行为已实施终了，应构成受贿罪既遂。理由是，任何犯罪，包括受贿罪在内，犯罪既遂后，不可能再对同一犯罪认定为其他犯罪停止形态。既然受贿人当时收受财物后，已经实现了权钱交易，应当认定此时受贿人构成受贿罪既遂。事后，因受贿人怠于实施对银行卡的控制权，导致卡内资金无法取出，并不影响受贿罪既遂的认定，之后发生的事实只能作为非罪状量刑因素考虑。

我们认为，银行卡的交付并不意味着卡内资金实现了彻底的转让，受贿人拿到银行卡和密码可以实现对银行卡内存款的控制权，但并非完全控制，只有让行贿人放弃控制权之后，受贿人才能实现完全控制。因此，根据受贿人手中拥有职权这一筹码，推断出行贿人通常不会再动用自己作为银行卡登记人冻结、挂失、转移的权利，但这毕竟只是基于社会生活经验常理的一种推断，换言之，认定受贿人拿到银行卡时受贿行为就既遂是一种法律拟制的完成，实现条件就是行贿人彻底放弃对银行卡的控制，而当出现相反的事实时，应当尊重客观事实进行认定。这种情形属于对财物的双重控制，行贿人、受贿人对财物均有控制权，但两者权利是不同的，受贿人的控制权属于从属权利，依赖于行贿人权利的行使而变化。如果出现行贿人交付银行卡后又更改密码的情形，应当认定受贿人因为意志以外的原因不能取得财物，属于犯罪未遂。

对于修改密码后无法支取的部分是认定未遂还是不予认定，主要是根据行贿人事前是否有行贿的故意来进行区分。行受贿现金的合意并未真正形成，行贿人给付财物的意愿是虚假的，是为了欺骗国家工作人员为其谋取利益的一种虚假的承诺，因而对于那种事前没有行贿故意，了解到受贿人“收钱办事”的习惯且一般不会动用银行卡的习惯，而送上大额银行卡，等受贿人为其谋取利益后或者明白受贿人不会为其谋取利益时，通过修改密码、挂失卡等方式取出卡内资金的，一般不认定为贿赂犯罪。

（4）收受信用卡的，对实际消费、支取的金额认定既遂。根据2004年发布的《全国人民代表大会常务委员会关于〈中华人民共和国刑法〉有关信用卡规定的解释》的规定，《刑法》规定的“信用卡”，是指由商业银行或者其他金融机构发行的具有消费支付、信用贷款、转账结算、存取现金等全部功能或者部分功能的电子支付卡，即包括我们日常所说的借记卡。同时信用卡本身也可以存取款项，但日常所说的信用卡本质上是一种信用凭证，即持卡人可在透支限额内消费或取现，视为持卡人从银行获得信用担保贷款。而且信用卡在定期偿付后，持卡人仍然可以在额度内继续使用信用贷款，这与一般的借记卡有显著的不同，不能视为如同存折、借记卡一样的金融债权凭证。

根据司法解释，使用银行卡透支的，如果由给予银行卡的一方承担还款责任，透支数额也应当认定为受贿数额。对此，实践中一直存在争议，认为从本质上看，提供1万元的借记卡金额和提供1万元的借记卡额度并没有区别，既然如此，为何在司法认定上进行区别对待，前者以存款数额认定，后者以实际使用数额认定呢？对于额度范围内的未使用数额是否能认定为未遂的数额呢？

我们认为，对于受贿犯罪而言，犯罪构成中的金额和既、未遂是两个层面的问题。首先需要从犯罪成立的角度认定犯罪金额，然后才能从实际控制的角度判断上述金额是否都属于未遂。在收受信用卡的情形中，并不能因为信用卡的额度而推断出行受贿双方仅达成了关于此额度的贿赂合意。比如，行贿人以受贿人儿子出国留学为名，送了一张额度为每月1万美元的信用卡，受贿人将信用卡交由其子在国外使用，其子每月使用数额不等，行贿人也将信用卡绑定到自己的境外银行账户，定期偿还。受贿人在3年后估摸行贿人付出已经差不多时，交代其子不再使用该信用卡，其子断断续续又用了一段时间后停止使用，行受贿双方对此都未作说明，信用卡也一直处于可使用状态，4年之后案发。对该案而言，以1万美元的信用额度作为受贿金额明显是不合适的，但是以1万美元的额度×时长是否合适？时长是以从接受信用卡到案发的总时长还是截止到受贿人要求其子停止使用的日期，抑或其子实际停止使用的日期呢？对于送信用卡的情形而言，通常行受贿双方信任度较高，没有明确约定贿赂的具体金额，可以认为行受贿双方对于贿赂的金额持概括故意，以对实际使用金额的明知和认可来确定双方达成合意的金额，进而认定为犯罪金额。这一做法更加符合客观实际，也便于实践中的操作和证据上的认定。至于特定时间段内未使用的额度，既然不能认定为犯罪金额，更无从谈起既、未遂的认定。

4. 文物、艺术品、违禁品等特殊物品

对于此类特殊物品，通常根据物品的实际交付情况来判断既、未遂，其中较为复杂的是涉及赝品的问题。有观点认为，收受赝品的可以认定为受贿未遂，我们认为，行受贿犯罪是建立在双方对于贿赂的合意基础上的，如果国家工作人员明知是赝品，大多数情况就不会收受（排除赝品本身具有特别价值的情形），因而赝品通常影响的是受贿犯罪的成立，而不是既、未遂。

（三）以财产性利益为贿赂的情形

近年来，被告人收受财产性利益的案件越来越多。所谓财产性利益，是指除财物以外的，有财产价值的利益。通常具备以下几个特征：一是财产性利益应该是有用的，即能满足人的物质或者精神需要；二是可以用货币衡量，即具有经济价值；三是可以转移的，无法转移意味着无法成为刑法中的评价对象；四是可以通过某种介质表现出来的，如果是完全虚无的，则无法成为权钱交易的媒介。最高人民法院、最高人民检察院印发《关于办理商业贿赂刑事案件适用法律若干问题的意见》第七条规定："商业贿赂中的财物，既包括金钱和实物，也包括可以用金钱计算数额的财产性利益，如提供房屋装修、含有金额的会员卡、代币卡（券）、旅游费用等。"2016年4月18日施行的《最高人民法院、最高人民检察院关于办理贪污贿赂刑事案件适用法律若干问题的解释》第十二条重申了这一原则。

1. 收受会员服务、旅游费用、房屋装修费用，接受消费费用的，对行贿人已经支付的部分通常认定为既遂

对于收受此类财产性利益的，对于国家工作人员明知行贿人支付了相关钱款并接受的，通常即视为既遂，一般以行贿人支付的数额认定为受贿数额。如行贿人支付嫖娼费用，国家工作人员接受，无论最终是否实施嫖娼行为，均不影响既遂的认定。同样地，在接受装修费用等财产性利益中，有的国家工作人员不满意行贿人的装修又拆掉重装，对于行贿人已经支付的费用都应当认定既遂。但在已有的案件中，行贿人为国家工作人员及其家属预定了旅游路线并预付了费用，但国家工作人员由于时间紧张而取消了部分行程，旅行社将剩余费用退还给行贿人，此种应当以行贿人实际花费数额认定受贿数额，不存在未遂的问题。

2. 在债务免除型受贿中，通常以债务实际发生且行贿人明确表示免除债务之时为节点计算既、未遂

在债务免除型贿赂犯罪中，行受贿双方达成权钱交易合意，行贿人免除国家工作人员及其特定关系人所欠债务或者容忍国家工作人员不归还其债务，行贿人的免除或者容忍属于消极给付行为，其效力类似于形成权，即依权利人单方面的意思表示而使法律关系发生、变更或者消灭，因而，在此种贿赂犯罪中通常应以行贿人明确表示债务免除之时认定犯罪既遂。

如在陈某受贿案中，陈某利用其手中职权为行贿人谋取不正当利益，行贿人得知陈某平常爱炒股，遂将自己的股票账户（当时股票价值120万元）、密码告知陈某，让陈某“帮助”自己炒股，且明确表示，亏的算自己，赢的归陈某。陈某用行贿人股票账户操作半年后将账户归还行贿人，共亏65万元，行贿人得知后再次表示亏损的钱不用陈某管。此案中，应当认定陈某受贿65万元并构成既遂。有意见认为，该股票账户共120万元，意味着行受贿双方的数额应当是120万元，对于尚未亏损的55万元应当认定未遂，我们认为，债务免除型受贿中犯罪金额的认定应当建立在债务实际发生的基础之上，行受贿双方达成的合意是120万元带来的风险而不是120万元本身。

3. 收受债权的，通常以债权转让生效的时间点为标准认定既、未遂

《民法典》规定，除特殊情形外，债权人可以将债权的全部或者部分转让

给第三人。对于国家工作人员收受债权的应当以债权转让通知生效时作为既遂的标准。《民法典》第五百四十六条第一款规定，债权人转让债权，未通知债务人的，该转让对债务人不发生效力。因而，在现实中国家工作人员和原债权人签订债权转让合同，但是没有通知债务人的不能认定为已经实际收受债权既遂。同理，国家工作人员和原债权人签订债权转让合同，并且通知债务人，也不能以国家工作人员还未向债务人实现债权而认定未遂。

4. 收受具有财产价值的电子数据、虚拟货币的，通常以国家工作人员掌握相关数据的时间点为标准认定既、未遂

在新型受贿中，我们发现一些有财产价值的电子数据、尚不被国家承认的加密数字货币，如比特币、以太币等，已经悄然成为新类型的贿赂，并且具有隐蔽性高、流通性快、难以监管、易洗钱、易流往境外等特征。如以比特币为贿赂的，只需要交易密钥、地址就可以完成，这种通常以国家工作人员获悉交易密钥、地址的时间点认定为既遂，并且参考收受时的价值认定受贿数额，至于国家工作人员有没有将其兑换为法定货币不在既、未遂考虑的范畴之内。同样，收受此种虚拟货币后的涨跌只影响对犯罪孳息的计算和执行，不影响对犯罪数额、犯罪既未遂的认定。

5. 股权股份

以股权股份为贿赂近年来越来越频发、多见，此类受贿罪把贿赂从确切现实的财物延伸到不确定且具有高回报、长期收益性的“期权”，更具有吸引力和诱惑力，已成为重要的新型受贿罪之一。由于股权变动的复杂性和股份利益的多样性，实践中行贿人和受贿人以股权股份为贿赂对象的行为方式多样，完整的股权转让意味着受贿人可以行使股份利益的请求权、受领权、保护请求权、处分权四项完整的权能，但实践中股权转让需要进行法定变更登记且具有一系列的限制。行受贿犯罪中更多的隐名持股、代为持股等，为司法人员认定受贿罪的既、未遂形态提出了难题和挑战。

（1）股权股份进行法定变更登记的，应当认定既遂。登记转让指股权股份已经根据《公司法》[①] 的规定，经过法定的程序如股权登记、工商登记、

① 本文发表时，新修订的《公司法》尚未通过。——笔者注

股东名册变更等，在法律层面已没有瑕疵。对于此种情形认定既遂，异议不大。

当然，实践中受贿人用自己的名义办理登记的情况少之又少。受贿人往往选择由第三人代持的方式，如近亲属、情人、好友或者受贿人指定的第三人等，这种情况同样视为受贿人已经成为隐名股东，第三人也在法律上具备了股东的身份和权利，如参与管理、要求分红、召开会议等，受贿人已经完成犯罪，构成既遂。

例如，在Y某受贿案中，行贿人将名下5%的公司股份送给Y某，Y某的女儿认为此种方式不太稳妥，遂和Y某商议后，在国外设立一家公司，将行贿人的5%的股份转让到国外的公司，持有上述股份。对于Y某，上述股份已经完成转让，实现全部控制，应当认定为既遂。

（2）股权股份未进行法定变更登记但完成了事实转让的，应当认定为既遂。正如对于受贿既遂的标准是实际控制一样，股权股份事实上完成转让的，即使未进行变更登记，亦应认定为既遂。

首先，受贿人享受了分红或者参与了实际管理的，视为完成了事实转让。股东的权利包括表决权、名称登记权、收益分配权、查询权、诉讼权等，其中实质性的权利主要包括收益分配权和对公司的管理权。对于行受贿双方未进行股权股份转让，但受贿人实质享受了股权股份分红或者实质参与了公司的经营管理，视为已经实际掌握了股权股份，完成了事实转让。如在赵某受贿案中，行受贿双方达成合意后，行贿人将公司10%的股份送给赵某，但未进行股权股份登记转让。行贿人将此10%股份单独列账，每次分红也将此部分股份对应的分红单列出来，汇入赵某指定的第三人账户，相关财务表格、公司经营情况定期让赵某过目，公司大的经营决策也听取赵某的意见。对于本案，分析认为，虽然未进行股权股份登记转让，但赵某已经实际控制相关股权股份，完成了事实转让，应当认定既遂。

其次，行受贿双方签订了代持协议的，视为完成了事实转让。行受贿双方虽然没有进行作为贿赂的股权股份的转让，但双方达成协议由行贿人继续代持，而且签订了代持协议，且具有一定效力的，亦可认定既遂。《最高人民法院关于适用〈中华人民共和国公司法〉若干问题的规定（三）》第二十四条第一款规定：“有限责任公司的实际出资人与名义出资人订立合同，约定由实际出资人出资并享有投资权益，以名义出资人为名义股东，实际出资人与名义股东对该合同效力发生争议的，如无法律规定的无效情形，人民法院应当认定该合同有效。”《民法典》第一百五十三条第一款规定，违反法律、行政法规的强制性规定的民事法律行为无效。但是，该强制性规定不导致该民事法律行为无效的除外。对于代持协议，不能认为本身是行受贿的产物而直接归于无效，从而循环论证得出犯罪未遂的结果。而应当认为，签订代持协议意味着行受贿双方对于股权股份转让一事不仅是口头上达成了合意，代持协议对双方均有法律的约束力，应当视为已经完成事实转让。当然，需要说明的是，此处的代持协议应当是规范的，实践中有的行受贿双方约定并写上“某某的股份三分之一归某某某”，诸如此类的不能认定为代持协议，也不能认定股权股份已完成交接转让。

最后，行受贿双方未进行股权股份转让，但行受贿双方高度融合、绑定在一处，也可以认定既遂。例如，在申某某受贿案中，申某某从 2001 年开始为请托人谋取利益，双方达成协议将请托人公司股份的 30% 作为回报，之后申某某在长达 20 年的时间里不断为请托人以各种事情来谋取利益，使请托人实际控制的一家小公司逐步做到上市企业，申某某和请托人之间已经建立起高度信任或者说形成相互共存的关系。申某某明确要求行贿人公司出现重大变故或者发生经营风险时，行贿人不要找其他人寻求帮忙，行贿人也按照其要求在每次公司出现困难时都找申某某帮忙。公司在经营过程中多次遇到风险和困难，请托人也毫不客气地认为公司也有申某某的一部分，理直气壮地要求申某某出面解决，事实上所有的问题和困难也均是申某某出面解决。双方在长达 20 年里达成默契，公司的三成财物归申某某所有。申某某从未过问过相关账户的任何事情，直接让请托人为其打理资产。案发时，30% 的股权股份经核算金额已达上亿元。

该案极具特殊性，通常我们说行受贿双方以公司股权股份为贿赂，是指以股权股份中的财产权利为贿赂，而不及于股东的全部权利。公司重大决策和选择管理者等非财产性权利通常并不随着行受贿行为的发生而转移，而本案中，行受贿双方对不转让交付股权股份一事已经达成合意，公司股权股份虽然在行贿人的名下，但是行受贿双方利益高度融合，受贿人的权力和行贿人的钱财也高度融合，受贿人将行贿人遇到的问题当做自己的问题，也将行贿人公司中的部分财物当作自己的囊中之物，行贿人几十年的行为也持此种态度，受贿人身为国家工作人员实际在几十年中已经充分行使了股东的决策权等权利，根据主客观一致原则，应当认定为既遂。

（3）股权股份由第三人代持的，可以区分为两种情形：一是受贿人授意请托人直接将贿赂交由第三人保管，这种情况下第三人代持与受贿人本人持有在对财物的控制力上并无实质区别，可以认为是受贿人实际控制财物。事实上，受贿人的这种授意属于对财物进行支配，也可以认为转移了占有。受贿人指定第三人包含默认指定的情形，如果是受贿人与行贿人共同商定或认可的第三人代持，亦属于此种情况。二是交给行贿人一方的第三人代持。这种情况相当于请托人将财物单独存放的情形，原则上不能仅根据此就认定财物脱离了行贿人、受贿人对财物的实际控制力，只能说这种情况较典型的未遂稍显特殊，受贿人的控制力较未单独存放的情形下稍强一些，一般情况仍应认定未遂。

还有一种比较特殊的情形，受贿人将股权股份交给第三人代持，但是第三人和行贿人串通勾结，隐瞒受贿人，将股权股份私下进行质押、转让，此种情形下，受贿人实际上不可能形成对股权股份的实际控制，因而不能认定既遂。如在 Y 某受贿案中，Y 某将 A 公司实际控制人给其行贿的股权股份交由同样在 A 公司工作的情人 B 进行代持，但 Y 某不知道的是，B 不仅是其情人，也是 A 公司实际控制人也就是行贿人的情人。B 和行贿人私下勾结，将 Y 某交由 B 代持的股权股份进行质押，之后质押权人行使相关权利，导致 Y 某丧失相关的股权股份，最终认定 Y 某受贿罪构成犯罪未遂。因此，在受贿人将股权股份交由第三人代持的情形下，应当审查第三人和行贿人的关系，对于第三人身份地位较为特殊的，应当审慎认定。

（4）股权股份质押的情形。股权质押是一种权利质押，是指出质人以其所拥有的股权作为质押标的物而设定的质押。根据《民法典》的相关规定，股权质押应当登记。已上市的股份有限公司的股权质押在证券登记机构办理质押登记，未上市的内资股份有限公司和有限责任公司的股权质押在工商行政管理机关办理质押登记，外商投资企业的股权质押向审批机关办理审批及向工商行政管理机关办理登记。

在贿赂犯罪中，行受贿双方以股权为贿赂，主要涉及质押的情形，包括事前质押、事中质押和事后质押。事前质押最常见的情形，如行贿人所送的是已经设定质押的股权。有意见认为，对于国家工作人员明知行贿人所送的股权是设定质押的，此类贿赂犯罪的既、未遂应当根据案发时的实际情况进行判断，如果案发之时质权人尚未行使质权或者行贿人已经清偿了相关债务，应当认定为既遂；反之，如果案发前质权人已经取得了相应股权，就应认定国家工作人员受贿未遂。我们认为，这种观点未完全理解股权质押的意义，将行受贿犯罪中第三人的行为作为决定行受贿犯罪既未遂的标准，是不准确的。如果行受贿双方达成合意的对象便是已经进行质押的股权，就意味着贿赂本身是设定了他项权利的股权，但被质押的股权同样具有财产价值，原则上仍然应当依据前文的标准来判断国家工作人员有无收受股权，进而判断受贿行为是否既遂，需要考虑的则是收受的金额，已经设置质押的股权在市场上的实际价值通常低于未设置质押的股权。

事中质押较为常见的争议情形是行贿人与受贿人达成以股权股份作为贿赂的合意后，行贿人又将股权股份进行质押。对于此种情形，在前文已经分析，无论行贿人的质押是否征得了受贿人的同意，事实上行贿人的质押行为导致受贿人无法实现对股权股份的控制，因而应当认定为犯罪未遂。

事后质押较为常见的情形是受贿人将已经收受的股权股份进行质押。由于受贿人的质押是其处置财物的一种意志的体现，也是其行使相关股权的表现形式，因而应当认定为犯罪既遂。

（5）股权股份限定的情形，如股份公司的发起人持有的本公司股份，自公司成立之日起 3 年内不得转让；公司董事、监事、经理等高级管理人员所持有的本公司的股份在任职期间内不得转让；又如，股权可以分为法人股和流通股，流通股指上市公司股份中可以在交易所流通的股份数量，而法人股是由上市公司的企业法人自己内部所持有的内部股票，属于非流通股票，通常只能通过协议转让、拍卖、质押和回购实现流动，不能上市交易。一些行业规则对上市公司法人股的转让进行了严格限制，如规定上市公司非国有股协议转让，只限于转让股数占上市公司总股本的5%以上；仅限于法人之间“一对一”；非经裁决或者批准等，自然人不能受让法人股。

对于受贿人收受权利受到限制的股权股份，应当根据实际情况进行认定，以股权股份的实际转让节点作为判断受贿的既、未遂标准。既不能以民法中不得转让的规定来判断受贿不能属于未遂，也不能以行受贿双方达成合意即认定为既遂，同时还不能参照普通的股权股份转让的情形以分红或者实际管理作为既、未遂的判断标准。应当认识到这是一种较为特殊的收受股权股份的情形，如国家工作人员收受企业法人股的，尽管行业规则、公司章程有相关禁止转让规定，但是企业也可以通过法人之间的转让、置换等实现国家工作人员的实际控制，因而对已经实际发生转让的，应当认定为既遂；对于行贿人仅是将企业法人股的年分红交给了被告人，而以各种限制性规定推诿、延迟、拒绝将法人股转让给受贿人，可以将受贿人实际获得的分红认定为既遂，而将法人股对应的财产作为未遂。

三、贿赂犯罪既、未遂对量刑的影响

刑法规定犯罪未完成形态在很大程度上是为了细化刑事责任追究。司法实践中查明犯罪的既、未遂，同样是为了平衡量刑。在贿赂犯罪中认定未遂后如何精准量刑也是司法实践中的疑难问题。大部分关于职务犯罪的裁判文书在裁判理由部分均是将（部分）未遂、自首、如实供述、积极退赃等情节放在一处表述，并得出结论“依法可从轻、减轻处罚”，难以看出各情节在量刑中的比重。但总体来说，对于职务犯罪尤其是贿赂犯罪而言，既、未遂的认定对量刑的影响通常比普通刑事犯罪更小，主要原因如下：一是贿赂犯罪没有具体被害人，不存在未遂对犯罪具体对象伤害小的问题。二是贿赂犯罪侵犯的客体是公职人员职务廉洁性，犯罪既遂与未遂对犯罪客体的破坏区别不大。很多案件中的受贿人尚未取得贿赂，但谋利已完成，双方关于收受钱款的合意已形成，公职人员的职务廉洁性已经遭到破坏。三是尚未交付的贿赂犯罪或者代持型的贿赂犯罪均可认定为实行终了的未遂，实行终了的未遂比未实行终了的未遂社会危害性更大。四是鉴于贿赂犯罪被告人常用约定延迟交付或他人代持作为逃避法律追究的手段，不宜在贿赂犯罪中过于单独强调未遂对量刑的影响。

基于上述原因，未遂在贿赂犯罪的量刑中比重较小，具体可以体现在以下方面：

1. 贿赂犯罪中一般未遂的处理原则

（1）贿赂犯罪既遂数额、未遂数额不进行区分对应。在刑法中，对于涉财性犯罪既有既遂又有未遂的情形应当如何量刑，不同种类的犯罪有不同的方法。如《最高人民法院、最高人民检察院关于办理盗窃刑事案件适用法律若干问题的解释》第十二条第二款规定："盗窃既有既遂，又有未遂，分别达到不同量刑幅度的，依照处罚较重的规定处罚；达到同一量刑幅度的，以盗窃罪既遂处罚。"《最高人民法院、最高人民检察院关于办理诈骗刑事案件具体应用法律若干问题的解释》第六条规定："诈骗既有既遂，又有未遂，分别达到不同量刑幅度的，依照处罚较重的规定处罚；达到同一量刑幅度的，以诈骗罪既遂处罚。"但是对于受贿犯罪而言，对于既遂数额、未遂数额不进行区分对应，而是统一计算犯罪数额，并在相应的量刑幅度内总体考虑部分未遂的情况。

（2）贿赂犯罪的未遂一般不考虑减轻处罚，有时甚至不考虑从轻。法律之所以规定未遂"可以"从轻或者减轻处罚，就是考虑到一些场合，未遂的犯罪依然具有较大社会危害性，不必从轻。在受贿犯罪的量刑中，仍然需要严格按照《刑法》第六十一条的规定，根据犯罪的事实、犯罪的性质、情节和对于社会的危害程度进行判处，实现罚当其罪，罪责刑相适应。对于未遂，若是不如实供述犯罪、恶意逃避赃款追缴等情形的，特别是实施终了的未遂，可以不考虑从轻。在具体认定未遂的案件中，也要具体判断未遂在整个受贿数额中所占比例、未遂的原因、社会后果等，进而考虑是否从轻。对于未遂数额在犯罪数额中比例较小的，虽然尚未实际控制财物但已利用职权为行贿人谋取了不正当的甚至是非法利益的，等等，可以不考虑从轻。

（3）在考虑从轻的前提下，未遂从轻的幅度相对较小。对于普通刑事犯罪而言，未遂是重要的量刑情节。《最高人民法院关于常见犯罪的量刑指导意见》中规定，对于未遂犯，综合考虑犯罪行为的实行程度、造成损害的大小、犯罪未得逞的原因等情况，可以比照既遂犯有较大幅度的从轻。但是对于贿赂犯罪而言，从司法实践看，未遂对贿赂犯罪的影响要小于自

首、重大立功、从犯等，且通常和被告人的认罪悔罪态度、退赃退缴份额等情节结合考虑。

2. 考虑从轻甚至减轻的未遂情形

对于以下几种贿赂犯罪的未遂，可以考虑从轻甚至减轻处罚：一是未实施终了的未遂，如行受贿双方仅达成协议，行贿人尚未行贿即已案发的；二是行贿人行贿行为已经终了，但由于意志以外的原因，国家工作人员未接触到财物的，如行贿人将行贿款汇错账号的情形；三是收取财物的条件尚不具备，如收受行贿人的借条、收受建改中的房屋等；四是受贿人为行贿人的谋利行为尚未实施。对于以上情形，可以结合国家工作人员是否已经为行贿人动用公权力谋取利益等因素进行裁量，对受贿人进行从轻甚至减轻处罚。

3. 不应考虑从轻的情形

在前文中，有多种情形是行受贿双方为了逃避调查而有意制造出的“未遂”，如约定退休或者一段时间后收受的，约定将财物放在行贿人处“随用随取”的，行受贿双方利益高度绑定但未进行明确分割的，甚至在有的案件中，行贿人就是国家工作人员的“白手套”，实际上是形成共同受贿犯罪，但因为证据等原因被认定为行贿人。对于上述种种情形，根据案件的实际情况或者认定未遂，或者认定既遂，但即使认定未遂，通常也不考虑从轻。

综上，在贿赂犯罪的量刑中，未遂只是各种影响量刑的法定情节中的其中一种，对量刑产生一定影响但不起决定性作用。归根结底，量刑应当遵循罪责刑相适应原则，如被告人为行贿人的谋利行为造成恶劣的社会影响、导致严重后果的，如行贿人通过行贿取得项目工程、建造桥梁，但是质量严重不达标导致桥梁坍塌的，此种情形下，即使受贿人尚未实际控制财物，也不应当从轻量刑。

四、贿赂犯罪既、未遂对涉案财物执行方式的影响

涉案财物执行向来是刑事司法实践的难点，这和审判实务长期存在“重定罪量刑，轻财产执行”的倾向是分不开的。相比较而言，职务犯罪的财产执行到位率高于普通侵财类犯罪，这和前期监察机关的全面调查以及财产追缴的影响是分不开的。贿赂犯罪中既、未遂的认定对财产执行有着一定的指引作用。

《刑法》第六十四条规定："犯罪分子违法所得的一切财物，应当予以追缴或者责令退赔；对被害人的合法财产，应当及时返还；违禁品和供犯罪所用的本人财物，应当予以没收……"但是并未规定仅向被告人追缴。对于贿赂犯罪而言，行受贿双方共同侵犯了职务行为的廉洁性、权力的不可收买性，被告人未获得财物，并不等于财物不需要追缴、责令退赔，这与盗窃、诈骗等侵财类犯罪是不同的。

（一）对于违禁品等特殊物品，应当一追到底

一般来说，违禁品分为禁止流通物和限制流通物，既包括本来就存在但不允许公民个人持有或者市场流通的物品，如毒品、枪支等，也包括因为犯罪而产生的物品，如假钞、伪造的印章等。贿赂犯罪中的违禁品是第一类，实践中较为常见的有象牙、虎皮、犀牛角等珍稀动、植物制品以及珍贵文物、境外赌场的筹码等。对于违禁品因为其不可流通性，因而也不存在善意取得的问题，故无论是在受贿人还是行贿人抑或第三人处，都应当一追到底。

除了违禁物品之外，实践中还有一些将特殊物品，如奥运会金牌、奖章、特殊工具等具有人身依附意义的物品作为贿赂的，此类物品即使案发时在第三人处，也应当进行追缴，但可以给予第三人一定的赔偿。

（二）涉案财物原则上从财产掌管人处追缴

1. 受贿既遂的，通常从收受财物人处追缴，包括受贿人或者特定关系人

受贿既遂意味着国家工作人员已经实际获取财物，从国家工作人员处追缴财物自然无可厚非。当然，实践中有很多情形是国家工作人员的子女、家人、情人等特定关系人实际占有并使用贿赂，对于此种，应当从其特定关系人处进行追缴。即使特定关系人对财物的贿赂性质不知情，也不影响追缴，如国家工作人员将受贿所得珠宝送给情人，即便谎称是自己工资购买，由于是赠予关系，不适用善意取得，也应当予以追缴。

2. 受贿未遂的，原则上应当从行贿人处追缴相关财物

对于从行贿人处追缴受贿未遂财物的依据，有观点认为，这是从行贿人处追缴"供犯罪所用的财物、犯罪工具"；也有观点认为，如果不予追缴，可能在受贿人服刑完毕之后再交予受贿人或者其家属，从而导致犯罪人从犯罪

活动中获利。我们认为，不能将尚未支付的贿赂理解为给付之债，给付之债是平等民事主体之间形成的债权债务关系，受贿人的犯罪所得就是犯罪的产物，应予追缴。犯罪所得在受贿人处的，应当从受贿人处追缴；犯罪所得在特定关系人或者行贿人处的，应当从特定关系人或者行贿人处追缴。

事实上对于未遂的贿赂予以追缴既有特殊预防的作用，避免了受贿人或者其家属仍然从不法行为中获利的可能，杜绝了行贿人再利用此笔钱财行贿的可能；也有一般预防的作用，贿赂作为一种财产性利益，对其的追缴无论性质如何界定①，都是对行受贿双方的一种惩处。从这个角度说，上述两种观点在一定层面上都是正确的，这也符合行贿、受贿犯罪对合犯的特征。

3. 共同受贿的，原则上应当对全部犯罪数额承担连带退缴责任

共同犯罪的被告人对犯罪的整体承担责任是共同犯罪的基本原则。对于共同犯罪中的被告人均到案且都履行退赃、退赔义务的，每个被告人按其分得的赃款、赃物进行退赃、退赔，即视为全部退赃、退赔。在共同犯罪中部分到案或者全部到案后部分被告人无能力或者拒不退赃、退赔的，具体被告人只有对其参与的全部犯罪数额退赃、退赔，才可以视为全部退赃、退赔并适用较大的从宽幅度，否则只能按照部分退赃、退赔确定从轻比例。

（三）特殊情况下的财物处理原则

1. 对于种类物灭失的，应当责令退赔

在前文中，我们一直使用“追缴”，而和《刑法》条文中“追缴或者责令退赔”有所区别。对于两者之间的区别、联系，刑法理论中观点众多。通常我们认为，两者不是自由选择的关系，责令退赔是追缴的退位选择，即只能在追缴不能的情况下选择适用，因而，在一般语境中，为了简化表达，直接使用“追缴”一词。追缴不能，既包括事实原因的不能，如受贿人已经损毁的玉石、已经报废的车辆等，事实上物品已经不存在；也包括法律原因的不能，如受贿人将物品卖给善意第三人，为了交易安全不得进行追缴，又如行贿人在贿赂上设定担保物权，第三人取得物品的情况。

根据《民法典》第一百一十四条第二款的规定，物权是权利人依法对特

① 刑法理论中对于违法所得的没收等性质存在刑罚说和保安处分说两种基本观点。

定的物享有直接支配和排他的权利，包括所有权、用益物权和担保物权。从民法的角度来说，种类物是不存在追缴不能的问题，因而对于被告人收受的现金等种类物，追缴时不再区分该笔款项是不是行贿人当初行贿的那笔，而只需要核对金额。对于种类物灭失的，如被告人为了销毁证据而烧毁人民币的，应当责令退赔同等数额的款项。这里需要注意的是，追缴应当包括孳息。如受贿人使用受贿款购买房屋，案发或者拍卖时房屋已经远远高于购买价格，应当将增值部分一并予以追缴。

2. 对于特定物灭失的，不再追缴

对于特定物，由于物品物理属性中的独特性，不存在可以替代的其他物品，如字画、艺术品等，即使存在商品价格鉴定，但该鉴定机构出具的对物品的价值、价格的意见，对认定犯罪数额起着重要作用，但并不等同特定物的本身。当特定物毁损时，追缴行为也随之终止。

3. 行受贿财物一次性追缴

行受贿合意的财物只能进行一次追缴，不应从行贿人处追缴后又要求被告人退赔，形成二次追缴。

4. 涉案财物与合法财产混同时，应当按比例追缴

涉案财物与合法财产混同，既包括与国家工作人员及特定关系人的合法财产混同、与行贿人的合法财产混同，也包括与善意第三人的合法财产混同的情形。《联合国反腐败公约》第三十一条第五款规定：“如果这类犯罪所得已经与从合法来源获得的财产相混同，则应当在不影响冻结权或者扣押权的情况下没收这类财产，没收价值最高可以达到混合于其中的犯罪所得的估计价值。”对于涉案财物与合法财产混同的，可以按照比例追缴相应财物。如国家工作人员将受贿的 100 万元与个人工资 50 万元混同购买住房一套，案发时房屋已升值至 600 万元，则应按比例追缴犯罪所得及孳息共 400 万元。需要注意的是，对于混同物贬值的，如被告人支付 20 万元购买一辆汽车，其中 5 万元为受贿所得，15 万元为个人合法收入。案发时，该汽车市场评估价为 12 万元，此种情况仍应追缴 5 万元而非按比例追缴 4 万元。这是因为被告人收受的是 5 万元的贿赂而非汽车，如果被告人收受的是汽车本身，那么汽车报废后则不应继续追缴。

5. 犯罪嫌疑人、被告人逃匿、死亡的，依法适用违法所得没收程序

2012年《刑事诉讼法》修正时首次规定了“犯罪嫌疑人、被告人逃匿死亡案件违法所得没收程序”，为犯罪嫌疑人、被告人缺席情况下没收违法所得及其他涉案财产提供了直接法律依据。2017年，最高人民法院、最高人民检察院联合出台了《关于适用犯罪嫌疑人、被告人逃匿、死亡案件违法所得没收程序若干问题的规定》，为实践中适用违法所得没收程序提供了直接依据。对于贪污贿赂犯罪、恐怖活动犯罪等重大犯罪案件，犯罪嫌疑人、被告人逃匿，在通缉一年后不能到案，或者犯罪嫌疑人、被告人死亡的，可以适用违法所得没收程序。其中，通过实施犯罪直接或者间接产生、获得的任何财产，如果违法所得已经部分或者全部转变、转化为其他财产的，转变、转化后的财产，以及来自违法所得转变、转化后的财产收益，或者来自已经与违法所得相混合财产中违法所得相应部分的收益，均应当视为“违法所得”。对逃往境外的犯罪嫌疑人的财产可以通过申请财产所在地的国家进行查封、冻结，还可以申请对外逃人员财产所在地法院协助我国法院依据没收裁定没收犯罪嫌疑人的财产。

（四）鼓励违法犯罪人及其家属主动退赔

从罪责自负的规范角度来看，追缴、责令退赔应当限于受贿人、行贿人本身。但是主动退赃退缴是贿赂犯罪中认罪、悔罪态度的最直接体现。贿赂犯罪的直接动机是贪财，因而对于仅有如实供述犯罪事实而拒不供述赃款下落甚至千方百计转移、隐匿赃款的不能认定为认罪悔罪，在量刑上也不符合从宽处理的要求。因而赃款的缴纳、退赔也在一定程度上影响被告人的量刑。在实践中，一些行受贿被告人在挥霍了涉案款项后，家属会主动用合法收入去进行退赔。尽管贿赂犯罪没有直接的受害人，相关退赔款项上缴国库而不是像盗窃、诈骗等传统侵财犯罪一样交给被害人，从恢复性理念而言似乎并无特殊之处，但家属的主动退赔仍然有着积极的意义。一是公平原则的体现。受贿人的款物在实践中很多是用于家庭的共同开支，家属无论知情与否、是否承担刑事责任，实际上都是之前贿赂犯罪的受益人，直接或者间接使用了贿赂，在犯罪后进行退赔并不违背罪责自负原则。二是执行便利的考虑。贿赂犯罪的被告人相比暴力犯罪的被告人，通常年龄偏大、家庭较为稳定，实

践中很多犯罪赃款与家庭财产混同，析分费时费力，特别是涉及海外资产，离开家属的配合执行起来较为不便，如果家属配合主动进行退赔，从经济甚至是政治、外交的角度都更为便捷。三是社会警示理念的彰显。对于侵财犯罪的被告人剥夺其财产权利是完全必要的，有效杜绝社会乃至部分被告人“坐牢我一个，幸福一家人”的错误想法。因而对于实践中家属主动退赔，尤其是被告人通过自身努力劝说家属进行退赔的，在量刑上予以适度从宽既符合我国打击职务犯罪的需要，也是宽严相济刑事政策的具体体现。四是对于逃匿或死亡的被告人，对赃物挥霍完的，不能由家属进行替代性退赔。

论贪污贿赂犯罪财产刑的适用*

王晓东** 曲鹏程***

内容摘要：基于对中国裁判文书网上公开的部分贪污罪、受贿罪案件裁判文书及新闻公布的大要案判决结果的研究分析，发现各级人民法院对贪污、受贿罪案件被告人判处财产刑时适用财产刑种类、数额存在很大差异。究其原因是多方面的，但最重要的在于我国《刑法》对于贪污贿赂犯罪案件财产刑判罚的规定过于宽泛，相关司法解释虽对贪污贿赂犯罪案件如何适用财产刑进行一定的规制，但在具体细节上仍存在诸多不明确或模糊之处。各地在适用过程中的问题凸显，亟须规范。本文试图明晰罚金刑与没收财产刑的相互关系以及在具体案件中如何适用，发表管窥之见。

关键词：贪腐犯罪　财产刑　判罚

随着我国反腐败工作的不断深入，人民法院审理的贪污贿赂犯罪案件日渐增多。《刑法修正案（九）》颁布生效前《刑法》对犯罪数额在5万元以上，处5年以上有期徒刑的贪污、受贿犯罪，规定了可以并处没收财产的财产刑处罚，对犯罪数额在5万元以下的贪污、受贿犯罪并没有规定财产刑的惩罚措施。2015年11月1日生效的《刑法修正案（九）》则加以修改，对于贪腐犯罪中的部分罪名增加了罚金刑的适用。2016年4月18日施行的《最高人民法院、最高人民检察院关于办理贪污贿赂刑事案件适用法律若干问题的

---

* 此篇转引自《法律适用》2019年第11期，略有改动。

** 王晓东，时任最高人民法院刑二庭庭长（现已退休）。

*** 曲鹏程，长春汽车经济技术开发区人民法院副院长，四级高级法官。

解释》（以下简称《贪污贿赂适用法律解释》）则对贪污贿赂犯罪如何适用罚金刑、没收财产刑进一步予以明确，该解释对贪污贿赂犯罪判处罚金的数额判罚区间进行了规定，但对罚金、没收财产如何选择适用，是没收部分财产还是没收全部财产，没有更进一步的明确，而是赋予了法官一定的自由裁量权。实践中，对于贪污罪及受贿罪并处罚金刑、没收财产刑的判罚存在一定差异，本文拟对贪污罪、受贿罪的财产刑判罚进行探讨，希冀对审判实践工作中对贪污罪、受贿罪中适用财产刑有所启迪。

一、实践中贪污罪、受贿罪财产刑运用现状及原因

（一）重大职务犯罪案件财产刑运用现状

由于全国各省（市）、自治区经济发展的差异，即便在同一省（市）、自治区内各地区之间经济发展亦不平衡，且不同的罪犯的经济状况亦不相同，司法人员的能力、水平、思维模式存在很大的差异性，因此实践中各地法院对贪污、贿赂犯罪案件并处罚金刑及没收财产刑的量刑存在差异，但在同一省（市）、自治区乃至全国范围内具有较大影响的重大职务犯罪案件，在罚金刑与没收财产刑的判罚上具有一定规律可循，做到了相对统一且较为规范。

笔者从新华网、中国法院网、法治网等相关媒体报道的 2019—2023 年全国各级法院审结的全国范围内具有较大影响的重大职务犯罪案件中抽取 9 个案件作为样本，形成下列表格①：

序号	原职务及姓名	案由	审理法院	判决结果	涉案金额
1	辽宁省原副省长刘强	受贿、破坏选举	北京市第三中级人民法院	数罪并罚，决定执行有期徒刑 12 年，并处罚金 120 万元	受贿 1063 万余元
2	陕西省原副省长陈国强	受贿	天津市第一中级人民法院	有期徒刑 13 年，并处罚金 300 万元	受贿 3566 万余元
3	山西省原副省长、省公安厅原厅长刘新云	受贿、滥用职权	河北省廊坊市中级人民法院	数罪并罚，决定执行有期徒刑 14 年，并处罚金 100 万元	受贿 1333 万余元

① 资料来源：新华网、中国法院网、法治网等，2023 年 10 月 11 日访问。

续表

序号	原职务及姓名	案由	审理法院	判决结果	涉案金额
4	辽宁省人民政府原党组成员、副省长郝春荣	受贿	辽宁省大连市中级人民法院	有期徒刑 12 年，并处罚金 200 万元	受贿 1883 万余元
5	云南省政协原党组成员、副主席黄毅	受贿	重庆市第一中级人民法院	有期徒刑 13 年，并处罚金 300 万元	受贿 3495 万余元
6	江西省人大常委会原党组成员、副主任龚建华	受贿	福建省漳州市中级人民法院	有期徒刑 15 年，并处罚金 550 万元	受贿 8361 万余元
7	北京市政协原副主席于鲁明	受贿	河北省张家口市中级人民法院	有期徒刑 11 年，并处罚金 100 万元	受贿 1050 万余元
8	青海省人民检察院原党组书记、检察长蒙永山	受贿	内蒙古自治区赤峰市中级人民法院	有期徒刑 11 年，并处罚金 200 万元	受贿 2112 万余元
9	重庆市原副市长、市公安局原局长邓恢林	受贿	河北省保定市中级人民法院	有期徒刑 15 年，并处罚金 400 万元	受贿 4267 万余元

从上述案件判处的结果及结合近年来各地法院审结的全国范围内具有较大影响的其他重大职务犯罪案件中不难看出，在已追缴犯罪分子全部违法所得的基础上，如没有自首或者从严惩处的情节，那么财产刑的判罚数额具有一定规律性，判处罚金数额都在犯罪数额的 10% 左右。

（二）其他职务犯罪案件财产刑运用现状

以中国裁判文书网上公开的 2014 年至 2017 年北京市基层法院与中级法院审结的一审受贿案件及上海市基层法院与中级法院审结的一审贪污案件为例。2014 年至 2017 年，北京市两级法院共审结受贿案件 229 件（各基层法院共审结 149 件、各中级法院共审结 80 件），其中并处罚金 161 件（各基层法院共 97 件、各中级法院共 64 件），并处没收财产 10 件（各基层法院共 1 件、各中级法院共 9 件）；上海市两级法院共审结贪污案件 138 件（各基层法院共 134 件、各中级法院共 4 件），其中并处罚金 77 件（各基层法院共 75 件、各中级法院共 2 件），并处没收财产 30 件（各基层法院共 28 件、各中级法院共 2 件）。[①] 从上述统计结果及相关案件不难看出，实践中贪污贿赂案件判处财产刑时存在较大差异，在《刑法修正案（九）》生效实施前，有的法院在可以并处没收财产刑时选择不并处没收财产，即便是并处没收财产的案件亦存在个别同案不同判的情况。《刑法修正案（九）》生效实施后，规定贪污贿赂犯罪可判处罚金刑，即财产刑可在罚金刑和没收财产刑之间选择并处，但是，大多数法院仍倾向于并处罚金刑，以从中国裁判文书网上抽样的 2020 年至 2022 年北京市基层法院与中级法院审结的 77 件一审受贿案件及上海市基层法院与中级法院审结的 29 件一审贪污案件为例[②]，财产刑可在罚金刑和没收财产刑之间选择并处时，无一适用并处没收财产，均是选择并处罚金刑，使法律设置的没收财产刑被束之高阁。

（三）实践中适用没收财产刑较少的原因

1. 没收财产表述的模糊性。实践中大部分涉及没收全部财产或没收部分财产的刑事判决的财产刑判项，均是一笔带过，判处没收财产的判项，除了没收全部财产外，基本上只表述人民币的数额，大多没有列明财产的内容。界定被告人财产归属较困难，判项表述亦较为困难，没有具体列明所没收的财产的名称、数量等情况。例如，有的被告人有多处房产或多部车辆，但其个人财产中钱款较少，如判项再表述为“没收个人财产人民币 × ×元”，则没收的是人民币；有的则没有具体财物的内容，这样的判决在执行中就会产生歧义。

2. 没收财产数量的不确定性。没收财产不仅包括金钱，还包括物品，对没收的物品不需要进行货币换算，但实践中没收部分财产往往进行货币换算，以量化的人民币形式表现出来，此种没收财产的判决与罚金刑就没有区别，与罚金混同。故在《刑法修正案（九）》实施后，各法院在适用财产刑时较倾向于适用罚金刑。没收的物品往往体现为在案扣押的赃物，这与具有惩罚性质的没收财产刑不同。其原因是办案机关在调查阶段很少查封、扣押被调

---

① 统计数据来源：中国裁判文书网，http：//wenshu. court. gov. cn/，2019 年 1 月 25 日访问。

② 统计数据来源：中国裁判文书网，http：//wenshu. court. gov. cn/，2023 年 10 月 12 日访问。

查人合法的财产，涉案财产一旦不能证明是犯罪所得赃物，应立即返还被调查人。

3. 财产权属的不确定性。要适用没收财产刑，实践中遇到的问题是需要查清被告人名下的个人财产，如何对被告人名下的个人财产与其家庭或第三人的财产进行区分是需要解决的一大难题，是由侦查部门在侦查阶段将个人财产进行详细的侦查，还是由法院在审理阶段或执行阶段进行调查区分，实践中较为混乱，对家庭财产的分割，需要一个民事的确认之诉，要有提起人，实践中犯罪嫌疑人和被告人不会主动提起，是否需要由司法机关提起，尚无明确的规定。在区分财物权属过程中，物品往往会存在利害关系人，如何保护利害关系人的权益，均是需要解决的问题。

4. 法律规定。以贪污罪、受贿罪为例，《刑法修正案（九）》实施前，《刑法》中的贪污犯罪及受贿犯罪财产刑惩处规则在大多数情况下是“可以”而非“必须”，如《刑法》第三百八十三条第一项、第二项的规定，“个人贪污数额在十万元以上的，处十年以上有期徒刑或者无期徒刑，可以并处没收财产；情节特别严重的，处死刑，并处没收财产。个人贪污数额在五万元以上不满十万元的，处五年以上有期徒刑，可以并处没收财产；情节特别严重的，处无期徒刑，并处没收财产”。法律条文的这一设置，使贪污、受贿案件中只有情节特别严重的被判处无期徒刑或死刑的犯罪分子必须并处没收财产，而其他情形下则是选择适用是否并处没收财产或未规定财产刑惩罚措施，出于对后续执行工作的考虑，在《刑法修正案（九）》实施前，有的法院在对贪污犯罪、受贿犯罪被告人判罚时倾向于不并处没收财产刑。以北京市各基层法院2014年审结的受贿案件为例，全年共审结受贿案件40件共43人，其中法院判处5年以上有期徒刑的共24人，除1人外（没收财产数额与在案扣押钱款数额一致），其余均未并处没收财产。

二、刑法规定对贪污罪、贿赂犯罪增加了罚金刑

（一）增加罚金刑的原因

为了有效地预防一个犯罪再次发生，就必须加大对犯罪人的震慑力度、加大其犯罪成本，使其受到的惩罚大于其因犯罪所得到的利益，避免因惩罚力度不够而诱惑其再产生犯罪动机，罚金刑的设置目的就是基于上述原因。

对于罪犯来说，因为刑罚未使其受到严厉的惩罚，再犯的可能性会大大增加，对于贪污贿赂犯罪，仅规定剥夺犯罪分子的自由，不足以达到预防犯罪的目的，要在经济上对其进行严厉惩罚，加大其犯罪成本，使其欲得反亏，从而达到预防犯罪的目的，因此《刑法修正案（九)》加大了对贪腐犯罪的惩罚力度，对于贪污罪、受贿罪、行贿罪等罪名增加了罚金刑的适用，弥补了实践中因没收财产范围界定困难等问题导致一些地方法院倾向于不适用没收财产刑，又无其他法定经济惩罚手段，从而对贪腐分子不能罚当其罪的不足。

（二）罚金与没收财产的区别

罚金①与没收财产②虽均是财产刑，但存在以下区别：(1）惩罚的内容不同。罚金以判处被告人缴纳一定数额钱款为惩罚内容；没收财产不局限于钱款，还包括剥夺罪犯个人所有的其他财物。虽然没收财产时也包括罪犯的钱款，但与罚金不同，因为没收的钱款是以罪犯现有的金钱为限，而罚金则是责令其缴纳一定数额的钱款，此数额不以罪犯实际拥有钱款为限。(2）适用对象不同。我国刑罚体系中的主刑是按照严厉程度由轻到重依次排列的，那么附加刑的排列亦应如此，因此，没收财产刑较罚金刑更为严厉，故没收财产刑应适用于犯罪情节及社会危害较严重的犯罪，罚金刑则适用于相对较轻的犯罪。(3）执行方式不同。罚金可以一次性缴纳，亦可分期缴纳，如确有困难，可延期缴纳或酌情减免，“不能全部缴纳罚金的，人民法院在任何时候发现被执行人有可以执行的财产，应当随时追缴”③，一追到底，永不清零；没收财产是一次性剥夺罪犯个人现实所有财产的一部分或者全部，不存在分期及减免的情况，更要进行财产权属区分，并保护正当债权，避免伤及无辜，“没收全部财产的，应当对犯罪分子个人及其扶养的家属保留必需的生活费用。”④

---

① 罚金是法院判处犯罪人向国家缴纳一定数额金钱的刑罚方法。参见马克昌主编：《刑罚通论》（第2版），武汉大学出版社1999年版，第191页。

② 没收财产，是指剥夺犯罪人个人财产，无偿收归国有的一种刑罚方法。参见邹瑜、顾明主编：《法学大辞典》，中国政法大学出版社1991年版，第12页。

③ 《刑法》第五十三条。

④ 《刑法》第五十九条。

（三）《刑法》对财产刑规定范围较为宽松

从北京、上海此次抽样的367份刑事判决书中，有40件案件并处了没收财产，除5件并处没收全部财产外，其余35件案件均并处没收部分财产，没收部分财产的财产刑判项均以量化的人民币的形式予以表述，其中最低没收数额为5000元，最高没收数额为100万元。以北京市某中级人民法院审理的被告人W受贿案及被告人Y受贿案两件案件为例，法院最终认定二人的受贿金额均为1000余万元，赃款、赃物均被收缴，二人均有从轻或减轻处罚情节，W被判处有期徒刑八年，Y被判处有期徒刑十年，但是W并处没收个人财产人民币8万元，Y并处没收个人财产人民币100万元。案情基本相似的两件案件，在财产刑的判罚上有如此之大的差距，使人们对财产刑的适用产生合理性怀疑，但该判罚并未违反法律的规定。

《刑法》总则条文中仅概括性地规定了判处刑罚时的一般原则，《刑法》分则条文中仅笼统地规定贪污、受贿“数额较大”“数额巨大”“数额特别巨大”等情节，并处罚金或没收财产，没有明确具体的判罚标准，对于没收财产刑和罚金刑各自的特点、功能以及何种情况下适用不清晰不明确，在量刑上缺少统一的方法、标准，适用时较为混乱，没收财产刑和罚金刑各自的优势没有发挥出来。对于何时适用没收财产，是部分财产没收还是全部财产没收没有明确的规定，由法官自由裁量，各地区又没有统一的量刑指南，由于规定的不明确性，并且没收财产刑没收的是罪犯个人的合法财产，包括罪犯个人的钱和物，不是以量的形式存在，但是部分没收财产则往往以量的形式表现出来，致使实践中具体判罚时又出现了诸如没收财产范围如何界定、没收财产数量如何确定等问题，由于认识不一，导致实践中判罚不一；同时判决生效后，没收财产的执行又同样面临刑罚不明确、没收财产范围界定困难等难题，进而影响没收财产的执行率，给执行部门造成执行困难。由于存在上述问题，致使法官在判罚中较倾向适用规定较明确、执行较便捷的罚金刑，而忽视没收财产刑的适用。《贪污贿赂适用法律解释》虽规定了罚金刑的区间，但范围过于宽松，实践中依然会出现判罚明显不一的情况。

三、对贪污贿赂犯罪运用财产刑应坚持的原则

（一）罪责刑相适应原则

“罪责刑相适应原则”的含义是“犯多大的罪，就应承担多大的刑事责任，法院也应判处其相应轻重的刑罚，做到重罪重罚，轻罪轻罚，罚刑相称，罚当其罪；在分析罪重罪轻和刑事责任大小时，不仅要看犯罪的客观社会危害性，而且要结合考虑行为人的主观恶性和人身危险性，把握罪刑和罪犯各方面因素综合体现的社会危害性程度，从而确定其刑事责任程度，适用相应轻重的刑罚”①。具体到贪污、受贿犯罪案件的财产刑判罚，则要求判处的财产刑的种类、轻重程度要与主刑的轻重相一致，主刑与财产刑要确定一个相应的比例，即犯罪数额与罚金额或者没收财产的数量要相对应，要避免主刑有从重情节，而财产刑与之不相对应。同时，要与行为的社会危害性大小相均衡，避免轻罪重罚或重罪轻罚，主刑的刑期高而财产刑的数量小，或者主刑的刑期低而财产刑的数量大，防止司法专横、罪刑擅断和各种非法定因素的干扰。

（二）兼顾适用报复主义原则

刑法旧学派（即报应刑论者）认为“刑罚目的是报应，主张罪刑的绝对均衡。因此，在适用罚金刑时就会只看罪犯的责任大小而不顾罪犯的资力，这常常导致对有产者无关痛痒，对无产者如临深渊的不平等，也导致罚金刑的执行困难等后果。而刑法学新派，尤其是20世纪中叶后崛起的新社会防卫学者则认为刑罚的目的是防卫社会，改善个人，并使罪犯重新复归社会，主张刑罚个别化。因此，强调适用罚金刑时，不仅要看责任大小，更重要的是要看罪犯的资产多少，不追求罚金数额表面的平等，而追求受刑者实际感受的平等性”②。

近年来，报出的“天价罚金”案件就属于不加任何区分，单纯地运用报复主义原则对被告人判处财产刑的案件，这是不可取的。完全超出罪犯实际承受能力的判决的财产刑部分不可能完全执行到位，等同于空判，这样的结

---

① 高铭暄、马克昌主编：《刑法学》（第3版），北京大学出版社、高等教育出版社2007年版，第33页。

② 马克昌主编：《刑罚通论》（第2版），武汉大学出版社1999年版，第200－201页。

果既造成判决的不严肃，又影响了罪犯的改造，所以在财产刑的判罚时应坚持罪责刑相适应原则。《刑法修正案（九）》及《贪污贿赂适用法律解释》在贪污贿赂犯罪的刑罚设置上，对刑法学新旧两个学派的观点予以兼顾考虑，对于贪腐犯罪分子的惩处，规定剥夺罪犯自由的同时并处罚金或没收财产，又规定了罚金数额的区间，之所以只规定了区间，就是为了实际判罚时针对每一个案件都能够坚持罪责刑相适应原则，对于预防、打击贪腐犯罪均能起到良好的效果，符合《联合国反腐败公约》[①] 规定的“各缔约国均应当努力制订和促进各种预防腐败的有效做法，定期评估有关法律文书和行政措施，以确定其能否有效预防和打击腐败”的要求。

（三）实践的原则

司法实践证明，如果一味地并处罚金刑，而忽视没收财产刑的作用，不但违背了罪责刑相适应原则，还会出现下列问题：（1）与立法本意“没收财产刑重于罚金刑”相违背。实践中还可能出现罚金刑重于没收财产刑“倒挂”的情况。《刑法》第五十三条规定，“对于不能全部缴纳罚金的，人民法院在任何时候发现被执行人有可以执行的财产，应当随时追缴”，一追到底。而没收财产刑的执行，以刑事裁判生效时为时间点，此时如果罪犯没有个人财产，则没收财产执行终结。例如，罪犯的个人财产价值 50 万元，那么判处其罚金 60 万元，就比判处其没收个人全部财产要重，并且根据罚金刑的特点只有全部金额执行到位才终结执行，只有在确有困难的情况下才可延期缴纳或酌情减免，由此可见，在特定情况下，罚金刑要重于没收财产刑。（2）罚金刑不能有效阻止罪犯再犯其他犯罪的可能。因经济情况的不同，有资产的罪犯可轻松缴纳罚金，罚金对其既起不到惩戒作用，又没有剥夺其再犯的根本，对

① 《联合国反腐败公约》是联合国为打击跨国、跨区域的腐败犯罪主持制定的国际法律文件。该公约建立了一系列综合性反腐败的措施，在完善国内预防与打击腐败犯罪、加强国际合作与交流、促进司法协助方面制订了具体的执行方案，并确立了被贪污的公款必须返还的原则。该公约包括总则、预防措施、定罪与执法、国际合作、资产的追回、技术援助信息交流、实施机制、最后条款等内容。2003 年 10 月 31 日，第 58 届联合国大会审议通过公约。2003 年 12 月 9—11 日，联合国在墨西哥梅里达召开高级别政治签署会议，将公约开放供各国签署。截至 2008 年 1 月，共有 140 个国家签署公约，107 个国家批准公约。我国于 2003 年 12 月 10 日签署公约，2005 年 10 月 27 日批准公约，2006 年 1 月 13 日递交批准书。公约于 2006 年 2 月 12 日对我国生效。我国在批准公约时对公约第 66 条第 2 款关于将争端提交国际法院的规定提出保留，并以政府声明方式作出声明。（声明略）

于那些屡教不改的有资产的被告人，在罚金刑与没收财产刑之间选择适用时，应选择适用没收财产刑，剥夺其再犯的经济基础。贪污贿赂犯罪案件中以行贿罪较为突出，对于那些曾因犯行贿罪被判处刑罚的再犯，如判处 10 年以上有期徒刑或无期徒刑，应优先考虑适用并处没收财产刑。（3）实践中确定判罚罚金数额时，往往会考虑后续的执行工作，有的法院会以被告人实际愿意缴纳的数额作为罚金数额，这样不但很难保证罚金刑罚当其罪，又会造成不良的社会效果，亦不利于惩罚与预防犯罪。

因此，对于财产刑的判罚，应遵循一定的步骤程序，用程序正义规范抽象的财产刑量刑，以实现财产刑量刑的公平正义及符合罪责刑相适应原则。对此，可以借鉴最高人民法院、最高人民检察院印发的《关于常见犯罪的量刑指导意见（试行）》（以下简称《量刑指导意见》）中对于量刑的指导原则及基本方法，首先，根据基本犯罪构成事实在相应的法定财产刑幅度内确定财产刑的量刑起点；其次，根据其他影响犯罪构成的犯罪数额、次数、后果等犯罪事实，在确定的量刑起点的基础上增加刑罚量确定财产刑的基准刑；最后，根据量刑情节对财产刑的基准刑加以调整，并综合考虑全案情况，依法确定最终的财产刑种类和数量。

例如，被告人共收受他人贿赂 10 次，其中 3 次索贿，受贿金额共计 400 万元，案发后，被告人主动到监察委员会投案自首。根据《刑法》及《贪污贿赂适用法律解释》的规定，受贿数额在 300 万元以上的，依法可以判处 10 年以上有期徒刑、无期徒刑或者死刑，并处 50 万元以上犯罪数额二倍以下的罚金或者没收财产，那么被告人受贿 300 万元就是基本犯罪构成事实，假设受贿 300 万元，可以在 50 万元至 80 万元之间来确定财产刑的量刑起点，据此我们将财产刑的量刑起点确定在判处罚金 50 万元，之后在量刑起点的基础上，根据其他影响犯罪构成的犯罪事实确定基准刑。本案中，被告人另外收受的 100 万元是其他影响犯罪构成的犯罪事实，假设每增加 100 万元，财产刑数额增加 10 万元至 20 万元，我们决定财产刑增加 10 万元，那么在 50 万元的量刑起点基础上增加 10 万元，本案的财产刑基准刑便是 60 万元。确定财产刑的基准刑后，便要根据量刑情节对财产刑的基准刑予以调整，具有单个量刑情节的，根据量刑情节的调整比例直接调整财产刑的基准刑；具有多个量刑情节的，根据同向相加、逆向相减的方法调整。还以前述例子为例，被告人同时具有索贿的从重处罚情节及自首的从轻或减轻处罚情节，如自首可减少财产刑基准刑的20%至40%，索贿可增加20%至40%，我们决定自首减少20%、索贿增加30%，那么本案中的财产刑数额为60万元×（1+30%-20%）=66万元。最后再根据是否减轻处罚、是否在法律及司法解释规定的法定数额幅度内、查明的被告人的财产状况等情况进行调整，做到罪责刑相适应，决定最终的财产刑种类和数量。各地可根据自身经济发展等情况制定相应的规则，从制度上规范财产刑的判罚。

四、对贪污贿赂犯罪适用财产刑的建议

（一）充分发挥罚金刑与没收财产刑各自的优势

1. 罚金刑的特点和优势。(1) 罚金刑对于打击以获取不正当利益为目的的贪腐犯罪更具有针对性，使腐败分子欲得反亏。(2) 罚金刑在惩处贪污贿赂犯罪时可根据违法所得数额大小，按比例惩处。(3) 即使罪犯自由刑执行完毕，但罚金没有全部缴纳，则任何时候发现被执行人有可以执行的财产，人民法院可随时追缴罚金，一追到底，永不清零。

2. 没收财产刑的特点和优势。(1) 没收的财产不局限于金钱，还包括剥夺罪犯个人所有的其他财物。《联合国反腐败公约》对“财产”做如下定义：“各种资产，不论是物质的还是非物质的、动产还是不动产、有形的还是无形的，以及证明对这种资产的产权或者权益的法律文件或者文书。”我国《刑法》第九十二条对“私人所有财产”定义为：“公民的合法收入、储蓄、房屋和其他生活资料；依法归个人、家庭所有的生产资料；个体户和私营企业的合法财产；依法归个人所有的股份、股票、债券和其他财产。”(2) 适用没收财产比罚金更为严厉，没收财产刑适用于犯罪情节及社会危害性较为严重的犯罪。适用有上限的罚金刑不能做到罚当其罪时，没收财产比罚金更能预防、震慑犯罪。(3) 没收财产是一次性剥夺罪犯个人现实所有财产的一部分或者全部，不存在分期或者减免的情况。没收个人全部财产可有效剥夺罪犯再犯其他犯罪的能力，能更有效地打击利益集团，更好地保护国家及人民的利益。

（二）罚金、没收财产的选择适用

对于贪污、受贿犯罪的惩处，《刑法》第三百八十三条规定，对于“处三年以下有期徒刑或者拘役，并处罚金；处无期徒刑或者死刑，并处没收财产”，该两层次主刑判罚并处财产刑时不涉及财产刑种类的选择适用，对于“贪污数额巨大或者有其他严重情节的，处三年以上十年以下有期徒刑，并处罚金或者没收财产；贪污数额特别巨大或者有其他特别严重情节的，处十年以上有期徒刑或者无期徒刑的，并处罚金或者没收财产”，此时并处财产刑时，涉及罚金刑、没收财产刑的选择适用，这也是实践中如何并处财产刑问题较为突出的地方。

《刑法》第五十二条规定，“根据犯罪情节决定罚金数额”，《刑法》总则虽没有具体的条文规定没收财产刑应遵循的原则，但根据《刑法》第六十一条规定的根据犯罪分子犯罪的事实、性质、情节和对社会的危害程度判处刑罚及刑法分则具体罪名对并处没收财产的表述，亦有应根据犯罪情节判处没收财产之意。分析认为，《贪污贿赂适用法律解释》第十九条虽对何时适用罚金，何时适用没收财产，是没收全部财产还是没收部分财产，没收部分财产的数量幅度没有更进一步明确，但是其以主刑为基础，对贪污罪、受贿罪的罚金刑判罚进行了数额幅度规定，使并处罚金的数额幅度与自由刑量刑幅度相对应。因判定主刑时充分考虑了犯罪行为人犯罪的主观恶性、社会危害性等情节，再适用相对应的罚金刑，在一定程度上规范了罚金刑的量刑，但具体判罚时仍需根据具体情节坚持罪责刑相适应原则进一步确定罚金的具体数额。同理，判处没收财产刑时亦应考虑与主刑的轻重相对应，决定适用没收部分财产还是没收全部财产，除判处没收全部财产外，判处没收部分财产的，亦应根据其犯罪的情节、认罪悔罪的态度等量刑情节，最终确定没收财产的数量，可参照《贪污贿赂适用法律解释》中对罚金数额的规定进行判罚，但又不局限于罚金规定的数量限制。

实践中，对腐败分子的违法所得全部追缴后，如其已无钱款缴纳罚金，但是其个人具有一定的物质、非物质财产，此时在对罚金刑与没收财产刑选择适用时，并处罚金刑则陷入罚金不能及时执行或财产可能被转移的境地，易造成空判，导致判决不严肃，且未坚持罪责刑相适应原则，亦没有有效惩处犯罪，那么此时就应适用没收财产刑，使剥夺腐败分子的合法财产于法有据，既充分坚持了罪责刑相适应原则，又提高了腐败分子的犯罪成本，起到了震慑、预防腐败犯罪的作用。又如，按照《贪污贿赂适用法律解释》中规定的罚金刑幅度判罚罚金时，对于那些能够轻松缴纳罚金数额上限的屡教不改的行贿人而言，如其行贿行为面临罚金刑与没收财产刑选择适用时，对其判处犯罪数额2倍的罚金也不足以动摇其根本，反而因其轻松缴纳罚金体现了认罪悔罪的态度，使其又在量刑上占尽了便宜，此时对其适用没收财产刑才能动其根本，伤其“元气”，剥夺其再犯的可能，才能从根本上震慑行贿犯罪。一般情况下，对贪污、贿赂犯罪案件主刑为有期徒刑10年以下的判处罚金，有期徒刑10年以上的即可考虑判处没收财产，无期徒刑以上的适用没收全部财产。

（三）财产刑适用应避免伤及无辜

《刑法》第五十九条规定：“没收财产是没收犯罪分子个人所有财产的一部或者全部。没收全部财产的，应当对犯罪分子个人及其扶养的家属保留必需的生活费用。在判处没收财产的时候，不得没收属于犯罪分子家属所有或者应有的财产。”此条文的目的是在判处没收财产时避免株连，避免伤及无辜。实践中，适用财产刑则面临财产权属难以区分的难题，没收的罪犯的“个人财产”有极大可能关乎第三人的权益，由于审判机关不具有侦查权，故财产权属区分则势必在侦查阶段或审查起诉阶段予以明晰，经庭审质证后予以确定，但实践中此问题往往被侦查部门和公诉机关忽视，对并处没收财产的判罚与执行造成障碍，不但影响了审理案件的效率，更有可能侵犯第三人的权益，故关于产权明晰的责任问题亟须在立法层面予以解决。

实践中，大多数贪污贿赂犯罪分子违法所得及收益被追缴后，其个人合法财产已不能足额履行财产刑，为了能够帮助腐败分子履行财产刑，争取宽大处理，其亲属四处借钱为其履行财产刑，对贪污贿赂犯罪分子的判罚应是针对腐败分子本人，可是对于财产刑部分的不良后果却是其亲属为其承担，实际惩罚的是其无辜的亲属，所以在财产刑的判罚时要避免伤及无辜的亲属。同时，还有一些贪污贿赂犯罪分子将犯罪所得的财物用来挥霍或包养情人、包装“网红”等，其家庭合法财产中几乎没有灰色收入，判处较重财产刑会伤及无辜，也不公平。

（四）财产刑数量应与犯罪数额、赃款收缴相匹配

对于贪污、受贿犯罪的犯罪分子，其财产来源大致可分为两大块：一是贪污、受贿违法所得及产生的收益；二是自己的薪金及相应收益。根据《联合国反腐败公约》的精神，任何人不得通过欺诈行为、自己的错误行为、不正当行为获得利益，更不得通过自己的犯罪行为获得财物，对于违法所得及其收益应予追缴并没收。赃款收缴数额应等于犯罪数额，如赃款产生了收益，则收缴数额应大于犯罪数额，但因存在犯罪分子对赃款进行挥霍或拒不交代去向等情形，实际收缴的赃款数额往往低于犯罪数额。同时因赃款与犯罪分子的合法收入发生了混同，收缴的“赃款”中一定夹杂着犯罪分子的合法收入，此种情形下，根据前述财产刑判罚方法，犯罪分子的犯罪数额属于其他影响犯罪构成的犯罪事实，而赃款收缴、财产刑担保缴纳情况均属量刑情节，判罚财产刑时均会予以考虑，财产刑判罚数量与被告人的犯罪数额呈正比关系，与赃款收缴、财产刑担保缴纳情况呈反比关系。根据同向相加、逆向相减的调整方法，在财产刑判罚时应充分考虑上述量刑情节，既不让犯罪分子用隐匿的赃款作为缴纳财产刑的担保从判罚上占到便宜，又不因将其合法收入作为“赃款”予以收缴而少缴纳财产刑担保影响其从轻处罚。但值得注意的是，实践中在查办贪污贿赂犯罪案件中，查封、扣押犯罪嫌疑人大量财物，对赃物进行追缴后，遗留的资产中现金或其他财物的数量也是决定罚金和没收财产刑的一个参考依据。

（五）财产刑数量与犯罪数额应确定动态比率

犯罪数额在贪污贿赂犯罪案件中是影响量刑的一重要情节，其直接反映被告人的主观恶性及社会危害性，对主刑量刑具有直接影响，即便存在其他量刑情节，财产刑量刑与犯罪数额仍呈正比关系。但是，财产刑数量随着犯罪数额的增加而增加，对违法所得及其收益全部追缴后，大多数犯罪分子可供执行的合法财产较少，如果一味地追求形式上的平等，不区分情况，均适用相同的固定比率进行判罚，则难免陷入机械执法、简单比例的怪圈，最终相对于犯罪分子的实际财产状况形成“天价罚金”，无法执行，造成空判。所以，实践中财产刑的判罚应摒弃固定比率，而采用动态比率，即随着犯罪数额的增加，选择的比率逐渐降低，犯罪数额低的，选择较高的比率，比率在

犯罪数额逐渐变化中做动态调整，但是当犯罪数额达到相应临界点时，则应是比率的转换点。在一定的区间内，如受贿数额1000万元、罚金100万元，受贿2000万元、罚金200万元，比率为10%；受贿1亿元、罚金500万元，比率为5%，只有适用动态比率才能避免作出的财产刑判罚相对于被告人而言成为“天价罚金”，既罚当其罪，又不失严肃性。各省、自治区、直辖市，甚至幅员辽阔，经济发展不平衡的地区也应相应确定当地财产刑的比率。

（六）财产刑适用要兼顾执行因素

对被告人判处财产刑后，面临的最大问题便是对财产刑的执行问题，如果裁判时未兼顾后期的执行工作，作出不切实际的判罚或者不明确的判罚，则势必为执行工作带来新的难题。例如，罪犯的全部财产亦不够缴纳的“天价罚金”，造成财产刑最终不能执行到位；在未查清被告人的财产数量、范围、权属的情况下，作出以量化的人民币形式表述的没收部分财产的判项，或笼统地表述为没收个人全部财产的判项，则势必造成“执行难”，上述情形均会影响判决的严肃性和司法的权威性。同时，如执行部门不能顺利执行罪犯的财产刑，会对罪犯的减刑造成影响，影响对罪犯的改造。另外，面临的又一问题是，有的被告人在自由和钱财面前，选择放弃自己的自由，宁愿被从重判处主刑，也拒不缴纳财产刑。因此在作出判决前，要彻底查清被告人的财产状况，从而有的放矢地选择适用罚金刑还是没收财产刑，如判处没收财产，在判决书后要附有没收财产清单，为后续执行工作提供便利。实践中，有的法院的做法条理清晰，对在案扣押的财产进行区分，对赃款赃物予以追缴，剩余部分作为财产刑予以执行，如仍有剩余则依法返还被告人；如没有在案扣押的财产或在案扣押的财产均为赃款赃物，则法官对被告人及其家属进行释法明理，讲明缴纳财产刑担保是对被告人认罪悔罪态度的考察，对被告人的量刑及后续的减刑均具有积极的影响，有的罪犯及其家属则会积极配合缴纳财产刑所确定的财产，罪犯在服刑阶段，为争取减刑，亦会自觉执行财产刑，上述做法值得借鉴，但应杜绝为了财产刑的执行而违反罪责刑相适应原则与被告人及其家属在财产刑的数额上“讨价还价”。

（七）没收个人全部财产的执行

按照刑罚设置，没收个人全部财产是财产刑中最重的刑罚方式，相对应的主刑亦是无期徒刑、死刑这两种重刑。没收个人全部财产的顺利执行需要公安机关、检察机关在案件移送审判机关之前对被告人的个人财产的范围、数量、权属予以明晰，庭审中对被告人的个人财产情况予以质证，审判机关据此作出清晰明确的判罚，最终执行部门根据明确的财产清单进行执行。

《刑法》第五十九条对“必需的生活费用”和“家属所有或者应有的财产”仅进行了笼统的规定，并没有进一步予以明确。分析认为，此处可以参照《最高人民法院关于人民法院民事执行中查封、扣押、冻结财产的规定》第三条前六项①的规定对被执行人不得查封、扣押、冻结的财产加以区分。

值得注意的是，2000年11月15日通过的《最高人民法院关于适用财产刑若干问题的规定》第三条第二款规定：“一人犯数罪依法同时并处罚金和没收财产的，应当合并执行；但并处没收全部财产的，只执行没收财产刑。”该条司法解释与《刑法修正案（八）》增加的“数罪中有判处附加刑的，附加刑仍须执行，其中附加刑种类相同的，合并执行，种类不同的，分别执行”（2011年5月1日施行，即《刑法》第六十九条第三款）的规定存在冲突之处。根据法的位阶性，应以《刑法修正案（八）》的规定为准。因此，数罪中判处的附加刑既有没收财产又有罚金的，如没收的是部分财产，则没收部分财产与罚金刑应分别执行；如没收的是全部财产，因被判处没收全部财产的被告人的主刑一般均是无期徒刑或死刑，根据罚金刑的特点，为避免罚金刑执行案件久拖不决，则应决定只执行没收个人全部财产。

五、结语

实践中，没收个人全部财产的执行仍然是一个难点，判处死刑的基本没有执行，受传统“人命大于天”的影响，执行机关不再执行。判处死缓和无期徒刑也很难执行，执行机关也不愿执行。因为，首先要确定被告人的财产在家庭财产或联营、合伙、股份中财产的比例，家庭中要分家析产，企业中

---

① 《最高人民法院关于人民法院民事执行中查封、扣押、冻结财产的规定》第三条规定：“（一）被执行人及其所扶养家属生活所必需的衣服、家具、炊具、餐具及其他家庭生活必需的物品；（二）被执行人及其所扶养家属所必需的生活费用。当地有最低生活保障标准的，必需的生活费用依照该标准确定；（三）被执行人及其所扶养家属完成义务教育所必需的物品；（四）未公开的发明或者未发表的著作；（五）被执行人及其所扶养家属用于身体缺陷所必需的辅助工具、医疗物品；（六）被执行人所得的勋章及其他荣誉表彰的物品……”

要进一步清算，涉及一个新的民事诉讼，那么由谁提起，由哪个部门裁决，尚无法律明文规定。分析认为，应借鉴民事执行措施，由执行部门限定被执行主体在一定期限内申报财产份额，由执行部门确认，无异议的进行执行，有异议的，可以由异议方提出异议，涉及其他当事人的还要提起一个新的民事确认之诉。当然申报财产份额这一程序也可以前置至侦查阶段或者审查起诉阶段完成，相关材料随案移送，在进入执行程序前可解决的问题不再向执行阶段流转，提高了执行效率。

实践中，有相当多的法院对贪污贿赂犯罪案件的裁判思维仍停留在只重视自由刑的判罚上，而忽视财产刑的适用。在财产刑的量刑上不注重量刑情节，仍停留在过去简单机械的量刑方式上；不注重个案的特点，只要不违反法律规定，在规定的区间内判罚数额就视为合法；不注重罪责刑相适应原则的适用。究其原因，主要有以下几个方面：

（1）估堆计算的习惯。由于《刑法》条文规定的不明确，大量使用“数额较大”“数额巨大”“较重情节”“其他严重情节”“判处罚金或没收财产”等用语，所以有的法官不严格区分量刑情节、刑罚的轻重程度，仅凭个人的经验、阅历和个人对法律的理解进行综合估量，对财产刑进行判罚。此种量刑方法，没有明确统一的标准，因法官个体的差异，对判决结果造成极大的不确定性，相同或相类似案件各地财产刑数额差异较大。

（2）传统思维的制约。实践中，重主刑，忽视财产刑判罚的传统思维仍然存在，认为只要主刑判罚得当，财产刑形式上符合法律规格即可，忽视财产刑判罚亦应遵循罪责刑相适应原则，致使有关财产刑的判项要么不明确，要么畸轻或畸重，为后续的执行工作造成困难。相同地区，财产刑差距较大的现象仍普遍存在，有的案件甚至影响罪犯的改造。

（3）简单确定比率。对案件的具体情节考量不足，适用简单的固定比率进行财产刑的判罚，忽视个案的特点，忽视犯罪数额与财产刑比率的动态关系，不论犯罪数额大小，都适用同一比率，并且比率确定过高，结果达不到打击、预防犯罪的目的。

（4）忽视个案情节，甚至引发次生舆情。人们更多关注的是那些罪大恶极的腐败案件，而忽视那些本性并不十分恶劣，有的出于客观因素无奈收受贿赂或者贪污公款的案件。例如，现实中有的被告人家中上有老，下有小，父母多年疾病缠身，其又是家中唯一的经济来源，虽日子过得清贫，但对待工作始终兢兢业业，尽职尽责，从未有违法违纪现象发生，且多次拒绝他人所送贿赂，一日家中父亲突发疾病，急需钱来救命，其工作多年攒下的一点积蓄面对巨额医疗费简直就是杯水车薪，借遍了亲戚朋友，仍无力支付巨额医疗费，无奈之下利用职务便利，侵吞了一笔公款用于救治自己的父亲，除此之外再无违法违纪情况发生。此类案件，如仍按照法律规定的财产刑幅度进行判罚，根据被告人的经济状况，完全是脱离了情理的机械执法，不仅判决财产刑部分无异于空判，达不到财产刑应有的效果，也与正常的情理相悖，极易产生负面效果，还会引起社会对裁判的质疑。

（5）固守报复主义理念。主张罪刑的绝对均衡，忽视个案的特点，实践中，对等思想、报复主义、重刑思想，夸大惩罚的效果，看似法律面前人人平等，但实际上却是造成新的不平等的根源所在，随着法治的发展进步，直接采用报复主义思想在弱化，但是在具体的量刑中有时有意无意地浮现，应引起高度关注。

综上，当前反腐败斗争形势依然严峻复杂，巩固压倒性态势、夺取压倒性胜利要坚持无禁区、全覆盖、零容忍，坚持重遏制、强高压、长震慑，强化不敢腐的震慑，扎牢不能腐的笼子，增强不想腐的自觉，最终实现新时代全面依法治国的指导思想，严格执法，建议各省（市、自治区）高级人民法院根据各地自身实际情况，以《刑法》及相关司法解释为基础，在一省（市、自治区）范围内制定统一标准，对贪腐案件的财产刑适用加以规范。

关于职务犯罪案件监察执法与刑事审判衔接中的若干问题

逄锦温* 陈鹏展**

自国家监察体制改革以来，特别是在《监察法》颁布施行、《刑事诉讼法》修正后，如何实现《监察法》和《刑事诉讼法》的统一适用、监察执法和刑事司法的有机衔接，成为职务犯罪案件办理工作面临的重大课题。近年来，不少地方主动作为，制定了适用于本地的规范性文件，在实践操作层面进行了积极探索和有益尝试，但同时也产生了各地做法不统一、影响职务犯罪案件办理工作高质量发展的新问题。为加强党对反腐败工作的集中统一领导，进一步促进监察机关与司法机关、执法部门在办理职务犯罪案件中的互相配合、互相制约，健全权威高效、衔接顺畅的工作机制，推动职务犯罪案件办理工作高质量发展，2021 年 1 月 18 日，国家监委、最高人民法院、最高人民检察院、公安部联合印发了《关于加强和完善监察执法与刑事司法衔接机制的意见（试行）》，专门就在职务犯罪案件办理工作中涉及的监察执法和刑事司法衔接中的若干问题作出较为全面、系统的规定和完善。在此基础上，自 2021 年 9 月 20 日起施行的《监察法实施条例》对相关问题又做了进一步明确。为确保职务犯罪案件审判工作规范统一，结合相关规定和审判实际，对实践中突出反映的管辖、证据、留置与刑事强制措施、审判、从宽处罚建议、涉案财物处置等重点问题说明如下。

---

* 逄锦温，最高人民法院第五巡回法庭副庭长。

** 陈鹏展，最高人民法院刑二庭二级高级法官。

一、管辖的界定与指定

管辖是办案机关在受理案件方面的权限划分。根据权力法定原则，管辖应当由法律加以规定。办案机关只能在法律规定的管辖范围内行使职权，对不属于自己管辖的案件则无权办理。因此，明确案件的管辖是案件办理的基础和前提，对于保证案件办理工作顺利进行具有十分重要的意义。就监察执法和刑事审判衔接而言，主要涉及职能管辖、互涉案件管辖和指定管辖。

（一）职能管辖

职务犯罪案件的职能管辖是指监察机关、人民检察院、公安机关在直接受理职务犯罪案件范围上的权限和分工。虽然《监察法》、《刑事诉讼法》以及相关规范性文件对此作出了规定，但由于监察机关和人民检察院、公安机关管辖的案件存在交叉重合的地方，实践中还有一些问题需要明确。例如，对于监察机关和公安机关共同管辖的罪名如何确定管辖机关，对于监察机关和人民检察院共同管辖的罪名监察机关的管辖权和人民检察院的管辖权之间是什么关系等。对此应做如下处理。

1. 监察机关管辖案件的范围

《监察法》第十一条规定："监察委员会依照本法和有关法律规定履行监督、调查、处置职责……（二）对涉嫌贪污贿赂、滥用职权、玩忽职守、权力寻租、利益输送、徇私舞弊以及浪费国家资财等职务违法和职务犯罪进行调查……"根据《刑法》、《刑事诉讼法》、《监察法》、《监察法实施条例》有关规定，监察机关管辖的犯罪案件分为七类，涉及《刑法》中的101个罪名①。

（1）贪污贿赂犯罪案件。涉及19个罪名，分为两部分：一是《刑法》分则第八章规定的犯罪，包括贪污罪，挪用公款罪，受贿罪，单位受贿罪，利用影响力受贿罪，行贿罪，对有影响力的人行贿罪，对单位行贿罪，介绍贿赂罪，单位行贿罪，巨额财产来源不明罪，隐瞒境外存款罪，私分国有资产罪，私分罚没物罪，共计14个罪名。二是公职人员在行使公权力过程中实施

① 关于监察机关管辖的101个罪名包括《监察法实施条例》第二十六条至第三十一条规定的92个罪名、监察机关和人民检察院共同管辖的14个罪名，再减去交叉重复的滥用职权罪、玩忽职守罪、非法拘禁罪、虐待被监管人罪、非法搜查罪等5个罪名（92+14-5=101）。

的职务侵占罪，挪用资金罪，对外国公职人员、国际公共组织官员行贿罪，非国家工作人员受贿罪和相关联的对非国家工作人员行贿罪，共计5个罪名。

（2）滥用职权犯罪案件。涉及18个罪名，包括滥用职权罪，国有公司、企业、事业单位人员滥用职权罪，滥用管理公司、证券职权罪，食品、药品监管渎职罪，故意泄露国家秘密罪，报复陷害罪，阻碍解救被拐卖、绑架妇女、儿童罪，帮助犯罪分子逃避处罚罪，违法发放林木采伐许可证罪，办理偷越国（边）境人员出入境证件罪，放行偷越国（边）境人员罪，挪用特定款物罪，非法剥夺公民宗教信仰自由罪，侵犯少数民族风俗习惯罪，打击报复会计、统计人员罪，以及司法工作人员以外的公职人员利用职权实施的非法拘禁罪、虐待被监管人罪、非法搜查罪。

（3）玩忽职守犯罪案件。涉及11个罪名，包括玩忽职守罪，国有公司、企业、事业单位人员失职罪，签订、履行合同失职被骗罪，国家机关工作人员签订、履行合同失职被骗罪，环境监管失职罪，传染病防治失职罪，商检失职罪，动植物检疫失职罪，不解救被拐卖、绑架妇女、儿童罪，失职造成珍贵文物损毁、流失罪，过失泄露国家秘密罪。

（4）徇私舞弊犯罪案件。涉及15个罪名，包括徇私舞弊低价折股、出售国有资产罪，非法批准征收、征用、占用土地罪，非法低价出让国有土地使用权罪，非法经营同类营业罪，为亲友非法牟利罪，枉法仲裁罪，徇私舞弊发售发票、抵扣税款、出口退税罪，商检徇私舞弊罪，动植物检疫徇私舞弊罪，放纵走私罪，放纵制售伪劣商品犯罪行为罪，招收公务员、学生徇私舞弊罪，徇私舞弊不移交刑事案件罪，违法提供出口退税凭证罪，徇私舞弊不征、少征税款罪。

（5）公职人员在行使公权力过程中实施的重大责任事故犯罪案件。涉及12个罪名，包括重大飞行事故罪，铁路运营安全事故罪，重大责任事故罪，强令、组织他人违章冒险作业罪，危险作业罪，重大劳动安全事故罪，大型群众性活动重大安全事故罪，危险物品肇事罪，工程重大安全事故罪，教育设施重大安全事故罪，消防责任事故罪，不报、谎报安全事故罪。

（6）公职人员在行使公权力过程中实施的其他犯罪案件。涉及17个罪名，包括破坏选举罪，背信损害上市公司利益罪，金融工作人员购买假币、以假币换取货币罪，利用未公开信息交易罪，诱骗投资者买卖证券、期货合约罪，背信运用受托财产罪，违法运用资金罪，违法发放贷款罪，吸收客户资金不入账罪，违规出具金融票证罪，对违法票据承兑、付款、保证罪，非法转让、倒卖土地使用权罪，私自开拆、隐匿、毁弃邮件、电报罪，故意延误投递邮件罪，泄露不应公开的案件信息罪，披露、报道不应公开的案件信息罪，接送不合格兵员罪。

（7）监察机关和人民检察院共同管辖的案件。涉及 14 个罪名。根据《最高人民检察院关于人民检察院立案侦查司法工作人员相关职务犯罪案件若干问题的规定》的规定，人民检察院在对诉讼活动实行法律监督中，发现司法工作人员利用职权实施的侵犯公民权利、损害司法公正的 14 个犯罪案件，可以立案侦查，即非法拘禁罪，非法搜查罪，刑讯逼供罪，暴力取证罪，虐待被监管人罪，滥用职权罪，玩忽职守罪，徇私枉法罪，民事、行政枉法裁判罪，执行判决、裁定失职罪，执行判决、裁定滥用职权罪，私放在押人员罪，失职致使在押人员脱逃罪，徇私舞弊减刑、假释、暂予监外执行罪。需要说明的是，检察机关保留了部分自侦职能，主要针对的是司法工作人员利用职权实施的侵犯公民权利、损害司法公正的犯罪行为。对司法工作人员以外的公职人员利用职权实施的滥用职权、玩忽职守、非法拘禁、虐待被监管人员、非法搜查等犯罪案件，根据《监察法实施条例》第二十七条的规定由监察机关依法调查。

2. 监察机关管辖案件与其他机关管辖案件的划分

对于监察机关可以管辖的上述 101 个罪名，从厘清职能管辖的角度可以分为三种情形。

一是监察机关专属管辖的罪名，如《刑法》分则第八章规定的贪污贿赂等犯罪，只能由监察机关管辖，其他任何机关均无权管辖。

二是监察机关和人民检察院都可以管辖的罪名。监察机关和人民检察院都有管辖权，监察机关的管辖权和人民检察院的管辖权可以认为是一般和特殊的关系，按照特殊优于一般的原则处理。具体而言，区分两种情形分别处理：

第一，司法工作人员不涉嫌贪污贿赂等监察机关管辖的其他职务犯罪的，一般由检察机关立案侦查，必要时监察机关也可以立案侦查。对于“必要时监察机关也可以立案侦查”可以从以下三方面理解：首先，根据《监察法》第三条关于“各级监察委员会是行使国家监察职能的专责机关”的规定，人民检察院的管辖权是监察机关有限让渡而派生的。监察机关自始对此类案件具有管辖权，所以监察机关立案调查前不需要征求人民检察院意见。其次，监察机关的管辖权和人民检察院的管辖权不是互斥而是并存的，不因为《刑事诉讼法》第十九条第二款规定了人民检察院的管辖权而使监察机关丧失相应的管辖权。最后，监察机关只有在“必要时”才立案侦查，故人民检察院的管辖权在此类案件上具有优先性，监察机关的管辖权具有补充性。另外，考虑到监察机关和人民检察院的管辖权确有交叉且并存，从加强工作衔接的角度来看，对于上述罪名的案件，无论是监察机关进行立案调查，还是人民检察院进行立案侦查，都应及时通报对方。

第二，司法工作人员涉嫌贪污贿赂等监察机关管辖的其他职务犯罪的，根据《人民检察院刑事诉讼规则》第十七条的规定，人民检察院应当及时与同级监察机关沟通。经沟通，认为全案由监察机关管辖更为适宜的，人民检察院应当将案件和相应职务犯罪线索一并移送监察机关；认为由监察机关和人民检察院分别管辖更为适宜的，人民检察院应当将监察机关管辖的相应职务犯罪线索移送监察机关，对依法由人民检察院管辖的犯罪案件继续侦查。

三是监察机关、公安机关都可以管辖的罪名。在确定此类案件管辖时关键要把握两点：第一，涉嫌犯罪人员是否属于公职人员，非公职人员实施相关犯罪的，由公安机关管辖。第二，公职人员在实施上述犯罪的过程中，是否行使了公权力，行使了公权力则应当由监察机关管辖，否则由公安机关管辖。需要说明的是，监察机关、公安机关管辖的罪名虽有交叉，但就具体案件而言，案件要么由监察机关管辖，要么由公安机关管辖，两者之间是择一关系而不是交叉关系。

3. 管辖错误及争议的处理

在调查、侦查阶段，监察机关、人民检察院、公安机关发现调查、侦查的案件属于其他机关管辖的，应当及时办理案件移送手续，解除已经采取的留置或者刑事强制措施，做好留置与刑事强制措施的转换、衔接工作，并将案卷材料、涉案财物移送有管辖权的同级机关。不同机关对案件管辖存在争议的，应当及时与同级相关机关沟通协商，必要时报上级相关机关协调解决。

（二）互涉案件管辖

根据《监察法》第十一条和《刑事诉讼法》第十九条的规定，可以有效解决一人犯一罪的管辖问题，但如何确定一人犯数罪的互涉案件的管辖则需要进一步研究。互涉案件是指被调查人（犯罪嫌疑人）既涉嫌职务犯罪，又涉嫌其他犯罪的案件。《监察法》第三十四条第二款规定："被调查人既涉嫌严重职务违法或者职务犯罪，又涉嫌其他违法犯罪的，一般应当由监察机关为主调查，其他机关予以协助。"如何理解互涉案件"由监察机关为主调查"，实践中有不同看法。一种观点认为，互涉案件全案由监察机关立案调查，其他机关予以协助。另一种观点认为，监察机关和其他机关应分别立案，以监察机关为主调查。对此应做如下处理。

1. 应当分别立案

对于互涉案件，应当根据职能管辖分别立案。主要考虑为：

一是从职能管辖制度设立的初衷来看，由不同的机关管辖不同的犯罪，这是法律对不同机关职能和职权范围的划分，目的就是划清不同机关的职能界限，避免因职能重叠造成工作上地杂乱无序。由不同的机关依照法律规定分别管辖案件，是以法治思维和法治方式打击犯罪的必然要求，是落实分工负责，互相配合，互相制约原则的题中之义。

二是根据权力法定原则，监察机关对其他犯罪进行管辖必须有明确的法律依据。《刑事诉讼法》和《监察法》只是规定监察机关"主调查"，并没有赋予监察机关办理其他犯罪案件的职权。

三是"主调查"宜参照"主侦查"的有关规定来确定其内涵。《最高人民法院、最高人民检察院、公安部、国家安全部、司法部、全国人大常委会法制工作委员会关于实施刑事诉讼法若干问题的规定》第一条对"主侦查"有明确的规定，即"公安机关侦查刑事案件涉及人民检察院管辖的贪污贿赂案件时，应当将贪污贿赂案件移送人民检察院；人民检察院侦查贪污贿赂案件涉及公安机关管辖的刑事案件，应当将属于公安机关管辖的刑事案件移送公安机关。在上述情况中，如果涉嫌主罪属于公安机关管辖，由公安机关为主侦查，人民检察院予以配合；如果涉嫌主罪属于人民检察院管辖，由人民检察院为主侦查，公安机关予以配合”。由此可见，行为人涉嫌数罪，对其中一罪或者其中数罪有管辖权的，要将不属于自己管辖的案件移送有管辖权的机关管辖。同时，根据犯罪的主次决定由哪一个机关来主侦查。上述规定对于理解“主调查”的含义具有借鉴意义。

四是不能适用并案的规定。《最高人民法院、最高人民检察院、公安部、国家安全部、司法部、全国人大常委会法制工作委员会关于实施刑事诉讼法若干问题的规定》第三条规定：“具有下列情形之一的，人民法院、人民检察院、公安机关可以在其职责范围内并案处理：（一）一人犯数罪的；（二）共同犯罪的；（三）共同犯罪的犯罪嫌疑人、被告人还实施其他犯罪的；（四）多个犯罪嫌疑人、被告人实施的犯罪存在关联，并案处理有利于查明案件事实的。”对于互涉案件，监察机关能否适用“一人犯数罪”的规定并案调查？我们认为，不宜适用并案处理的规定。主要考虑上述规定强调了“在其职责范围内”并案处理。这一精神在《人民检察院刑事诉讼规则》和《公安机关办理刑事案件程序规定》中得到延续。《人民检察院刑事诉讼规则》第十八条第二款规定：“对于一人犯数罪、共同犯罪、共同犯罪的犯罪嫌疑人还实施其他犯罪、多个犯罪嫌疑人实施的犯罪存在关联，并案处理有利于查明案件事实和诉讼进行的，人民检察院可以在职责范围内对相关犯罪案件并案处理。”《公安机关办理刑事案件程序规定》第二十一条第二款规定：“具有下列情形之一的，公安机关可以在职责范围内并案侦查：（一）一人犯数罪的……”因此，对于一人犯数罪要进行并案处理，应当具备“在职责范围内”的前提条件，即相关数罪依法由该机关管辖。对于超出监察机关“职能范围”，依法应由其他机关管辖的案件，由监察机关并案处理缺乏法律依据。

2. 一般应当由监察机关为主调查

所谓“由监察机关为主调查”不是由监察机关包办调查，而是指在不同机关分别调查、侦查的基础上，由监察机关承担好组织协调职责，统筹考虑工作进度，包括调查和侦查工作部署、协商重要调查和侦查措施使用、案件处置等重要事项，从而确保在办理互涉案件过程中各有关机关做到整体推进、协同高效。由监察机关为主调查，意味着其他机关应予以协助。所谓“其他机关予以协助”，一般是指公安机关等其他办案机关根据监察机关的组织协调，依照《刑事诉讼法》的规定收集证据，查明案情，并积极配合监察机关开展工作，形成工作合力。

准确理解把握“一般应当”的含义，需要注意以下三点：一是监察机关为主调查是原则。“一般应当”体现了《监察法》明确的倾向性要求，无特殊情况都应当由监察机关为主调查。二是允许有例外。实践中，对于涉黑恶势力犯罪案件，犯罪嫌疑人主要涉嫌故意杀人、故意伤害、非法经营、寻衅滋事、敲诈勒索等犯罪，同时牵扯出涉嫌向国家工作人员行贿犯罪，由监察机关为主调查并不是十分合适。对此，可由监察机关和其他机关分别依照法定职责开展工作并加强沟通协作。三是由国家监委为主调查则无例外。如果互涉案件中的职务犯罪案件由国家监委立案调查，则一律由国家监委为主调查。这主要考虑为：国家监委立案调查的职务犯罪案件涉案对象具有特殊性，社会影响重大，由国家监委为主调查，既符合《监察法》规定，也符合“主罪”办理机关主办理的工作原则，还有利于充分发挥中央纪委国家监委合署办公的政治优势，统筹协调各方面的办案资源，实现办案工作协同高效。

（三）指定管辖

为排除干扰、消除社会公众疑虑，对职务犯罪案件多实行异地指定管辖。实践中反映，指定审判管辖存在以下问题：一是存在“先定后商”的情况。个别地方商请指定管辖时明确提出交给某地检察机关、法院管辖，还有个别地方在商请指定管辖前，先行邀请异地检察机关提前介入，并要求该检察机关管辖案件。二是商请时间不统一。有的案件在移送审查起诉后才商请指定管辖。检察机关、法院向上级报请指定管辖需要时间，导致指定管辖案件办理拖延滞后。有的案件在调查初期尚未形成文字材料之时即提出指定管辖商请，法院对被告人犯罪地、居住地、任职地以及其他可能影响案件公正审理的因素无从审查，也无法根据个案具体情况确定审判力量相适应的审理法院。三是关联案件的指定管辖不同步。有的案件存在主案移送异地审理，但其他关联案件未同步移送，或者不移送，或者移送至不同地区检察机关、法院审查起诉、审理，以及关联案件先于主案移送等情况，影响了人民法院统筹推进案件审理工作。对此应做如下处理。

1. 指定审判管辖由人民法院依法独立决定

《刑事诉讼法》以审判管辖为中心规定管辖制度，指定管辖最终要落脚到审判管辖上来。指定审判管辖是人民法院的职权，由人民法院依法独立决定。在办理商请指定管辖过程中，应体现“商请”的本质属性，按照“先商后定”的要求办理。一是监察机关充分尊重司法机关指定起诉、审判管辖的职权，不干涉司法机关依法指定起诉、审判管辖。监察机关将商请指定管辖的函件送交同级人民检察院，不对审查起诉的检察院、审判的法院提出具体意见。二是同级人民检察院收到监察机关商请指定管辖函件后，应商请同级人民法院办理指定管辖事宜。三是人民法院切实担负起审查职能，对被告人犯罪地、居住地、任职地、出生地、成长地、主要涉案单位和涉案人员以及其他可能影响案件公正审理的因素进行审查，并根据法院审判力量、办案场所、羁押场所、交通条件以及法庭硬件条件是否符合审判需要决定管辖的法院。其中，在审查合议庭成员的能力素质、廉洁情况能否胜任审判时，要注意通过纪检监察部门了解拟担任合议庭成员的相关情况，避免在案件审理过程中出现合议庭成员违法违纪等影响案件正常审理或者产生负面舆情的情况。

2. 指定审判管辖的时间节点

为加强办案机关的协作配合，提高工作效率，各办案机关要按照以下四个时间要求有序办理指定管辖工作：一是监察机关一般应当在移送起诉 20 日前将商请指定管辖函件送交同级人民检察院。二是人民检察院收到监察机关商请指定管辖函件后，应当在 7 日内与同级人民法院协商办理。三是人民法院应当在 10 日内向人民检察院回复意见。四是在案件提起公诉后，接收案卷的人民法院应当立即向上级人民法院报告，上级人民法院应当于 3 日内作出指定管辖决定。

3. 特殊情形的处理

（1）监察机关补充移送。指定管辖手续办理完毕后，监察机关补充移送的，应区分两种情况分别处理：一是监察机关补充移送起诉犯罪事实的，可以直接移送原受理移送起诉的人民检察院，人民检察院、人民法院无须再办理指定管辖手续。二是监察机关追加犯罪嫌疑人、被告人的，应再次办理指定管辖手续。主要考虑为：指定管辖需要对被告人犯罪地、居住地、任职地以及其他可能影响案件公正审理的因素进行审查，在追加犯罪嫌疑人、被告人的情况下，人民法院有必要重新审查。

（2）关联案件。对于共同职务犯罪、行贿犯罪等关联犯罪案件的指定管辖，应做到以下几点：一是一般应当坚持随主案确定管辖的原则，由受理主案的人民法院或者其下级人民法院管辖。二是主案和关联案件的管辖手续应当分别办理，不能相互替代。三是对于主案与关联案件由不同监察机关立案调查的，人民法院应当加强和调查主案的监察机关沟通，由调查主案的监察机关统一协调案件管辖事宜，落实好关联案件随主案确定管辖的原则。四是因特殊原因，关联案件未随主案确定管辖的，办理主案和关联案件的人民法院应当及时向上级人民法院报告，由办理主案和关联案件的人民法院共同的上级人民法院加强指导，确保案件在案件事实上统一认定、在定罪上相互协调，在量刑上平衡适当。

二、留置与刑事强制措施的衔接适用

实践中反映，在办理互涉案件时，犯罪嫌疑人、被告人被采取刑事强制措施后，因调查职务犯罪需要采取留置措施，如何进行措施转换和衔接，没有明确的法律依据，希望予以明确。对此应做如下处理。

1. 留置和拘留、逮捕之间具有互斥性

留置和拘留、逮捕均属于限制人身自由的羁押性强制措施，均为了保障调查和诉讼活动顺利进行，两者性质相似、作用相同，故在同一时间内只能择一适用，即对同一被调查、侦查的对象，不得同时采取留置措施和拘留、逮捕措施。

2. 留置的优先性

根据《监察法》第三十四条第二款关于对互涉案件“一般应当由监察机关为主调查”规定的精神，在以监察机关为主调查的互涉案件中，一般优先适用留置措施。

3. 侦查（调查）阶段刑事强制措施和留置的衔接适用

在办理互涉案件过程中，刑事强制措施和留置可以根据办案需要双向转换。

对于已经采取刑事强制措施的犯罪嫌疑人采取留置措施，应区分羁押性刑事强制措施和非羁押性强制措施分别处理。

（1）犯罪嫌疑人已经被拘留、逮捕的，监察机关经与人民检察院、公安机关沟通一致，并在人民检察院、公安机关依法解除拘留、逮捕措施后，依法采取留置措施。对此需要具备两个条件：一是实质条件，要“沟通一致”，双方形成共识；二是时间条件，要在依法解除拘留、逮捕强制措施后，才能采取留置措施，以此体现两种措施的互斥性的要求。

（2）犯罪嫌疑人被取保候审、监视居住的，监察机关可以依法采取留置措施，并及时通报有关机关。与第一种情形相比较，主要有两点不同：一是无须事先沟通。主要考虑为：犯罪嫌疑人未被羁押，监察机关难以及时掌握犯罪嫌疑人被取保候审、监视居住的情况，同时职务犯罪案件调查工作具有很强的保密性和时效性，实际工作中难以做到提前与司法机关协商，采用事后通报的方式更符合工作实际。二是取保候审、监视居住无须专门解除。考虑犯罪嫌疑人被留置后，则无继续执行取保候审、监视居住的必要性和可能性，从便于工作衔接的角度，取保候审、监视居住在执行留置措施之日起自动解除。

对已经采取留置措施的被调查人采取刑事强制措施，公安机关、人民检察院应当和监察机关沟通。经沟通一致，在监察机关依法解除留置措施后，可以采取刑事强制措施。在这种情况下，刑事强制措施不区分羁押性强制措施和非羁押性强制措施。主要考虑为：一是留置和逮捕、拘留是互斥关系，必须在解除留置后才能逮捕、拘留。二是留置是羁押性措施，不解除留置，客观上无法执行取保候审、监视居住。

4. 审判阶段刑事强制措施和留置的衔接适用

审判阶段不同于侦查（调查）阶段，刑事强制措施和留置的衔接有一定的特殊性。（1）被告人已经被羁押的，监察机关一般不再采取留置措施。在审判阶段不再强调优先适用留置，主要考虑为：一是诉讼程序原则上不倒流，案件已经进入了审判阶段，一般不宜再采取调查阶段的留置措施。二是在被告人已被羁押的情况下，通常可以保障调查活动顺利进行，采取留置措施的必要性不大。（2）被羁押的被告人涉嫌职务犯罪重大复杂，确需采取留置措施的，监察机关经与人民法院沟通，人民法院在依法办理解除逮捕措施等相关手续后，监察机关可以依法采取留置措施。在具体沟通时人民法院既要支持配合监察机关工作，也要统筹考虑与监察机关协商好对被告人如何还押、案件是否并案处理等后续工作，确保人民法院审判活动地顺利进行。（3）被告人被取保候审、监视居住或者未被采取刑事强制措施的，监察机关可以依法采取留置措施，并及时通报人民法院，人民法院对原强制措施不再办理解除法律手续。原强制措施自留置之日起自动解除。需要指出的是，指定居所监视居住较为特殊。虽然指定居所监视居住是监视居住的一种，但对被告人的人身自由限制较大，故对指定居所监视居住的被告人采取留置，监察机关原则上要和人民法院进行事前沟通，从而确保两种措施在转换时间、人员交接、手续办理上的协调，使衔接上更加顺畅高效。

三、证据的审查认定

证据是证明案件事实的唯一依据，是案件的基础，是审判的根本，也是实现法法衔接的关键所在。推进以审判为中心的诉讼制度改革，核心是确保经侦查（调查）、审查起诉的案件事实证据经得起法律的检验。《监察法》第三十三条第二款明确规定，监察机关在收集、固定、审查、运用证据时，应当与刑事审判关于证据的要求和标准相一致。该规定充分体现了以审判为中心的理念，强调了监察机关收集、固定、审查、运用证据的要求和标准应当与人民法院审查、运用证据的要求和标准保持一致，在证明问题上搭建了监察执法和刑事审判有机衔接的桥梁。以《监察法》第三十三条第二款规定为基础，关于职务犯罪案件证据的审查认定问题，我们认为要把握以下几个方面。

（一）审查认定证据的法律依据

实践中，对于《刑事诉讼法》和有关司法解释能否作为审查认定监察机关收集证据的法律依据有不同认识。一种观点认为，监察机关依照《监察法》收集证据材料，人民法院不能在《监察法》之外再增加审查证据的法律依据。另一种观点则持相反的看法。

对此应做如下处理：对监察机关收集、调取的证据材料，人民法院依照《监察法》、《刑事诉讼法》和监察法规、立法解释、司法解释等进行审查和认定。把《刑事诉讼法》、立法解释及有关司法解释与《监察法》、监察法规合为一体作为审查认定监察机关收集证据材料的法律依据。主要考虑为：一是符合相关法律规定的精神。《刑事诉讼法》第一百七十条规定，“人民检察院对于监察机关移送起诉的案件，依照本法和监察法的有关规定进行审查……”《监察法》第三十三条第二款也强调，监察机关在收集、固定、审查、运用证据时，应当与刑事审判关于证据的要求和标准相一致。《最高人民法院关于适用〈中华人民共和国刑事诉讼法〉的解释》（以下简称《刑诉法解释》）第七十六条规定：“监察机关依法收集的证据材料，在刑事诉讼中可以作为证据使用。对前款规定证据的审查判断，适用刑事审判关于证据的要求和标准。”二是具备实践基础。近年来，监察机关监察执法规范化建设取得重大进展，无论是制定制度还是适用规范，对于证据的要求和标准始终向刑事审判的要求和标准看齐，始终把《刑事诉讼法》和相关司法解释关于证据的要求和标准贯穿监督检查、审查调查和收集证据的各个环节，具备了按照刑事审判的要求和标准审查监察机关收集证据的客观条件。

（二）初步核实在职务违法调查阶段收集的证据材料的证据效力

《监察法》第三十八条、第三十九条规定了初核程序，但监察机关在初核阶段取得的相关材料能否作为证据使用，现行法律没有明确的规定。监察调查的范围包括职务违法和职务犯罪两个层面，但《监察法》并未对这两个层面进行程序区分，也未规定在职务违法调查向职务犯罪调查转化时的证据适用问题。对于监察机关在初核期间和职务违法调查期间收集的证据材料的效力问题，实践中意见不统一。有的认为，监察机关依照《监察法》在初核期间和职务违法调查期间取得的证据均属依法取证，可直接作为刑事诉讼证据使用。有的则认为，监察机关在初核期间和职务违法调查期间调取的言词证据一般需要转化，书证、物证等客观证据可直接作为刑事诉讼证据使用。

对此应做如下处理：监察机关在初步核实或者对被调查人以涉嫌职务违法立案调查期间，依照《监察法》规定收集的证据材料，在刑事诉讼中可以作为证据使用。主要考虑为：一是具有合法性依据。《监察法》第三十三条第一款规定，监察机关依法收集的证据材料，在刑事诉讼中可以作为证据使用。该规定没有区分监察机关的办案阶段，故从逻辑上讲，监察机关在不同办案阶段依法收集的证据材料都可以在刑事诉讼中使用。《刑诉法解释》第七十六条也作了同样的规定。二是具有一定的制度保障。根据纪检监察机关相关工作规范，纪检监察机关按照同一个标准使用监督检查审查调查措施，监察机关在不同阶段收集证据的合法性有相应的制度保障。三是存在客观需要。实践中，纪检监察机关在初步核实期间往往会开展大量的查询、调取等证据收集工作，以便为立案、采取留置措施奠定坚实基础，特别是在留置时间有限的情况下，纪检监察机关收集证据更需要在初步核实期间完成。

对于上述处理意见，需要强调说明以下两点：

一是证据材料的种类。监察机关依法收集的符合法定形式的证据材料都可以在刑事诉讼中使用。第一，根据《监察法》第三十三条第一款的规定，可以在刑事诉讼中使用的证据材料既包括客观证据材料，如物证、书证、视听资料、电子数据等，也包括言词证据材料，如证人证言、被调查人供述和辩解。这里应当注意与公安机关在办理行政案件过程中所收集的证词证据能否在刑事诉讼中作为证据使用相区别。原因主要是监察机关收集的证据作为刑事证据使用有《监察法》的明确规定，且不区分客观证据和言词证据，而公安机关的则无相应的法律规定。在《刑诉法解释》起草过程中曾有意见提出将公安机关在办理行政案件过程中收集的证词证据作为刑事证据使用，但未被采纳。第二，《监察法》第三十三条第一款中的“等”是未尽等，既包括已经明确列举的物证、书证、证人证言、被调查人供述和辩解、视听资料、电子数据等，也包括未明确列举的鉴定意见、勘验检查笔录、辨认笔录等证据材料。需要进一步说明的是调查实验笔录，由于《监察法》第四章“监察权限”中没有规定监察机关可以进行调查实验，调查实验笔录能否在刑事诉讼中作为证据使用曾有一定争议。但《监察法实施条例》第一百四十条规定：“为查明案情，在必要的时候，经审批可以依法进行调查实验……”同时该条例第五十九条明确证据包括调查实验笔录，故法律依据问题基本解决，调查实验笔录可以在刑事诉讼中作为证据使用。

二是证据材料的效力。监察机关在初步核实、职务违法调查期间依照《监察法》规定收集的证据材料，具备证据资格，但这些证据材料均要根据刑事审判关于证据的要求和标准在法庭上进行质证、认证。经审查，只有达到刑事审判关于证据的要求和标准的，才能作为定案的根据。

（三）职能管辖改变后原先收集的证据效力

实践中反映，监察机关或者公安机关在立案调查、侦查期间发现对案件无管辖权，需要移交有管辖权的机关调查、侦查时，对于移交前收集的证据材料能否在刑事诉讼中作为证据使用，存在不同看法。有的认为，办案机关没有管辖权则不是合法的取证主体，其收集的证据材料不具有合法性，故前期收集的证据材料应当全部重新收集。有的则认为，客观证据材料的收集往往不具有可重复性，且真实可靠程度高，不会因为取证主体不同影响其客观性，故客观证据材料无须重新收集，而言词证据材料具有可重复性，具备重新收集的客观条件，故应当重新收集。对此应做如下处理。

1. 原则上可以作为证据使用

监察机关、人民检察院、公安机关向有管辖权的机关随案移交的各类证据材料，经审查符合法定要求的，可以在刑事诉讼中作为证据使用。主要考虑为：监察机关和人民检察院、公安机关都是法定的调查、侦查机关，收集证据材料都必须符合刑事审判的要求和标准，按照法定程序收集并办理移交手续的各类证据材料具有合法性基础，因此经审查符合法定要求的，原则上均可以在刑事诉讼中作为证据使用。

2. 区别对待客观证据和言词证据

有管辖权的机关一般应当重新讯问被调查人（犯罪嫌疑人）、询问重要证人，并根据工作需要进一步补充完善证据。主要考虑为：一是《刑事诉讼法》第五十四条、《刑诉法解释》第七十五条、《人民检察院刑事诉讼规则》第六十四条仅对客观证据作出了特别规定，明确行政机关在行政执法和查办案件过程中收集的物证、书证、视听资料、电子数据等客观证据材料，在刑事诉讼中可以作为证据使用。《刑事诉讼法》和司法解释区分客观证据和言词证据的规定值得参考，从而实现刑事审判证据要求和标准的统一。在职能管辖错误的情况下，不仅涉及监察机关收集的证据材料的效力问题，还涉及公安机关、人民检察院收集的证据材料的效力问题，从平衡双向关系，从实现《监察法》和《刑事诉讼法》的有机衔接的角度看，也确有必要参照《刑事诉讼法》和相关司法解释的规定，区分客观证据和言词证据。二是言词证据材料具有可重复性，具备重新收集的客观条件。三是在推进以审判为中心的刑事诉讼制度改革背景下，有管辖权的机关重新收集言词证据材料特别是口供，确保言词证据材料连续一贯，符合刑事诉讼制度改革精神，同时也有利于防止被告人在庭审时翻供。

在工作中，对于“有管辖权的机关一般应当重新讯问被调查人（犯罪嫌疑人）、询问重要证人”的理解，要注意把握以下两点：一是这里的“一般应当”具有明确的倾向性要求，即有管辖权的机关原则上都应当讯问被调查人（犯罪嫌疑人）、询问证人，只有在被调查人（犯罪嫌疑人）、证人死亡或者不在境内等极其特殊的原因导致客观上不能进行讯问、询问时才不予讯问、询问。二是考虑在职务犯罪案件中证人证言对于定罪量刑的重要性，为确保案件质量，办案机关原则上应当对证人进行询问。对于个别证人，即使不属于“重要”证人，但根据工作需要，办案机关从补充完善证据的角度也宜对该证人进行重新询问。

3. 审判阶段的程序处理

由于一些案件性质认定、罪名适用发生变化，可能出现原办案机关对案件没有管辖权的情形，如监察机关以贪污罪立案，但最后认定为应由公安机关管辖的诈骗罪，或者以贪污罪立案，以职务侵占罪提起公诉，但最后认定为侵占罪，而侵占罪系自诉案件。对此，应区分两种情形分别处理。

（1）事实清楚，证据确实、充分的案件。人民法院应当直接以审理认定的罪名依法判决。主要考虑为：一是对于事实清楚、证据确实充分的案件，将案件退回重新启动调查（侦查）程序，既不利于提高办案效率，实际上就是为了走程序而走程序，缺乏实质意义，而且也会徒增被调查人（犯罪嫌疑人）的诉累。二是《刑诉法解释》第二百九十五条第一款第二项已有明确规定，即“起诉指控的事实清楚，证据确实、充分，但指控的罪名不当的，应当依据法律和审理认定的事实作出有罪判决”。当然，如果案件性质发生变化，导致案件由公诉案件转变为自诉案件的，则按照《刑诉法解释》第二百九十五条第一款第九项规定处理，即“属于告诉才处理的案件，应当裁定终止审理，并告知被害人有权提起自诉”。

（2）事实不清、证据不足的案件。对此，需要再区分两种情形分别处理。

一是如果经过补充侦查，达到了事实清楚、证据确实充分的程度，无论人民检察院是否变更起诉罪名，人民法院均应当依据法律和审理认定的事实作出判决。二是如果经过人民检察院补充侦查，仍不符合起诉条件的，人民法院应当与人民检察院协商，人民检察院可以依法撤回起诉。需要重新调查或者侦查的，人民检察院应当建议移送起诉机关将案件移送有管辖权的机关办理，并书面说明理由。

（四）互涉案件的证据共享

实践中反映，在监察机关和公安机关办理互涉案件时，受制于办案主体、调查（侦查）措施差异以及强制措施限制等多重因素，实践中出现两种情形：一是有的办案机关在办理互涉案件时考虑到保密问题，往往不许其他机关接触被调查人（犯罪嫌疑人），出现代为取证的问题。二是重复取证，影响了工作效率。对此应做如下处理。

1. 取证原则

监察机关和公安机关办理管辖互涉案件原则上应当依照职能管辖规定分别收集证据材料，并为对方收集证据材料提供协助和便利条件。主要考虑为：一是落实分工负责的要求，办案机关依职能分别取证，以此解决替代取证所导致的取证主体合法性问题。二是落实协作配合的要求，明确取证协助义务，以此解决一方不能取证而影响相关工作顺利进行的问题。

2. 证据共享

监察机关、公安机关、人民检察院在办理互涉案件时，一方可以从另一方调取已经收集的证据材料并注明证据材料的来源，由另一方加盖单位公章，经审查符合法定要求的，可以在刑事诉讼中作为证据使用。主要考虑为：实践中互涉案件不能全部做到并案移送审查起诉，一些案件需要分案处理，这在扫黑打伞类互涉案件中尤为突出。对于分案处理的互涉案件，证据材料大量存在交叉重叠的情形，要求监察机关和公安机关重复收集，既严重影响工作效率，且对于物证、书证等客观证据也不具有可行性。同时，《刑诉法解释》第八十三条、第八十四条规定，物证的复制品和书证的复制件，经与原物（原件）核对无误、经鉴定为真实或者以其他方式确认为真实的，可以作为定案的根据。需要强调的是，如前文所述，互涉案件中可以共享的证据材料主要是指物证、书证等客观证据。

（五）监察机关移送的证据材料

实践中反映，个别监察机关移送证据材料不规范、不全面，集中体现在自首、立功等量刑情节的证据材料的移送上。具体表现为：部分案件未随案移送被调查人自首、坦白、立功情节的情况说明；部分案件只对具有自首、坦白、立功的情节进行说明，而对不具有自首、坦白、立功的情节则不做说明；部分案件到案经过过于简单，线索来源、到案方式、调查前已掌握的事实、到案后主动交代等情况不详，缺少认定自首、坦白的原始材料；部分案件被告人在调查阶段检举揭发他人犯罪事实，但监察机关没有进行查证，或者查证后认为不构成立功但没有出具材料等。此外，一些案件的前期工作材料如与案件关联的人、事的处理情况，以及专家咨询、征求意见等材料未入卷随案移送，这不利于案件的统筹处理和前后工作的有效衔接。对此应做如下处理。

1. 全面移送证据材料

监察机关应当全面移送与定罪量刑有关的证据，不能选择性移送证据材料。在工作中，对于多次讯问产生的多份调查笔录，监察机关应当全部收集入卷并全部移送；未入卷的，应当出具书面说明。

2. 规范出具自首、立功等量刑材料

证明自首的证据材料一般包括被调查人被调查前监察机关已掌握被调查人涉嫌职务犯罪情况、线索、来源、初步核实情况、立案调查时间、被调查人到案具体时间、到案方式、到案后交代情况及查证情况等。立功证据材料一般应包括被调查人检举揭发材料及证明其来源的材料、监察机关的调查核实材料、被检举揭发人的供述等。被检举揭发案件已立案、侦破，被检举揭发人被采取调查措施、起诉或者审判的，还应提供相关的法律文书。

3. 一并移送相关材料

一是随案移送与案件关联的人、事的处理台账。主要考虑为：这不仅有利于人民检察院、人民法院全面了解案件情况，统筹关联案件办理进程，准确认定案件事实，确保关联案件被告人量刑平衡，也有利于从源头上解决补充调查过多过滥以及问题线索精准移送的问题。二是随案移送专家咨询、征求意见等工作材料。主要考虑是：随案移送相关咨询论证意见材料，有利于前后工作的有序衔接和相关工作成果的有效利用，促进职务犯罪案件办理的协同高效。

（六）同步录音录像的调取和使用

《监察法》第四十一条第二款规定，调查人员进行讯问以及搜查、查封、扣押等重要取证工作，应当对全过程进行录音录像，留存备查。对于这里规定的“留存备查”，实践中认识不同，做法不一，在人民检察院、人民法院向监察机关要求调取录音录像时，有的监察机关不同意调取；有的虽然同意调取，但不移送录音录像资料，只允许监察机关查阅录音录像。为了解决这一实践中的突出问题，《监察法实施条例》第五十六条第二款规定：“人民检察院、人民法院需要调取同步录音录像的，监察机关应当予以配合，经审批依法予以提供。”结合审判工作实际，依法调取录音录像应把握以下五点：

1. 调取条件

存在下列情形之一，人民检察院、人民法院经审查认为有必要的，可以商请监察机关调取讯问被调查人的同步录音录像：（1）犯罪嫌疑人、被告人或者辩护人提出犯罪嫌疑人、被告人供述系非法取得，并提供相关线索或者材料的；（2）犯罪嫌疑人、被告人或者辩护人提出讯问活动违反法定程序，并提供相关线索或者材料的；（3）犯罪嫌疑人、被告人或者辩护人提出讯问笔录内容不真实，并提供相关线索或者材料的；（4）人民检察院、人民法院认为讯问活动可能存在暴力、威胁等非法取证行为的。所谓“线索”是指内容具体、指向明确的涉嫌非法取证的人员、时间、地点、方式等。所谓“材料”是指能够反映非法取证的伤情照片、体检记录、医院病历、讯问笔录、讯问同步录音录像或者同监室人员的证言等。所谓“有必要”是指同步录音录像对于审查证据收集的合法性和被调查人供述的真实性是不可或缺、不可替代的。

2. 配合义务

人民检察院、人民法院在商请监察机关调取讯问被调查人的同步录音录像，对证据收集的合法性以及被调查人供述的真实性进行审查时，监察机关应当予以配合。强调“应当予以配合”，这是落实互相配合、互相制约原则的必然要求，是推进以审判为中心的刑事诉讼制度改革的必然要求，是执行《监察法》第三十三条第二款关于“监察机关在收集、固定、审查、运用证据时，应当与刑事审判关于证据的要求和标准相一致”的必然要求。

3. 调取机制

工作中，人民法院一般应当向人民检察院调取录音录像，而不直接向监察机关调取录音录像。主要考虑为：一是符合相关法律规定精神。《最高人民法院、最高人民检察院、公安部、国家安全部、司法部、全国人大常委会法制工作委员会关于实施刑事诉讼法若干问题的规定》第二十七条规定，在法庭审理过程中，人民法院可以根据辩护人的申请，向人民检察院调取未提交的证明被告人无罪或者罪轻的证据材料，也可以向人民检察院调取需要调查核实的证据材料。二是有利于充分发挥人民检察院的职责，促使公诉机关全面履行指控和证明犯罪的公诉职能。

4. 调取方式

同步录音录像是广义的证据材料。调取录音录像应当和调取其他证据材料一样，要将录音录像移送至人民检察院、人民法院，而不能通过在监察机关办公场所播放录音录像的方式替代移送。

5. 使用要求

监察机关的同步录音录像涉及案件调查工作的重要情况，有些还会涉及其他犯罪线索，需要严格保密。工作中，人民法院对于调取的同步录音录像要做好保密工作。具体包括：一是按照审判秘密的要求对调取的同步录音录像采取保密措施。二是要求查阅同步录音录像的辩护人签署保密承诺书。三是辩护人可以查阅同步录音录像，但不能复制录音录像。四是涉及国家秘密、商业秘密、个人隐私或者含有其他不宜公开内容的，应在法庭组成人员、公诉人、调查人员、被告人及其辩护人范围内播放。这与《刑诉法解释》第一百三十五条第二款关于“讯问录音录像涉及国家秘密、商业秘密、个人隐私或者其他不宜公开内容的，法庭可以决定对讯问录音录像不公开播放、质证”的规定精神是一致的。五是因涉密人民检察院对同步录音录像的相关内容进行技术处理的，应当要求公诉人向法庭作出说明。六是案件审结后，人民法院应当及时将调取的同步录音录像退回。

（七）调查人员出庭说明情况

《刑事诉讼法》第五十九条第二款对“侦查人员和其他人员”出庭说明情况作出了规定。实践中反映，在职务犯罪案件中，调查人员很少出庭说明情况。为解决这一突出问题，《监察法实施条例》第二百二十九条第二款规定：“人民法院在审判过程中就证据收集合法性问题要求有关调查人员出庭说明情况时，监察机关应当依法予以配合。”结合审判工作实际，通知调查人员出庭说明情况应注意把握以下三点：

1. 启动条件

要把调查人员出庭说明情况作为审查证据合法性的最后手段，只有在现有证据材料不能证明证据收集的合法性的情况下，才启动调查人员出庭说明情况程序。具体做法上人民法院要和监察机关先行沟通，结合案件具体情况向监察机关说明调查人员出庭说明的必要性。这既符合办案机关相互配合、相互制约原则的要求，从我国政治制度安排的实际情况出发，又有利于稳妥有序地推动此项制度逐步完善。

2. 配合义务

人民法院通知调查人员出庭说明情况，监察机关原则上应当依法予以配合。实践中，考虑到此项工作刚刚起步，且较为复杂敏感，为稳妥有序地推进调查人员出庭说明情况，应充分发挥好庭前会议的作用。能在庭前会议上解决的，就尽可能在庭前会议上解决；能通知调查人员参加庭前会议说明情况的，尽可能不推延到庭审中。

3. 启动方式

根据《刑事诉讼法》第五十九条的规定，调查人员出庭说明情况，有三种启动方式：一是人民检察院提请人民法院通知调查人员出庭。二是人民法院依职权通知调查人员出庭。三是调查人员主动要求出庭说明情况。实践中，如果被告人及其辩护人向人民法院申请调查人员出庭说明情况，人民法院依据《刑诉法解释》第一百三十六条第一款的规定进行审查后，可以通知调查人员出庭说明情况。该种情形可以视为人民法院依职权启动的一种情形。

（八）非法证据排除

《监察法》仅有一款规定了非法证据排除，即第三十三条第三款规定，

"以非法方法收集的证据应当依法予以排除，不得作为案件处置的依据"。实践中反映，该规定过于笼统，对于非法证据的判断标准、排除程序、证明责任和证明标准等问题存在不同认识，同时，在《刑事诉讼法》和相关规范性文件中关于非法证据排除规则能否直接适用监察机关收集的证据也存在不同意见。《监察法实施条例》第六十四条至第六十六条对此作出了细化规定，其中第六十五条是核心条款。第六十五条第一款规定："对于调查人员采用暴力、威胁以及非法限制人身自由等非法方法收集的被调查人供述、证人证言、被害人陈述，应当依法予以排除。"第二款规定："前款所称暴力的方法，是指采用殴打、违法使用戒具等方法或者变相肉刑的恶劣手段，使人遭受难以忍受的痛苦而违背意愿作出供述、证言、陈述；威胁的方法，是指采用以暴力或者严重损害本人及其近亲属合法权益等进行威胁的方法，使人遭受难以忍受的痛苦而违背意愿作出供述、证言、陈述。"第三款规定："收集物证、书证不符合法定程序，可能严重影响案件公正处理的，应当予以补正或者作出合理解释；不能补正或者作出合理解释的，对该证据应当予以排除。"对于非法证据排除问题，实践中需要重点把握以下三点：

1. 衔接问题

《监察法实施条例》第六十五条与《刑事诉讼法》第五十六条虽然在立法技术上略有区别，但在非法证据排除规则和核心要义等方面完全一致，可以说是规则相同、精神一致。这确保了监察执法和刑事司法在非法证据排除方面实现了无缝衔接。

2. 法律依据

非法证据排除程序涉及面很广，非法证据排除的规则，除了《刑事诉讼法》外，还包括《最高人民法院、最高人民检察院、公安部、国家安全部、司法部、全国人大常委会法制工作委员会关于实施刑事诉讼法若干问题的规定》《最高人民法院、最高人民检察院、公安部、国家安全部、司法部关于办理刑事案件排除非法证据若干问题的规定》《最高人民法院、最高人民检察院、公安部、国家安全部、司法部关于办理刑事案件严格排除非法证据若干问题的规定》《刑诉法解释》《人民法院办理刑事案件排除非法证据规程（试行）》等规范性文件，实践中要一并适用，以解决监察法规关于非法证据认定标准、证明责任和审查程序不够明确的问题。

3. 准确适用

对于符合《监察法》和《刑事诉讼法》规定的非法证据，要坚决依法予以排除，决不妥协让步，确保案件经得起历史、法律的检验。同时，也不能走向另一个极端，不区分情况，机械司法。对于非法言词证据，要着重注意把握暴力、威胁的程度要求，准确区分非法取证与取证不规范的情形，避免不考虑程度上的要求而将所有采用此类方法收集的证据一律作为非法证据予以排除。对于采取非法搜查、扣押等方法收集的客观证据，应当综合考虑收集证据违反法定程序以及所造成后果的严重程度等情况，决定是否予以排除。在制止犯罪、实施抓捕、避免证据灭失等紧急情况下，未经依法批准，采用搜查、扣押等措施收集物证、书证，在作出补正或合理解释后，有关实物证据可以作为证据使用。

四、审判中的衔接适用

（一）补充侦查

《监察法》仅规定了人民检察院审查起诉期间的补查，对于人民法院审判期间的补查问题未做规定。实践中反映，对于职务犯罪案件，在审判期间人民法院能否适用《刑事诉讼法》和有关司法解释的规定建议补充侦查，存在不同看法。同时，个别办案机关对待人民法院的补查建议较为消极，补查时间过长，在一定程度上影响了人民法院审理案件的质量和效率。对此应做如下处理：

1. 补充侦查事由

被告人提出新的立功线索，或者经审理认为犯罪事实不清、证据不足的，人民法院可以建议人民检察院补充侦查。主要考虑为：一是《刑诉法解释》第二百七十七条第二款明确规定："审判期间，被告人提出新的立功线索的，人民法院可以建议人民检察院补充侦查。"二是在审判期间补查和在审查起诉期间补查性质相同，审判期间补查事由应与审查起诉期间补查事由协调一致。考虑到《最高人民检察院、公安部关于加强和规范补充侦查工作的指导意见》第六条明确将"事实不清、证据不足"作为补充侦查的事由，故也将"事实不清、证据不足"作为审判阶段人民法院建议补充侦查的事由。

2. 对接机制

人民法院建议人民检察院补充侦查的，应当制作补充侦查建议书并附补证提纲。补证提纲一般应包括：（1）阐明补充侦查的理由，包括案件事实不清、证据不足的具体表现和问题。（2）阐明补充侦查的方向和取证目的。（3）明确需要补充侦查的具体事项和需要补充侦查的证据目录。（4）明确补充、完善证据需要达到的标准和必要要素。（5）其他需要说明的问题。

3. 配合义务

人民检察院在收到人民法院补充侦查建议书后，可以自行补充侦查，必要时可以商请监察机关提供协助，也可以书面商请监察机关补充提供证据。需要强调的是，这里的“既可以”“也可以”，不是指可以补充侦查也可以不补充侦查，而是指在两种补充侦查方式中必选其一。换言之，人民法院补充侦查建议具有刚性约束力，人民检察院在收到人民法院补充侦查建议书时，应当进行补充侦查，如何进行补充侦查由人民检察院根据案件具体情况自主选择。

为确保审判阶段补查工作顺利进行，《监察法实施条例》从规范监察机关工作的角度，对监察机关提出了明确要求。《监察法实施条例》第二百二十九条第一款规定：“在案件审判过程中，人民检察院书面要求监察机关补充提供证据，对证据进行补正、解释，或者协助人民检察院补充侦查的，监察机关应当予以配合。监察机关不能提供有关证据材料的，应当书面说明情况。”该规定强调监察机关“应当予以配合”，确立了刚性约束，为解决审判阶段补查难题提供了有力的制度保障。在审判工作中，要用足用好已有规定，善于把制度优势转化为审判效能。

4. 补充侦查后的处理

在补充侦查期限届满后，人民检察院未将补充的证据材料移送人民法院的，人民法院可以根据在案证据作出判决、裁定。其中，被告人提出立功线索的，相关机关在开庭审理前尚无查证结果的，应对立功线索的查证情况出具书面客观性说明，人民法院可以根据查明的案件事实依法做出裁判。相关立功线索查处结果可以作为对其减刑、假释的参考依据。这是基于办案工作实际，为避免案件久拖不决而提出的一种变通方法。主要考虑为：一方面，立功线索属于案外情节，不影响案件基本事实的认定。另一方面，将之明确为对被告人减刑、假释的参考依据，有利于鼓励立功，在刑罚执行环节落实好宽严相济的刑事政策，有利于做好被告人认罪服法工作。

（二）调查核实证据

实践中反映，对于监察机关调查的案件，证据调查核实工作目前缺乏明确的程序规范，应当向谁提出以及如何提出等问题，不同地方做法不同，有的向人民检察院提出，有的直接向监察机关提出；有的出具书面函件，有的电话沟通，这在一定程度上影响了相关工作的有序开展和实际效果。对此应做如下处理：在审理过程中，人民法院可以根据被告人、辩护人的申请向人民检察院调取未提交的证明被告人无罪或者罪轻的证据材料，也可以依职权向人民检察院调取需要调查核实的证据材料，人民检察院应当及时移交；对于需要监察机关提供的证据材料，人民检察院应当向监察机关出具调取证据材料函，监察机关应当及时移交。不能提供上述证据材料的，监察机关、人民检察院应当书面说明情况。主要考虑是：对于调取证据问题，相关司法文件已有较为明确的规定，如《最高人民法院、最高人民检察院、公安部、国家安全部、司法部、全国人大常委会法制工作委员会关于实施刑事诉讼法若干问题的规定》第二十七条规定，在法庭审理过程中，人民法院可以根据辩护人的申请，向人民检察院调取未提交的证明被告人无罪或者罪轻的证据材料，也可以向人民检察院调取需要调查核实的证据材料。公安机关、人民检察院应当自收到要求调取证据材料决定书后3日内移交。

对此，需要强调以下四点：一是人民法院可以根据申请，也可以依职权调取相关证据材料。二是人民法院调取需要调查核实的证据材料，应当向人民检察院提出。需要向监察机关调取的，也应当通过人民检察院向监察机关提出，人民法院不宜直接向监察机关调取。主要考虑这既有利于确保调查核实证据工作规范有序进行，也符合司法惯例。三是监察机关、人民检察院不能提供需要调取的证据材料的，应当出具书面情况说明。这是确保人民法院依法履行调查核实证据职权的重要保障，对于增进此项工作的严肃性、规范性和实效性具有重要意义。四是处理好补充侦查建议和调取证据的关系。考虑到人民法院补充侦查建议具有刚性约束力，一旦人民法院提出补充侦查建议，人民检察院就要启动补充侦查程序，故应慎重适用。对于能够通过调取证据的方式解决的事实证据问题，原则上通过调取证据的方式解决，以此提高工作效率。

（三）缺席审判

《刑事诉讼法》第五编第三章专门规定了缺席审判程序。我国的缺席审判程序包括以下三种情形：一是犯罪嫌疑人、被告人在境外的贪污贿赂、严重危害国家安全、恐怖活动犯罪案件。二是被告人患有严重疾病无法出庭受审的案件。三是被告人死亡，但有证据证明被告人无罪的案件。与职务犯罪案件审判工作直接相关的是第一种情形。《刑事诉讼法》第二百九十一条第一款规定："对于贪污贿赂犯罪案件，以及需要及时进行审判，经最高人民检察院核准的严重危害国家安全犯罪、恐怖活动犯罪案件，犯罪嫌疑人、被告人在境外，监察机关、公安机关移送起诉，人民检察院认为犯罪事实已经查清，证据确实、充分，依法应当追究刑事责任的，可以向人民法院提起公诉。人民法院进行审查后，对于起诉书中有明确的指控犯罪事实，符合缺席审判程序适用条件的，应当决定开庭审判。"实践中反映，缺席审判作为一项新的诉讼程序，希望能予以进一步作出细化规定。对此，虽然《刑诉法解释》规定了缺席审判程序中的一些问题，但实践中仍面临许多问题需要进一步探索完善，考虑到最高人民法院已启动缺席审判程序专门司法解释的起草工作，这里仅对缺席审判的文书送达明确如下初步处理意见：

一是监察机关在移送审查起诉前应当查明被调查人的境外实际居住地、联系方式等情况。主要考虑为：《刑事诉讼法》第二百九十二条规定，在缺席审判案件开庭审理之前必须将起诉书副本等法律文书送达被告人。由此可见，法律文书送达是缺席审判程序适用中的关键一环，在某种意义上，没有送达即没有缺席审判。如果被调查人在国外，那么查明被调查人的境外实际居住地、联系方式等情况是文书送达的前提条件，故监察机关必须在移送起诉前查明被调查人的境外实际居住地、联系方式等情况。

二是监察机关在移送审查起诉前应当确定送达方式。主要考虑为：《刑事诉讼法》第二百九十二条规定了以有关国际条约规定的方式或外交途径提出的司法协助方式，被告人所在地法律允许的方式等文书送达方式。在具体操作过程中，上述送达方式都可能遇到困难。例如，通过条约规定的方式送达，受制于我国与其他国家签订的刑事司法协助条约关于送达范围的规定；通过外交途径方式送达，受制于我国与相关国家外交关系的现实状况；通过被告人所在地法律允许的方式送达，不仅需要对被告人所在地的法律规定、实践做法进行研究，还需要国内外机构的协作配合。同时，文书送达不仅是一个单纯的法律适用问题，还涉及国家外交、国际影响等一系列问题，故有必要在调查阶段结合案件具体情况进行研判并确定具体的送达方式。

五、从宽处罚建议的适用

《监察法》第三十一条和第三十二条规定了从宽处罚建议制度。《监察法》第三十一条规定："涉嫌职务犯罪的被调查人主动认罪认罚，有下列情形之一的，监察机关经领导人员集体研究，并报上一级监察机关批准，可以在移送人民检察院时提出从宽处罚的建议：（一）自动投案，真诚悔罪悔过的；（二）积极配合调查工作，如实供述监察机关还未掌握的违法犯罪行为的；（三）积极退赃，减少损失的；（四）具有重大立功表现或者案件涉及国家重大利益等情形的。"第三十二条规定："职务违法犯罪的涉案人员揭发有关被调查人职务违法犯罪行为，查证属实的，或者提供重要线索，有助于调查其他案件的，监察机关经领导人员集体研究，并报上一级监察机关批准，可以在移送人民检察院时提出从宽处罚的建议。"对于《监察法》规定的从宽处罚建议制度，涉及适用条件、建议类型、提出方式、与刑事审判工作的关系等主要问题。

（一）从宽处罚建议的适用条件

实践中反映，对于被调查人、涉案人符合《监察法》第三十一条和第三十二条规定的，监察机关是否一律提出适用从宽处罚意见，有不同看法。有的认为以《监察法》规定为依据，只要符合法定条件，就要提出从宽处罚建议。有的则认为，从宽处罚建议应当从严把握。对此应做如下处理：

监察机关提出从宽处罚建议是一项法律性和政策性都很强的工作，不能简单以是否具有《监察法》第三十一条或者第三十二条规定的情形作为唯一判断标准。主要考虑为：一是从背景情况来看，从宽处罚建议是在中央要求"一以贯之、坚定不移全面从严治党"、"把'严'的主基调长期坚持下去"、深入推进反腐败斗争的大背景下形成的制度，从严把握是从宽处罚建议内在的基因。二是从性质上看，监察机关在研究提出从宽处罚建议时，首要原则是坚持党的领导，这就决定了从宽处罚建议不是简单的法律问题，而是具有鲜明的政治属性，具有很强的政策性。三是从程序上看，监察机关所提出的从宽处罚建议要经本级监察机关领导人员集体研究，并报上一级监察机关批准，在适用程序上非常严格。四是从《监察法》规定来看，《监察法》第三十一条和第三十二条均规定“可以”提出从宽处罚建议，而非“应当”提出从宽处罚建议。因此，监察机关在提出从宽处罚建议时，既要从法律上审核被调查人、涉案人是否具有从宽处罚的法定情形，更要对照全面从严治党的战略部署，根据政治效果、纪法效果和社会效果相统一原则，从政治和全局上进行研判，综合分析本人的态度、当地政治生态、社会影响、危害后果等情形，统筹考虑全案情况，综合判断是否提出从宽处罚建议。

（二）从宽处罚建议的提出

实践中反映，《监察法》关于从宽处罚建议的规定比较原则，监察机关如何提出从宽处罚建议需要明确，从宽处罚建议的类型、表述方式、提出时间等最好予以细化。对此应做如下处理：

1. 建议类型

从宽处罚建议包括三种类型，即建议从轻处罚、建议减轻处罚和建议免除处罚。由于《监察法》第三十一条和第三十二条并没有规定独立的从宽处罚事由，监察机关建议减轻处罚或者免除处罚，必须以被调查人、涉案人员具有刑事法律规定的减轻处罚或者免除处罚的情节。例如，如果被调查人没有自首、立功等法定减轻处罚情节，监察机关则不能提出减轻处罚建议。

2. 表述方式

监察机关提出从宽处罚建议的，原则上要根据案件具体情况明确从宽处罚建议的具体类型，从而更加精准地体现监察机关的意见。例如，对于具有自首情节的被调查人，可以根据案件具体情况明确表述为“建议从轻处罚”或者“建议减轻处罚”。同时，考虑到案件的复杂性，结合个案情况，不明确表述从宽处罚建议具体类型，更有利于案件处理，更有利于取得良好的社会效果。在此，监察机关可以概括表述为“建议从宽处罚”，此种情况下，人民法院要立足全案事实，着眼于法律效果和社会效果的有机统一，全面把握、准确评价罪轻罪重情节，实现精准量刑。

3. 提出时间

监察机关提出从宽处罚建议的，一般应当在移送案件时作为起诉意见书的内容一并提出，特殊情况下也可以在案件移送后、人民检察院提起公诉前，单独形成从宽处罚建议书移送人民检察院。在案件进入审判阶段后，即使监察机关经研究认为存在从宽处罚情节的，也不再提出从宽处罚建议，而由监察机关将相关量刑情节书面向司法机关客观反映，由人民法院依法裁判。

4. 事实依据

监察机关提出从宽处罚建议应以事实为依据。从宽处罚建议无论是在起诉意见书中提出，还是在单独的从宽处罚建议书中提出，监察机关都不能仅仅提出从宽处罚的结论，还要写明被调查人主动认罪认罚情况，客观表述量刑情节，并将从宽处罚建议所依据的证据材料一并移送人民检察院。相应地，在人民检察院提起公诉时，应当将监察机关从宽处罚建议文书以及证据材料一并随案移送人民法院，以便人民法院审查认定。

（三）从宽处罚建议与刑事审判工作

2019 年 10 月，最高人民法院、最高人民检察院、公安部、国家安全部、司法部联合发布的《关于适用认罪认罚从宽制度的指导意见》主要规范的是公、检、法三机关办案，适用主体不包括监察机关。因此，从宽处罚建议制度和认罪认罚从宽制度是何种关系，监察机关的从宽处罚建议对人民法院量刑有何影响，需要予以明确。对此应做如下处理。

1. 从宽处罚建议与认罪认罚从宽制度的关系

（1）从宽处罚建议不同于认罪认罚从宽制度。《监察法》规定了从宽处罚建议制度，《刑事诉讼法》规定了认罪认罚从宽制度。两种制度在“认罪认罚可以从宽处罚”的立法精神和处置政策方面具有一致性，但两种制度在适用的对象、范围、条件、程序和法律效果上均有一定的差异，不能简单等同。监察机关依照《监察法》的规定提出从宽处罚建议，不适用《关于适用认罪认罚从宽制度的指导意见》。

（2）认罪认罚从宽制度独立于从宽处罚建议制度。两者之间不是一一对应的关系，是否适用认罪认罚从宽制度由司法机关审查后综合考虑相关情况依法决定。一是监察机关提出从宽处罚建议的，经司法机关审查后，认为可以适用认罪认罚从宽制度的，在履行相关法律程序后依法提出从宽处罚建议或在判决中依法从宽处罚。经司法机关审查后，认为不符合认罪认罚从宽制度适用条件或者不宜适用认罪认罚从宽制度的，可以不适用认罪认罚从宽制度，但应当在量刑建议或刑罚裁量中充分考虑监察机关提出的从宽处罚建议及所依据的量刑情节依法处理。二是监察机关未提出从宽处罚建议的，司法机关适用认罪认罚从宽制度应当慎重，宜听取监察机关的意见。主要考虑为：第一，《关于适用认罪认罚从宽制度的指导意见》第一条即明确“落实认罪认罚从宽制度，应当根据犯罪的具体情况，区分案件性质、情节和对社会的危害程度，实行区别对待……”认罪认罚从宽制度是“可以”适用而不是一律适用，是否适用很大程度上取决于能否取得良好的办案效果。在“全面从严治党”的政策背景下，对于职务犯罪案件原则上要在准确评估办案效果的基础上慎重适用认罪认罚从宽制度。第二，监察机关提出从宽处罚建议是法律性和政策性都很强的工作，监察机关不仅要考虑是否符合《监察法》的规定，更要从政治和全局上进行研判。被调查人、涉案人员符合法定从宽处罚条件，监察机关却未提出从宽处罚建议的，监察机关通常有特殊的政策考量。在此情形下，司法机关听取监察机关意见更有利于实现良好的办案效果。

2. 从宽处罚建议和量刑的关系

（1）对监察机关提出的从宽处罚建议及相关证据，人民法院应当依法进行审查。这是落实《监察法》关于监察机关与司法机关互相配合、互相制约原则的必然要求，是将监察机关提出从宽处罚建议工作纳入法治化轨道的重要举措。监察机关从宽处罚建议的本质属性是“建议”，在刑事诉讼中要接受司法机关的审查。工作中，人民法院要切实履行宪法法律赋予的审判职责，勇于担当，依法审查，切实做到守土有责，守土尽责。

（2）审查后，应区分情况分别处理：

一是人民法院认为监察机关的从宽处罚建议符合法定情形的，应当采纳。由于监察机关的从宽处罚建议即使明确表述为建议从轻处罚、建议减轻处罚、建议免除处罚，也是非常概括的，人民法院要根据案件具体情形确定从宽的具体幅度进而精准量刑。根据《关于适用认罪认罚从宽制度的指导意见》的精神，对在调查、审查起诉、审判等不同阶段认罪认罚的，从宽量刑幅度应当有所区别，以此激励被调查人尽早认罪认罚。具体为：主动认罪优于被动认罪，早认罪优于晚认罪，彻底认罪优于不彻底认罪，稳定认罪优于不稳定认罪。被调查人在调查阶段认罪认罚、监察机关提出从宽处罚建议的，对其从宽量刑的幅度一般应当大于在刑事诉讼阶段才认罪认罚的量刑幅度。监察机关对被调查人或涉案人提出从宽处罚建议的，对其从宽量刑的幅度一般应当大于监察机关仅客观表述量刑情节的量刑幅度。

二是人民法院认为监察机关的从宽处罚建议不符合法定情形拟不采纳的，宜在听取监察机关意见后根据查明的事实依法量刑。主要考虑为：第一，人民法院不采纳监察机关从宽处罚建议，裁判结果对被告人不利，从尊重和保障人权、维护被告人合法权益的角度来看，人民法院宜听取监察机关的意见。第二，监察机关负责职务犯罪案件的调查工作，不但掌握着案件第一手材料，而且掌握案件情况较为全面，听取监察机关的意见有利于人民法院查清案件事实准确量刑。

三是监察机关对具有《监察法》第三十一条和第三十二条规定情形的被调查人、涉案人员，仅仅在起诉意见书中写明被调查人主动认罪认罚情况，并客观表述量刑情节，没有提出从宽处罚意见的，不影响人民法院根据案件事实证据依法认定自首、立功等量刑情节。同时，人民法院宜充分考虑监察机关未提出从宽处罚建议的客观情况，根据犯罪的事实、性质、情节和对社会的危害程度，准确把握从宽的幅度，实现政治效果、法律效果和社会效果的有机统一。

四是在审判阶段出现了新的从宽或者从严情节的，人民法院应当及时和监察机关沟通。主要考虑为：第一，可能影响监察机关提出的从宽处罚建议。例如，被告人翻供，不符合“真诚悔罪悔过”的条件，不排除监察机关撤销从宽处罚建议的可能。第二，需要监察机关配合做好相关工作。例如，被告人提出新的立功线索，需要监察机关进行核查。经沟通，人民法院根据了解的情况和最终审理查明的事实和情节依法量刑。

六、涉案财物的处置

涉案财物的处置是职务犯罪案件办理工作的重要组成部分。涉案财物的正确处置，直接关系被告人退赃情节认定、具体量刑和涉案财物的判决、执行，在一些情况下还影响到案件事实的认定。就监察执法和刑事审判衔接而言，重点是涉案财物的追缴、移送和价格认定等问题。

（一）涉案财物的追缴

实践中反映，个别地方对涉案财物追缴工作不够重视，具体表现为以下几个方面：一是对涉案财物扣押、追缴不彻底。二是对涉案特定款物的权属性质调查不到位，对扣押财物的来源、是否赃款购买、赃款赃物是否产生孳息的调查取证不够，致使审理阶段在扣押的涉案财物性质认定和处理上存在争议。三是被调查人、犯罪嫌疑人、被告人亲友代为退赃如何处理，各地做法不统一。对此应做如下处理：

1. 查明并全面查封、扣压、冻结涉案财物

一是监察机关应当查明涉案财物的权属、来源、去向、收益以及与违法犯罪事实的关系等情况。所谓“查明”是指涉案财物的权属和来龙去脉。通过调查做到清晰明了，不存在模棱两可、模糊不清的地方。二是及时、全面、准确地予以查封、扣押或者冻结。其中，“全面”是指涉案财物都应查封、扣押、冻结，不能遗漏。对于一些案件被告人在案发前已将赃款退还行贿人或者赠予特定关系人的，监察机关应当查封、扣压、冻结行贿人、特定关系人的相关财产。对于以房产贿赂的，要查封、扣压、冻结房产，而不能仅查封、扣压、冻结收受房产当时的价格折算的现金。

2. 全面追缴犯罪所得

犯罪分子犯罪所得的一切财物及其收益都应当追缴。一是追缴犯罪所得应以追缴原物为原则。二是原物已经转化为其他财物的，应当追缴转化后的财物。犯罪所得与其他合法财产共同转化为其他财物的，应当按照《最高人民法院关于刑事裁判涉财产部分执行的若干规定》第十条规定，追缴与犯罪分子犯罪所得对应的份额及其收益。三是有证据证明依法应当追缴、没收的涉案财物无法找到、被他人善意取得、价值灭失减损或者与其他合法财产混合且不可分割的，可以追缴、没收其他等值财产。

3. 代为退赃、退赔

被调查人、犯罪嫌疑人、被告人的亲友代为退赃、退赔的，可以视为本人主动上交或者退赔，并作为从轻或者减轻处罚的情节予以考虑。代为退赃、退赔应当具备三个条件：一是前提条件，被调查人、犯罪嫌疑人、被告人没有实际的退赃、退赔能力。二是自愿条件，被调查人、犯罪嫌疑人、被告人的亲友要出于自愿代为退赃、退赔。三是态度条件，亲友代为退赃、退赔，得到被调查人、犯罪嫌疑人、被告人同意，体现其主观上具备积极退赃的意图。

（二）涉案财物的移送

实践中反映，监察机关向司法机关移送涉案财物是移送财物清单还是移送实物，各地做法不一。为解决这一突出问题，《监察法实施条例》第二百零八条第一款规定："对查封、扣押、冻结的涉嫌职务犯罪所得财物及孳息应当妥善保管，并制作《移送司法机关涉案财物清单》随案移送人民检察院。对作为证据使用的实物应当随案移送；对不宜移送的，应当将清单、照片和其他证明文件随案移送。"据此，涉案财物移送可从三个层次予以把握：首先是原则上清单移送；其次是例外规定，即作为证据使用的原则上实物移送；最后是例外的例外，虽然作为证据使用，但不宜实物移送的则清单移送。需要说明的是，目前，一些地方已经建立了涉案财物信息管理系统，涉案财物放在专门场所统一管理，实现了涉案财物"一体化"管理、"换押式"移交、"规范化"处置，效果良好，是涉案财物管理改革的方向。因此，已建立涉案财物集中管理机制和统一保管平台的，应当将有关涉案财物纳入该平台统一保管和处置。

（三）涉案财物的价格认定

实践中反映，有的案件未对涉案财物进行价格认定和真伪鉴定，影响了案件的办理工作。为解决这一突出问题，《监察法实施条例》第二百零八条第二款规定："对于移送人民检察院的涉案财物，价值不明的，应当在移送起诉前委托进行价格认定。在价格认定过程中，需要对涉案财物先行作出真伪鉴定或者出具技术、质量检测报告的，应当委托有关鉴定机构或者检测机构进行真伪鉴定或者技术、质量检测。"

1. 价格认定

《监察法实施条例》强调应当对价值不明的涉案财物进行价格认定，主要考虑为：涉案财物价值不明，属于案件基本事实不清，达不到移送起诉的标准，所以要求监察机关“应当”在移送起诉前，通过向价格认证机构提出价格认定的方式，解决涉案财物价值不明的问题。此外，结合职务犯罪审判工作实际，鉴于珠宝、玉石、字画、手表、贵重金属等特定财物价值通常较大，是影响量刑的重要因素，故一般应当进行价格认定，但是购买票据齐全，能够有效证明收受财物当时的真实价格，行受贿双方无异议的，不作价格认定。

2. 真伪鉴定、技术质量检测

《监察法实施条例》强调进行真伪鉴定或技术、质量检测。主要考虑为：从办案实践情况来看，犯罪对象是赝品的情况并不鲜见，特别是对于珠宝、玉石、字画、手表、贵重金属等特定财物，真伪鉴定是价格认定的前提。价格认定部门既无能力也无资格对特定物品的真伪情况进行鉴定。故为保证价格认定工作顺利进行，监察机关“应当”委托有关鉴定机构或检测机构进行真伪鉴定或技术、质量检测。

（四）涉案财物的优先追缴

实践中，在被调查人违纪违法所得与犯罪所得混合，且查扣的涉案财物不能完全满足追缴违法所得与犯罪所得的情况下，对如何处置涉案财物存在较大争议。有的认为，应按照“纪在法前”的精神，优先保障违纪违法款的收缴，避免出现在被调查人被开除党籍、开除公职后无法追缴其违纪违法款的问题。有的认为，被调查人积极退赃、退赔系量刑情节，是否足额退缴犯罪所得对于量刑具有实质意义，应当将涉案财物优先移送司法机关。对此，可区分两种情况处理：

1. 对于涉案财物性质明确的，应当依据相关证据确定是被调查人违法所得或者犯罪所得，并分别由监察机关或司法机关依法处置。因此，人民法院对于被告人违规收受的礼金、违规从事营利性活动的收益等违纪违法所得及其收益，应当将这部分涉案财物退回监察机关依法处理。同时，要避免用违法所得抵扣犯罪所得的错误做法。主要考虑为：一是从法律规定上看，用违法所得抵扣犯罪所得缺乏法律依据。二是从法理上看，违法所得由违法行为形成，犯罪所得由犯罪行为形成，两者分属不同的法律关系，由不同的法律调整，进行抵扣缺乏理论支撑。三是从结果上看，如果用职务违法所得抵扣职务犯罪所得，实际上模糊了监察权和司法权的界限，似不完全符合职权法定的法治原则。

2. 在被告人财产不足以全部追缴职务违法所得和职务犯罪所得，且相关财产属于违法所得还是犯罪所得难以区分时，宜优先移送司法机关作为职务犯罪所得予以追缴。主要考虑为：一是犯罪是严重的违法行为，相对于违法行为而言，犯罪行为对社会造成的危害和影响更大，从区分轻重缓急的常理出发，应当首先修复被职务犯罪行为破坏的法律关系、经济关系和社会秩序，优先追缴职务犯罪所得。二是刑罚是最严厉的法律制裁手段。对于既违法又犯罪的人而言，犯罪所得追缴情况是影响定罪量刑的重要法定条件，优先追缴犯罪所得，更有利于做被调查人工作，更有利于从整体上取得良好办案效果。三是根据《最高人民法院关于办理减刑、假释案件具体应用法律的规定》《最高人民法院关于办理减刑、假释案件具体应用法律的补充规定》的相关规定，对于已服刑的罪犯，犯罪所得退缴情况是影响对其减刑、假释的重要条件，与改造罪犯密切相关。

七、追诉时效的适用

实践中反映，《刑法》规定的在立案侦查后逃避侦查不受追诉期限的限制等，是否适用于监察机关立案调查的案件，希望予以明确。

对此，在立法作出修改完善之前可做如下处理：监察机关立案调查案件的追诉时效，适用《刑法》第八十七条至第八十九条的规定。具体包括以下内容：一是时效的期限应遵循《刑法》第八十七条的规定，即法定最高刑为不满 5 年有期徒刑的，经过 5 年；法定最高刑为 5 年以上不满 10 年有期徒刑的，经过 10 年；法定最高刑为 10 年以上有期徒刑的，经过 15 年；法定最高刑为无期徒刑、死刑的，经过 20 年；如果 20 年以后认为必须追诉的，须报请最高人民检察院核准。二是在监察机关立案调查以后，逃避调查的，不受追诉期限的限制。三是被害人在追诉期限内提出控告，监察机关应当立案而不予立案的，不受追诉期限的限制。四是追诉期限从犯罪之日起计算，在追诉期限以内又犯罪的，前罪追诉的期限从犯后罪之日起计算。

非法经营同类营业罪若干问题研究

非法经营同类营业罪源于1994年《公司法》规定的“竞业禁止”义务。1997年《刑法》第一百六十五条规定，国有公司、企业的董事、经理利用职务便利，自己经营或者为他人经营与其所任职公司、企业同类的营业，获取非法利益，数额巨大的，处三年以下有期徒刑或者拘役，并处或者单处罚金；数额特别巨大的，处三年以上七年以下有期徒刑，并处罚金。本罪旨在打击国有公司、企业的董事、经理违反竞业禁止义务，利用职务便利经营与其所任职公司同类的营业，获取非法利益，抢占、损害国有公司利益，扰乱市场秩序的行为。

由于非法经营同类营业罪在犯罪主体、客观行为、此罪与彼罪的界限等方面存在较大争议，司法实践中该罪的适用率较低。为准确适用本罪，有效规范公司、企业管理秩序，现就非法经营同类营业罪若干重点问题做一初步研究。

一、本罪主体认定的相关问题

《刑法》第一百六十五条规定本罪的主体是国有公司、企业的董事、经理。实践中，主要有两个方面的争议：

（一）国家出资企业的董事、经理能否成为本罪的犯罪主体

司法实践中存在两种不同观点：

第一种观点认为，非法经营同类营业罪的犯罪主体既包括国有独资公司、企业的董事、经理，也包括系国家工作人员的国有控股、参股公司、企业的董事、经理。

第二种观点认为，国家出资企业的董事、经理虽然根据有关司法解释规定可以被认定为国有公司、企业人员甚至国家工作人员。但“以国有公司、

企业人员论”或者“以国家工作人员论”，加上担任董事、经理职务，不能等同于“国有公司、企业的董事、经理”。因为其国有公司、企业人员的身份本身就是法律拟制，对于法律拟制应当严格解释。法律明确规定对其“以国有公司、企业人员论”，但并未规定对其“以国有公司、企业的董事、经理论”。对本罪主体范围的扩张有违背罪刑法定原则之嫌，如果要扩张本罪的主体范围，应当通过立法的方式对本罪进行修订。

对此，我们倾向第一种观点。主要考虑是：随着我国经济体制改革的深入推进和市场经济体制的不断完善，国有经济体更多地以国有控股、参股公司、企业的形式出现。为了顺应经济社会发展，刑法意义上国有公司、企业虽然限于国有独资公司、企业，但国有公司、企业人员的外延有所扩大。《关于如何认定国有控股、参股股份有限公司中的国有公司、企业人员的解释》《关于办理国家出资企业中职务犯罪案件具体应用法律若干问题的意见》等规范性文件先后明确国有公司、企业委派到国有控股、参股公司从事公务的人员，以国有公司、企业人员论；经国家出资企业中负有管理、监督国有资产职责的组织批准或者研究决定，代表其在国有控股、参股公司及其分支机构中从事组织、领导、监督、经营、管理工作的人员，应当认定为国家工作人员。由此可见，委派到国家出资企业中从事公务的人员，虽然其所任职的公司、企业不能被认定为刑法意义上的国有公司、企业，甚至委派他的单位也不是刑法意义上的国有公司、企业，但其本人如果符合特定条件，仍然可以被认定为国有公司、企业人员。既然可以被认定为国有公司、企业人员，如果其又担任董事、经理职务，当然可以认定为国有公司、企业的董事、经理。

（二）如何把握本罪中的“经理”

由于现代公司、企业中“经理”一词的使用较为宽泛，各类带有经理称谓的职务，如总经理、经理、副经理、子公司经理、分公司经理、部门经理、业务经理等，是否均属于本罪中的“经理”，需要厘清。还有一些企业的高级管理人员可能并不使用“经理”这一称谓，如称为厂长、总裁、主席等，能否解释为本罪中的“经理”也存在一些争议。

我们认为，对本罪中的“经理”宜作实质解释，即应从行为人在公司、企业经营管理中实质承担的职责来把握，而不应拘泥于形式上的称谓。本罪的设立源于《公司法》中规定的董事、高级管理人员的竞业禁止义务，在《公司法》发展过程中竞业禁止义务的主体经历了从“董事、经理”向“董事、高级管理人员”的修改，根据《公司法》[①] 第二百六十五条第一项的规定，高级管理人员是指公司的经理、副经理、财务负责人，上市公司董事会秘书和公司章程规定的其他人员。由此可以看出，这一主体已从“董事、经理”扩大到公司章程规定的各种高级管理人员。非法经营同类营业罪的主体在表述上虽然没有修改，但“经理”一词的内涵和外延也应实质性地解释为“高级管理人员”，即实际可以利用职务便利经营同类营业的管理人员，而不局限于具有经理称谓的人员。同理，有些大型国有公司、企业甚至中层部门负责人员，其职权范围之广、所能影响的利益之大，亦足以利用职务便利通过经营同类营业获取巨额利益，均应理解为可构成本罪主体。

二、本罪客观方面认定的相关问题

《刑法》第一百六十五条规定本罪客观方面表现为行为人利用职务便利，自己经营或者为他人经营与其所任职公司、企业同类的营业，获取非法利益，数额巨大的行为。实践中，主要有以下几个方面的问题需要厘清：

（一）如何认定“利用职务便利”

由于国有公司、企业董事、经理的特殊身份，其掌握着公司经营材料、物资、市场、销售渠道等各方面的商业信息和机会，因此，当其自营或兼营与其任职的国有公司、企业同类的业务时，就违反了《公司法》规定的“竞业禁止”义务。但要从民事意义上的违法行为或纪律上的违规行为上升到刑法意义上的犯罪行为，还需要看是否“利用职务便利”等其他要件。

如何理解“利用职务便利”，存在三种观点：一是纯职权说，认为利用职务便利，纯粹只是利用有关决策、指令等管理权限；二是职权加与职务有关的便利条件说，认为利用职务便利，不仅包括利用职权，而且包括利用职权产生的便利条件，即与职务有关的便利条件；三是职权加与工作有关的便利条件说，认为利用职务便利，不仅包括利用职权，而且包括利用与工作有关的便利条件，如熟悉公司内情，包括销售信息、市场行情等。我们认为，上

① 本文发表时，新修订的《公司法》尚未通过。——笔者注

述第一种观点将职务便利仅理解为职权，过于狭隘；第三种观点将凡是与工作有关的便利条件都理解为职务便利，又未免有失宽泛；第二种观点，将职务便利理解为职权及与职务有关的便利条件，是适当的。

首先，职权是指国家机关及其公职人员依法作出一定行为的资格，是权力特殊的表现形式。国有公司、企业的董事、经理的职权是法律赋予的，目的是国有资产的保值增值，是为本企业的利益服务的，因而必须正确履行。如果利用这种权力，为自己经营或者为他人经营与其所任职公司、企业同类的营业，获取非法利益，不仅违背了《公司法》规定的竞业禁止义务，而且是直接的、典型的以权谋私的表现，名副其实的利用职务便利。

其次，利用本人的职权或地位形成的便利条件，从表面上看是通过他人的职务为所兼营的企业谋取利益，但从实质上看，行为人是利用了本人职务而产生的制约或影响，这种制约或影响仍然来源于行为人的职务，如某公司高级管理人员暗示下级单位为自己经营的同类营业公司谋利，虽其不直接参与下级单位的经营决策，但其职务的便利足以左右和影响被利用者，这种情形亦应理解为利用职务便利。

但是，利用与职务有关的便利条件，与利用工作上的便利是有区别的。例如，A部门经理因工作便利了解B部门掌握的公司商业秘密和机会，经营了与其公司同类的营业，则不宜认定。因此，实践中，虽然国有公司、企业的董事、经理经营了与其任职公司、企业同类的营业，一般就是为了利用所任职国有公司、企业的资源，但不能由此倒推出其必然利用了职务便利。基于刑事诉讼的证明责任分配，公诉机关需要举证证明被告人“利用职务便利”这一构成要件，而不能采用推定方式认定。

（二）如何认定“经营”行为

非法经营同类营业中的经营行为包括自己经营和为他人经营两种。一般理解，经营的目的在于获取利益，因此，经营利润直接归自己的，就是自己经营；经营利润归他人的，行为人获取利益来源于他人根据其经营贡献等行为给予的报酬等，就是为他人经营。

如何理解“经营”行为。有观点认为，自己经营必须表现为国有公司董事、经理自己参与实际经营管理活动，如果只是投资参股，不亲自参与实际经营管理活动的，不能认定存在经营行为，进而不能构成非法经营同类营业罪。对此，我们持不同意见。我们认为，本罪的自己经营，既包括行为人亲自参与实际经营管理活动，也包括与他人合伙经营，只要投资参股，获取非法利益，无论是否亲自参与实际经营管理活动，都属于自己经营；反之，如果没有投资参股，只是利用职务便利以自己掌握的信息优势或决策审批权等参与经营，获取非法利益，则属于为他人经营。实践中，国有公司、企业董事、经理不太可能亲自在私营公司担任职务，也不会在明面上参与经营，其只需要利用在国有公司、企业的职务便利，提供相关商业机会或信息，或进行重大决策和重要环节的部署，即可认定实施了经营行为，这也是该行为的隐蔽性和重大危害性之所在。

（三）上下游连接关系是否属于“同类营业”

关于“同类营业”如何把握，目前立法或者司法解释均未对此作出明确规定。根据一般的文义解释，“同类”指的是同一种类，即相同的或相近似的，这就造成了实践中往往只有行为人经营的是与所任职国有公司、企业相同或相近似的业务，也就是我们常说的横向竞争关系的业务，才会被考虑适用本罪。

从司法实践看，有必要重新审视这个问题。越是大型国企，越是承担重大业务的经营，如制造飞机轮船、炼钢采矿等，面对这类业务，即使有商业机会，恐怕个人也较难经营，何况国企董事、经理自己公然经营，犯罪手段未免太明显，实践中可谓罕见。真正常见的情况是，行为人经营的是与其所任职的国有公司、企业具有上下游连接关系的营业，如作为国有公司、企业的上游原材料供应商或者下游产品销售商，这种能否认定构成“同类营业”是我们需要重点思考的问题。

在梁某某非法经营同类营业案中，其身为国有公司的董事长，公司主营业务为钢铁炼制、销售等，为了炼制钢铁，公司需要从第三方公司进口焦煤，梁某某发现经营焦煤利润可观又稳定后，利用职务便利，解除了原中间商的合作，改为由其自己设立的公司，以稍稍更低的价格向其所任职的国有公司售卖炼制钢铁所需的焦煤，在公司成立不到一年的时间里，其在几乎没有实际投入的情况下，“空手套白狼”获取约1亿元人民币的巨额利润。按照一般认识，梁某某经营的不是炼钢或销售钢材业务，不属于非法经营同类营业行为；其向国有公司售卖原材料物美价廉低于原中间商，所以也很难认定其属于贪污或滥用职权；同时，其自己经营的收入也不存在为亲友非法牟利或受贿行为，因此，被告人的行为应如何认定成为争议的焦点。这就引发了我们对原材料焦煤的购销业务，即上下游连接关系的营业能否被认定为国有钢材公司的“同类营业”的思考和讨论。

一种观点认为，可以将具有上下游连接关系的营业认定为非法经营同类营业罪中的“同类营业”。国有钢铁公司主营是钢铁炼制、销售等业务，钢材的原材料采购是钢铁制造中的一个环节，可以视为钢铁制造业务的一部分，也是国有钢铁公司的营业之一。所以，相关原材料采购业务可以被认定为国有钢铁公司的“同类营业”。

另一种观点认为，只有与国有公司、企业具有横向竞争关系的，才能构成“同类营业”。上下游连接关系的营业如果与国有公司、企业的营业不属于横向竞争关系，不能认定为非法经营同类营业罪中的“同类营业”。该案中，国有公司经营的是钢铁炼制、销售等，并不经营焦煤的购销业务，只是因原材料需要而采购焦煤，涉案公司经营的焦煤购销业务与其他供应商具有竞争关系，而与国有钢铁公司之间并不存在竞争关系，所以不能被认为系国有钢铁公司的“同类营业”。

我们倾向于第一种观点。

第一，“同类营业”之“同类”虽在文义上一般理解为横向同类别，但《刑法》作出该条规定主要来源于《公司法》的“竞业禁止”义务，“竞业禁止”义务要求不得通过同类营业谋取本应属于公司的商业机会，破坏竞争秩序。因此，应对“同类营业”作实质解释，只要属于公司的商业机会被利用，则可能存在利害冲突关系，属于该罪应规制的范围。“利害冲突关系”的范围不仅限于横向竞争关系，亦包括上下游连接关系，如典型的通过垄断购销环节自营相关业务直接损公肥私，或虽未使公司直接受到经济损失但使公司失去在公平的市场中建立最优上下游商业秩序的机会等。

第二，在司法实践中，国有企业经营的主营业务很多都具有一定的门槛，不是董事、经理个人有能力经营的，如上述案件中的钢铁制造业务。因此，实践中行为人往往更倾向选择经营所任职国有公司、企业的上下游营业，而不是横向同类营业。这种上下游连接的营业不仅成本相对较低，而且只要该国有企业营业好，其作为上下游链条就不愁销路，而商业经营本身就有合理的利润空间，只要解决了业务来源，行为人可以不必额外实施其他不当行为就能赚取高额利润，该行为甚至并不会给所任职的国有公司、企业造成损失。因此，通过上下游连接的营业从所任职公司赚取利润成为此类违法犯罪行为的常态。前文所引案例，行为人不需要赚取高于其他供应商的利润，只需要以职务便利排除其他供应商获取资格，在不投入资金的情况下“空手套白狼”，就可以在不到一年时间豪取亿元巨额利润，对此类行为如果不能予以准确的刑法规制，就难以体现该行为对市场公平秩序和国有公司管理秩序的严重侵害。

第三，非法经营同类营业罪不仅是侵犯市场经济秩序的犯罪，其还具有职务犯罪的特征，利用职务便利是本罪惩处的重点。行为人利用职务便利经营与其所任职国有公司、企业具有连接关系的营业，虽然不一定与国有公司、企业具有竞争关系，但其利用职务便利谋取上下游连接关系的营业利润往往更高、隐蔽性更强、危害性更大，不仅影响公司本身的成本，还影响公平竞争的市场秩序，侵犯了职务行为的廉洁性，具有严重的社会危害性和刑事可罚性，予以精准惩治符合立法的本意。

第四，非法经营同类营业罪中的“同类营业”，如果仅局限于与所任职的国有公司、企业具有竞争关系的横向营业，还可能使某些符合“同类营业”的情形被排除在外。比如，国有酒企的董事、经理，利用职务便利，设立个人公司，利用职务便利成为该国有酒企生产名酒的经销商，并利用名酒在市场上供不应求、溢价销售的态势，获取巨额利润。对于该国有酒企而言，并没有造成损失。行为人的经销行为也属于该国有酒企的需要，似乎不存在竞争关系，不属于“同类营业”，不能构成非法经营同类营业罪。在这种情况下，由于构成要件不符合，也难以认定贪污罪、滥用职权罪等其他犯罪，最终结果可能就是，此类实为严重侵犯职务廉洁性的行为难以得到刑法的精准规制，这显然不利于维护公平的市场经济秩序。

为了切实精准打击越来越隐蔽的损公肥私的非法经营同类营业行为，真正保护公平的市场经济秩序，司法实践宜做出积极的解释，当然，积极解释不能跳出立法的本意做无限扩大，无论上下游连接关系还是横向竞争关系，核心在于“同类营业”与本公司的业务具有竞争或利害冲突关系。如果是国有公司从经理自己或为他人经营的公司采购办公用品或其他礼品，那就难以认定与公司业务有竞争或利害冲突关系，则不能认定非法经营同类营业罪，而应考虑为亲友非法牟利罪或国有公司、企业人员滥用职权罪等其他犯罪。

（四）认定“同类营业”以注册登记为准还是以实际经营为准

公司、企业在经营过程中，实际经营的营业与注册登记的营业范围存在差别是常见现象。一般情况下，公司注册登记的经营范围比较广，实际经营的营业可能并不全部覆盖注册登记的经营范围；当然，也存在公司超越注册登记的经营范围开展经营活动的情况。那么，非法经营同类营业罪中“同类营业”的认定，是以行为人任职的国有公司、企业注册登记的营业范围为准还是以实际经营范围为准，实践中存在一定争议。

第一种观点认为，“同类营业”认定应以国有公司、企业注册登记的营业范围为准。

第二种观点认为，“同类营业”认定应以国有公司、企业实际经营范围为准。非法经营同类营业罪规制的是实际经营行为，该行为违反的是竞业禁止义务，如果实际经营但没有注册登记，其行为的社会危害性亦不会因此消亡；反之，国有公司、企业没有实际经营的营业，即使在注册登记范围内，行为人也不存在违反竞业禁止义务的问题。

第三种观点认为，“同类营业”认定应以国有公司、企业注册登记经营范围中的实际经营范围为准。首先，“同类营业”的范围应以国有公司、企业注册登记的经营范围为限。根据法律规定，公司、企业必须在核准注册登记的范围内从事经营活动，对超出注册登记经营范围经营的，法律不予保护。因此，如果行为人所兼营的营业项目只与其任职国有公司、企业超出注册登记经营范围的经营项目属同一类别，而与其核定的经营范围内的营业项目不属同一类别的，不能认定为同类营业。其次，“同类营业”的范围应以国有公司、企业实际经营的范围为限。之所以不允许经营同类营业，是因为存在不正当竞争，会损害所任职国有公司、企业的利益。如果经营的业务与其任职国有公司、企业注册登记范围内未实际经营的业务（包括不再经营的业务和不准备经营的业务）属于同一类别的，就不可能与国有公司、企业存在不正当竞争，更谈不上会损害国有公司、企业的利益，这样处理也不会放纵非法经营同类营业行为。

我们倾向于第二种观点，即“同类营业”认定宜以国有公司、企业实际经营范围为准。首先，关于公司应否在登记的经营范围内从事经营活动，1994 年的《公司法》规定，“公司的经营范围由公司章程规定，并依法登记。公司应当在登记的经营范围内从事经营活动”。但随着市场经济的发展，我们逐渐意识到，为了适应市场变化，需要一定的自主经营空间，如果将公司的经营范围仅限于登记的经营范围，超出部分一律以无效论，既不利于公司的发展，也不利于维护交易秩序。因此，2005 年《公司法》修订，将前述规定删除，不再将经营范围视为公司行为能力的范围，《最高人民法院关于适用〈中华人民共和国合同法〉若干问题的解释（一）》第十条亦规定，当事人超越经营范围订立合同，人民法院不因此认定合同无效。有 2021 年 1 月 1 日起施行的《民法典》第五百零五条进一步作出明确规定，当事人超越经营范围订立的合同的效力，应当依照有关规定确定，不得仅以超越经营范围确认合同无效。由此可见，虽然公司超出经营范围从事经营活动，但只要未违反禁止性规定，公司由此获得的利益以及建立起来的交易秩序，就应当得到法律的平等保护。其次，从立法目的来看，本罪旨在规制公司董事、经理违反竞业禁止义务，防止董事、经理利用职务便利与所任职公司恶性竞争，侵犯公司利益。即使公司的经营项目超出登记经营范围，但只要该项目未违反法律禁止性规定，作为公司董事、经理，便应当精心经营该项目，使之为公司获取利益，而非利用职务便利自营与该项目同类的营业，抢占公司利益。若对此类行为不予刑事规制，则有违此罪立法目的。最后，从社会效果来看，公司超出登记经营范围的营业项目往往是积极应对市场变化、寻求全新发展方向的创新探路之举，能够为公司带来收益，自营此类项目恶性竞争对公司造成的损害可能更为严重。若将经营范围内、外的营业项目进行区别对待，对自营前者的行为人追究刑事责任，对自营后者的行为人不予刑事制裁，有违罪责刑相适应原则本意，亦不利于对公司利益的保护。[①]

（五）如何认定本罪的“非法利益”

根据《刑法》规定，本罪以“获取非法利益，数额巨大”为构成要件，这说明本罪中的非法利益是可以量化计算的经济利益，而不包含无法用数额计算的非财产性利益。但是，本罪中的“非法利益”究竟是指行为人的非法获利还是指兼营公司、企业的非法获利抑或其他？从刑法条文表述的语法结构来看，获取非法利益的主体似乎应该是国有公司、企业的董事、经理。但是，从实质层面来看，本罪的目的主要是防止国有公司、企业的董事、经理利用职务便利经营同类营业，形成不正当竞争，损害国有公司、企业利益。因此，本罪中的非法利益应该是对本罪客体侵害程度的数量表现，也就是说，非法利益数额应当全面反映非法经营同类营业行为的社会危害性。如采取个人所得说，因为个人所得往往只是兼营公司、企业非法获利的一部分，在这种情况下，个人所得数额并不能全面反映非法经营同类营业行为的社会危害性，因此，本罪中的非法利益应以非法经营同类营业的公司、企业的非法获利来认定。

此外，根据《刑法》规定，犯本罪非法获利“数额巨大的，处三年以下有期徒刑或者拘役，并处或者单处罚金；数额特别巨大的，处三年以上七年以下有期徒刑，并处罚金”。目前，本罪非法获利“数额巨大”和“数额特别巨大”均没有明确的标准。关于数额巨大的起点标准，原《关于公安机关管辖的刑事案件立案追诉标准的规定（二）》第十二条规定为10万元，10万元的数额标准已经不符合经济社会发展的现实，而2022年4月6日最高人民检察院、公安部联合发布的《关于公安机关管辖的刑事案件立案追诉标准的规定（二）》废止了上述规定，但又未对非法经营同类营业的数额标准制定新的标准。这导致实践中存在入罪把握上的困扰，恐怕这也是本罪长期适用率极低的原因之一，建议司法解释及时予以明确。

三、如何把握本罪与其他犯罪的界限

（一）如何区分本罪与贪污罪

本罪和贪污罪的共性是国家工作人员利用职务便利损公肥私，但二者的

---

① 钱玉平、孙娴非法经营同类营业案，（2020）沪0151刑初43号、（2020）沪02刑终1276号。

刑罚存在天壤之别。为了确保罪刑相适应，区分二者的意义重大。我们认为，区分的关键在于判断是否存在实质经营行为且对价是否必要合理。以司法实践中争议较大的获取购销差价的非法经营同类营业行为与增设中间环节截留国有财产的贪污行为之间的区分[①]为例，可以从以下几个方面进行把握：

1. 审查中间经营环节的真实性、必要性

两种犯罪行为都是在中间环节谋取获利，关键看该中间环节是否真实、必要。对获取购销差价的非法经营同类营业行为而言，中间环节通常是客观所需或本来就存在的，中间环节所涉及的公司、企业真实成立并从事同类或者类似的经营行为，行为人只是将原本与国有公司合作的中间商调换为其经营的公司；贪污行为通常是使国有公司、企业原本与业务单位的直接购销关系变成了有涉案公司、企业参与的间接购销关系，中间环节可能完全是不必要的，系其有意增设的，是为了截留国有资产而虚构或成立，相关公司、企业甚至并无从事同类或者类似经营行为的经历。

2. 审查中间环节是否具有经营能力

如果增设的中间环节都是客观必要的，则要看增设的中间环节是否具有经营能力。一般而言，贪污罪中为截留国有财产而增设的中间环节的经营，往往是无经营投资、无经营场地和无经营人员，即属于“三无”经营，不具有实际经营能力，只是为变相贪污国有财产掩人耳目；非法经营同类营业罪中增设的中间环节的经营，是有真实的经营行为，是有投资、有经营场所、有经营人员的经营，即具有经营同类营业的完全能力。

3. 审查中间环节是否进行了实际经营活动并承担一定的经营责任风险

如果增设的中间环节都客观必要且具有经营能力，则要看增设的中间环节是否进行了实际经营活动并承担一定的经营责任风险。有经营就有风险，就可能存在盈亏。如果增设的中间环节进行了实际经营活动并承担了一定的经营责任风险，则行为人所获取的购销差价系通过利用国有公司、企业让渡的商业机会所进行的经营所得，属于获取购销差价的非法经营同类营业行为。

---

① 参见中华人民共和国最高人民法院刑事审判第一、二、三、四、五庭主办：《刑事审判参考》（总第 103 集），法律出版社 2016 年版，第 84 页。

如果增设的中间环节没有进行实际经营活动，而是由国有公司、企业董事、经理一手操办，或者虽然进行了相关的经营活动，但只管盈利，而风险全由国有公司、企业承担的，则应认定行为人所获取的购销差价不是经营所得而是属于增设中间环节，变相截留国有财产的贪污行为。

4. 审查所获取的购销差价是否合理

如果增设的中间环节不仅客观必要、具有经营能力，而且进行了实际经营活动并承担了一定的经营责任风险，则要看所获取的购销差价是否合理，即是否与相应经营行为匹配。获取的购销差价合理、符合市场经营情况的，可能涉嫌仅为获取购销差价或商业机会的非法经营同类营业行为；反之，差价明显不合理、偏离市场经营情况的，则涉嫌增设中间环节截留国有财产的贪污行为。实践中，合理范围的判断需要司法人员根据具体事实、证据情况具体判断。

（二）如何区分本罪与为亲友非法牟利罪

根据《刑法》第一百六十六条的规定，为亲友非法牟利罪，是指国有公司、企业、事业单位的工作人员，利用职务便利，将本单位的盈利业务交由自己的亲友进行经营，或者与亲友经营管理的单位发生明显有利于对方的购销活动，使国家利益遭受重大损失的行为。这两个罪名规定在刑法的相同章节，在主体及客观方面既有共同之处，亦有不同之处。

首先，主体不同。为亲友非法牟利罪的主体是国有公司、企业、事业单位的工作人员，而非法经营同类营业罪的主体是国有公司、企业的董事和经理，可见后者范围更窄。

其次，客观方面不同。这也是实践中较难区分的。如何理解“亲友”和“自己”的界限；“为他人经营”与“将本单位的盈利业务交由自己的亲友进行经营”两者的界限，是实践中的重点难点。我们认为，核心把握在“经营行为”和相关的非法受益。非法经营同类营业罪要求行为人参与经营活动，不管是为自己，还是为他人，行为人应存在积极的经营行为，其经营行为具有实质性的意义，且具体的经营活动必须是利用职务之便，如利用本单位经营的信息或商业机会为自己经营的企业营利；为亲友非法牟利罪则表现为行为人利用职务便利将本单位的盈利业务交由亲友进行经营，一般不参与亲友公司的经营和利益分配，即使参与，也不是整个行为中的主体行为，其主要目的在于为自己的亲友牟取非法利益，行为人虽然也可能从中得到一定的“报酬”或者“好处费”，但是，该报酬并非直接源于行为人具体的经营收入。非法经营同类营业罪的“自己经营”也存在“白手套”现象。行为人自己不直接经营，而是以亲属甚至他人名义经营，这种形式上的不同不影响其实质上参与经营和决策，且直接关系到结果也就是相应利益的分配，这是非法经营同类营业的本质，也是构罪的基本要求，这种非法利益包括自己直接享有，也包括经其支配与他人共享。而为亲友非法牟利是排除行为人自己直接享有经营利益情况的。

最后，两罪都是损公肥私的行为，但犯罪结果的法律要求有所不同。为亲友非法牟利罪要求直接导致国家利益遭受重大损失，侧重点是损公；非法经营同类营业罪不要求国家直接受损，但行为人必然因利用职务便利实施特定经营行为而获取巨额非法利益，侧重点是肥私。

为了严密法网打击犯罪，这两种犯罪的适用均呈现出扩张解释的趋势，因此开始出现越来越多的交叉重叠，在适用上存在一定困难。比如，非法经营同类营业罪，如前文所述，实践中将“同类营业”积极解释为包含上下游连接关系的业务如购销业务，而为亲友非法牟利罪也开始将“为亲友”扩大到与行为人有共同支配财产关系的配偶、特定关系人等或所有他人。我们认为，在产生交叉时应透过现象看本质，把握两个原则：一是能通过非交叉构成要件直接精准评价行为本质是最理想的定罪；二是综合判断适用哪个罪名更适合评价行为本质就用哪个罪名。如国有公司经理为了让特定关系人获取非法利益，指导其开设公司向该国有公司供应原材料，尽管被告人的职务便利是起决定作用的，但其并未参与经营，也未直接获利，尽管其特定关系人此前的主要生活来源就是被告人，二人的财产存在一定混同，但毕竟在该营业中被告人没有直接获取非法利益，则倾向于认定为亲友非法牟利罪能更恰当评价被告人行为的性质；反之，如国有公司经理系通过特定关系人代持公司，但实际经营的每一个环节都是被告人决策，公司的营业收入也大部分归被告人所有或支配，特定关系人尽管也参与经营并实际使用了部分营业收入，但其本质上仍只是“白手套”，则倾向于认定非法经营同类营业罪更能体现被告人行为的性质。

(三)如何区分本罪与受贿罪

司法实践中，对国有公司、企业的董事、经理利用职务上的便利，为自己经营没有争议，但自己没有投资，而是通过为他人经营与其任职公司、企业同类的营业，收取对方给付的报酬的行为，究竟是构成本罪还是受贿罪存在一定争议。

第一种观点认为，这种情况是非法经营同类营业罪与受贿罪的法条竞合。即国有公司、企业的董事、经理，利用职务便利为他人经营与其任职公司、企业同类营业的行为，既是本罪所规定的内容，又是受贿罪规定的为他人谋利的方式，因而此类行为同时违反这两个法律规定。但从本罪的立法本意及增设时间（后于受贿罪）来看，应适用特别法优于普通法的原则。

第二种观点认为，这种情况下，如果行为人谋取利益是通过为他人经营而实现的，行为人在此过程中实际付出劳务，则其因经营行为获取非法利益数额达到巨大的，应以本罪论处；如果行为人事实上并未实际付出劳务为他人经营，则其所获得的所谓“报酬”只不过是为了掩人耳目而使用的各种名目，其行为在性质上是收受贿赂的行为，宜按照受贿罪定罪处罚。

我们同意第二种观点，理由如下：

第一，本罪与受贿罪之间的核心构成要件是不同的，不存在一般法与特别法之间的竞合关系。比如，非法经营同类营业罪重点围绕经营行为分析性质，受贿者一般不会参与到行贿方的经营行为中；非法经营同类营业罪中的获取非法利益与受贿罪中的收受贿赂针对的并非相同对象，前者是为涉案公司、企业实际经营产生“报酬”性质的非法利益，获利数额与经营情况挂钩，后者则是指行为将职权交换成对价而非法获取财物，一般情况下，受贿数额与经营情况无关。

第二，单纯以是否具有经营行为来区分本罪与受贿罪也可能产生新的问题。比如，行为人只要在利用职务便利为他人谋取商业机会的同时参与这些商业机会的交易决策等，就可以具有经营行为为由，避重就轻，逃避更重的受贿罪的处罚。行为人的这些所谓的经营行为（或者说提供的劳务）与其获取的巨额报酬之间根本不存在对等关系，他人之所以给付行为人巨额报酬，主要是基于行为人利用职务便利为其谋取的商业机会而获得巨额非法利益。因此，我们认为，行为人利用职务便利为他人提供商业机会等，从他人处获取“报酬”，如果没有经营行为，宜认定构成受贿罪；即使行为人具有经营行为，也不绝对排斥构成受贿罪，还要看行为人获取的报酬与其提供的劳务之间是否具有对等性，如果大致对等的，则可以视为其提供劳务的合理报酬，不构成受贿罪；如果其获取的所谓“报酬”远高于合理的劳务报酬范畴，则考虑认定其行为构成受贿罪。

（四）如何区分本罪与国有公司、企业人员徇私舞弊型滥用职权罪

《刑法》第一百六十八条第一款、第二款规定，国有公司、企业、事业单位的工作人员，由于严重不负责任或者滥用职权，造成国有公司、企业破产或者严重损失，致使国家利益遭受重大损失的，处三年以下有期徒刑或者拘役；致使国家利益遭受特别重大损失的，处三年以上七年以下有期徒刑；第三款规定，国有公司、企业、事业单位的工作人员，徇私舞弊，犯前两款罪的，依照第一款的规定从重处罚。

不同于前文阐述非法经营同类营业罪与受贿罪的关系，非法经营同类营业罪与国有公司、企业人员徇私舞弊型滥用职权罪属于较为典型的法条竞合关系。实质上，非法经营同类营业行为本身就属于典型的徇私舞弊型滥用职权行为；国有公司、企业的董事、经理也是国有公司、企业的工作人员；两罪均破坏了公司、企业的管理秩序，量刑的幅度一样。因此，在认定的时候，应适用特别法优于普通法的原则，如果行为人的行为符合非法经营同类营业罪的法律规定，则适用《刑法》第一百六十五条的规定定罪量刑；第一百六十八条起兜底作用。如行为人是事业单位工作人员、行为结果无法计算经营获利但国家遭受了损失等，认定非法经营同类营业罪存在障碍时，才考虑适用《刑法》第一百六十八条的规定定罪量刑。

（作者：最高人民法院刑二庭　曹吴清
上海市高级人民法院　许　浩）

为亲友非法牟利罪研究

内容摘要：为亲友非法牟利罪是《刑法》对单位商业机会予以保护的罪名。新时代，该罪对于惩治“白手套”“影子公司”等较为隐蔽的新型腐败犯罪具有重要作用。但因法律规定及理论研究较少、存在影响司法适用的较多争议问题等原因，该罪司法适用率低，未能发挥该罪在惩处和预防侵害国有公司、企业、事业单位利益行为上的重要作用，这与二十届中央纪委二次全会深化整治国有企业领域腐败的要求不相适应。本文从为亲友非法牟利罪的立法背景出发，解析该罪的构成要件，研究影响该罪司法适用的法律争议问题，分析该罪与其他近似罪名的区分适用方法，提出完善该罪的立法、司法建议，以期能够扩大该罪的法律适用。

关键词：为亲友非法牟利　商业机会　国有公司、企业、事业单位

一、为亲友非法牟利罪的立法沿革

（一）为亲友非法牟利罪的制定背景

为亲友非法牟利罪是1997年《刑法》修订后规定的新罪名。1979年，我国社会主义市场经济体制尚未建立，企业、事业单位或是全民所有制，或是集体所有制，公司尚不存在。因此，《刑法》制定时对分则第三章破坏社会主义市场经济秩序罪的规定较为原则概括，未有妨碍对公司、企业的管理秩序罪。1979年《刑法》制定后，社会主义市场经济体制逐步建立完善。1988年国务院颁布《中华人民共和国私营企业暂行条例》，个体经济、私营经济等多种经济成分不断出现。1993年全国人民代表大会常务委员会审议通过《中华人民共和国公司法》，公司成为重要的市场主体。在此背景下，市场经济活动中，公司、企业工作人员，利用单位监管漏洞，侵害公司、企业权益的行为不断发生，亟待解决。1995年，为了维护社会经济秩序，保护公司等市场主

体的合法权益，惩治违反《公司法》的犯罪行为，全国人民代表大会常务委员会制定《关于惩治违反公司法的犯罪的决定》，对公司董事、监事或者职工利用职务上的便利，索取或者收受贿赂、侵占公司财物、挪用公司资金等行为予以规制。

1997年《刑法》修订时，立法者意识到国有公司、企业、事业单位由于企业的所有权与管理权分离，管理人员缺少监管，相对私营公司、企业等单位，更容易产生利用职权便利损害单位利益的情况。且在上述《关于惩治违反公司法的犯罪的决定》规定的索取或者收受贿赂、侵占公司财物、挪用公司资金行为之外，还存在其他损公肥私、攫取公司、企业利益的违法犯罪行为，包括自己经营或者为他人经营与其所任职公司、企业同类的营业；将本单位的业务交给自己的亲友经营；不通过正规采购渠道进行采购，而是向自己的亲友经营管理的单位采购不合格的商品；以明显不合理的价格与其亲友经营管理的单位交易，让亲友获利等。[①] 这些行为将公司、企业、事业单位的利益输送给他人，侵害了国有公司、企业的商业经营机会，严重损害了国家的利益，必须予以严厉打击。因此，1997年《刑法》将这些行为规定为犯罪，新规定了为亲友非法牟利罪、非法经营同类营业罪。

对于为亲友非法牟利罪的罪状表述，1979年2月17日的《刑法（修订草案）》（修改稿）第一百六十八条规定："国有公司、企业、事业单位的工作人员，利用职务上的便利，损公肥私，将本单位的盈利业务交由自己的亲友进行经营或者为其经营活动提供便利，获取非法利益，数额巨大的，处三年以下有期徒刑、拘役或者管制，并处或单处罚金；数额特别巨大的，处三年以上七年以下有期徒刑，并处罚金。"

1997年3月1日的《刑法（修订草案）》，立法机关对为亲友非法牟利罪的罪状和法定刑作出了较大的修改，明确了具体的为亲友非法牟利行为，并删除了基本刑规定的管制，调整为："国有公司、企业、事业单位的工作人员，利用职务便利，有下列情形之一，使国家利益遭受重大损失的，处三年

① 王爱立：《中华人民共和国刑法条文说明、立法理由及相关规定》，北京大学出版社2021年版，第577页。

以下有期徒刑或者拘役，并处或者单处罚金；致使国家利益遭受特别重大损失的，处三年以上七年以下有期徒刑，并处罚金：（一）将本单位的盈利业务交由自己的亲友进行经营的；（二）以明显高于市场的价格向自己的亲友经营管理的单位采购商品或者以明显低于市场的价格向自己的亲友经营管理的单位销售商品的；（三）向自己的亲友经营管理的单位采购不合格商品的。”① 上述规定最终被1997年《刑法》所采用。

（二）为亲友非法牟利罪增设的意义

1. 有利于保护国有公司、企业、事业单位的财产权益。国有公司、企业、事业单位的财产权益包括两类：一类是有形资产，包括厂房、设备、账上资金等；另一类是无形资产，包括商业机会、知识产权等。在1997年《刑法》修订前，《刑法》对国有公司、企业、事业单位财产权益的保护限于有形资产，即通过贪污罪、挪用公款罪，对非法占有单位财物、挪用单位资金等行为予以规制。1997年《刑法》修订，增设为亲友非法牟利罪，对将本单位的盈利业务交由自己的亲友进行经营等侵害单位商业机会的行为予以规制，实现了对国有公司、企业、事业单位间接财产权益的保护。此后，为亲友非法牟利罪与贪污罪、挪用公款罪等共同构建了保护国有公司、企业、事业单位财产权益的严密的刑事法网。

2. 有利于维护公平、公正的社会主义市场经济秩序。社会主义市场经济是指通过市场的供求、价格、竞争等机制对社会资源配置起决定性作用的机制。公平竞争是社会主义市场经济秩序的核心，是资源自由流动的前提与基础。国有公司、企业、事业单位的工作人员，利用职务上的便利，实施将本单位的盈利业务交由自己的亲友进行经营等为亲友非法牟利行为，不仅侵害了本单位的财产权益，还使市场经济秩序受到损害，使本应获取商业机会的其他单位，未获得商业机会。《刑法》增设为亲友非法牟利罪，在保护单位商业机会的同时，还解决了商业机会不平等问题，有利于维护市场经济秩序的公平、正义。

---

① 高铭暄：《中华人民共和国刑法的孕育诞生和发展完善》，北京大学出版社2012年版，第377页。

3. 有利于维护国有公司、企业、事业单位工作人员职务行为的廉洁性。我国现行《刑法》中没有专门的背信罪的概念，但实际上规定了多种特殊的背信犯罪，为亲友非法牟利罪即属于其中的一种。国有公司、企业、事业单位的工作人员，受聘于所在单位，具有遵守单位规章制度，廉洁、忠诚的义务。但部分工作人员为了亲友能够获取非法利益，利用职务便利，实施将本单位的盈利业务交由自己的亲友进行经营等为亲友非法牟利行为，背信损害单位利益，违背了职务行为的廉洁性。《刑法》增设为亲友牟利罪，对背信损害单位利益的为亲友非法牟利行为予以规制，具有教育、引导单位工作人员廉洁、忠诚履职的目的，有利于维护职务行为的廉洁性。

二、为亲友非法牟利罪的司法适用现状

（一）罪名适用情况

经检索中国裁判文书网，自2014年以来，案由为为亲友非法牟利罪的刑事裁判文书数量如下：

表1　自2014年以来，案由为为亲友非法牟利罪的刑事裁判文书数量统计

名称	刑事一审判决	刑事二审判决或裁定	审判监督程序文书	总数
文书数量	12份	8份	5份	25份
案件数量	12件	6件（2件案件与一审重复，已计入一审）	5件	23件

自2014年以来，近似国有公司、企业人员职务犯罪刑事裁判文书数量如下：

表2　自2014年以来，近似国有公司、企业人员职务犯罪刑事裁判文书数量统计

案由罪名	非法经营同类营业罪	国有公司、企业、事业单位人员失职罪	国有公司、企业、事业单位人员滥用职权罪	挪用公款罪（包含关键词国有公司）	受贿罪（包含关键词国有公司）	贪污罪（包含关键词国有公司）
文书数量	47份	427份	724份	2621份	7929份	11494份

数据分析：根据表1的数据统计可以看出，自2014年以来，为亲友非法牟利罪包括刑事裁判文书25份，刑事司法案件23件，平均每年不足3份裁判文书、3件案件。该数据说明为亲友非法牟利罪的司法适用率极低。根据表2

的数据统计可以看出，自2014年以来，非法经营同类营业罪包括47份刑事裁判文书，平均每年不足5份。该数据说明非法经营同类营业罪的司法适用率同样极低。然而，在表2中，自2014年以来，国有公司、企业、事业单位人员失职罪、国有公司、企业、事业单位人员滥用职权罪，分别涉及刑事裁判文书427份与724份，这就说明这两罪的司法适用率明显高于为亲友非法牟利罪与非法经营同类营业罪。

对于贪污罪、受贿罪、挪用公款罪，为体现国有公司人员犯罪情况，在检索案由时，添加了“判决全文具有国有公司词汇”的条件，虽然该条件的添加不能做到精准检索，但该检索结果仍具有一定的代表性。根据表2中的数据统计可以看出，自2014年以来，贪污罪、受贿罪、挪用公款罪刑事裁判文书数量分别为11494份、7929份、2621份。上述三罪的刑事裁判文书数量远多于为亲友非法牟利罪、非法经营同类营业罪。这说明在国有公司人员职务犯罪领域，贪污罪、受贿罪、挪用公款罪的司法适用率较高。①

（二）原因分析

1. 行为具有隐蔽性。为亲友非法牟利罪、非法经营同类营业罪，均系在国有公司、企业、事业单位经营活动中发生的犯罪。在经营活动中，行为人为了规避查处，往往不以其本人或亲友名义进行交易，交易对象多为第三人或第三人公司。此时，行为人本人或亲友居于幕后，实际指挥、控制交易人或交易公司，获取非法利益。这样的交易方式具有隐蔽性，不易被行为人所在单位及办案机关发现，难以被查处。

2. 对行为危害性的认识不够。贪污罪系行为人通过截留侵占、虚报冒领等方式，直接非法占有公共财物的行为，造成单位财产直接减损。为亲友非法牟利罪系行为人在负责单位经营、购销业务过程中，侵害单位商业机会的行为，部分情况下表现为预期利益损失，单位财产不直接减损。两行为比较，贪污行为易引起重视，往往成为单位及办案机关的防控及查处重点，而为亲友非法牟利行为易被单位及办案机关忽视，可能出现查处不及时和遗漏查处的情况。

---

① 上述虽然为一种不完全统计，但仍然反映了本罪适用的基本情况，数据具有参考作用。

3. 不属于职务犯罪热点罪名。长期以来，职务犯罪司法适用的热点罪名为贪污罪、受贿罪、挪用公款罪等。这几类犯罪司法适用较高，与司法解释、规范性文件较多，存在大量的研究文献、案例资源，便于司法适用，息息相关。与贪污罪、受贿罪、挪用公款罪不同，刑法分则第三章第三节“为亲友非法牟利罪”“非法经营同类营业罪”“签订、履行合同失职被骗罪”等，司法解释较少，鲜有研究文献与指导案例，易被办案人员忽略或遗忘，使其成为司法适用的“盲区”。

4. 存在影响司法适用的争议问题。由于为亲友非法牟利罪缺少配套的司法解释与规范指引，该罪在犯罪主体、客观行为的认定、罪名的区分适用上存在较多理论争议问题。争议问题的存在，给办案机关适用为亲友非法牟利罪惩治侵害国有公司、企业、事业单位利益的行为带来了障碍，影响了为亲友非法牟利罪的司法适用。

三、为亲友非法牟利罪的司法适用争议问题

（一）犯罪主体是否限于国家工作人员、是否系监察对象

本罪系身份犯，犯罪主体为国有公司、企业、事业单位的工作人员，包括国有独资公司中的工作人员；受委派在国有控股、参股公司中从事公务的人员及代表负有管理、监督国有资产职责的组织在国有控股、参股公司及其分支机构中从事公务的人员；事业单位的工作人员。私营公司、企业的工作人员不属于本罪的犯罪主体。有观点认为，本罪的犯罪主体实际上属于国家工作人员。① 还有观点认为，将本罪的主体限定为国家工作人员是没有依据的，在单位从事生产经营活动的一般工作人员可以成为本罪主体。② 本文同意前一种观点。根据本罪前述主体的范围，第二类人员当然属于国家工作人员。第一类、第三类人员，从“工作人员”字面含义理解，包括从事公务的人员及从事劳务的人员，但考虑到本罪的犯罪主体需具有职务便利及实施为亲友非法牟利行为的客观条件，该类工作人员实际只能系从事公务的人员。

对于本罪的犯罪主体与《监察法》规定的监察对象的关系问题。《监察

① 陈兴良：《刑法适用总论》，法律出版社1999年版，第160页。

② 孙国祥：《为亲友非法牟利罪若干问题研究》，载《河南司法警官职业学院学报》2003年第4期。

法》规定，监察机关对法律、法规授权或者受国家机关依法委托管理公共事务的组织中从事公务的人员；国有企业管理人员；公办的教育、科研、文化、医疗卫生、体育等单位中从事管理的人员等进行监察。根据该规定，监察对象包括事业单位中从事公务的人员及国有企业管理人员。事业单位中从事公务的人员与本罪第三类人员，事业单位中实际从事公务的人员具有一致性，需要研究的是国有企业管理人员与本罪犯罪主体的关系问题。《监察法实施条例》中规定，国有企业管理人员是指国家出资企业中的下列人员：在国有独资、全资公司、企业中履行组织、领导、管理、监督等职责的人员；经党组织或者国家机关，国有独资、全资公司、企业，事业单位提名、推荐、任命、批准等，在国有控股、参股公司及其分支机构中履行组织、领导、管理、监督等职责的人员；经国家出资企业中负有管理、监督国有资产职责的组织批准或者研究决定，代表其在国有控股、参股公司及其分支机构中从事组织、领导、管理、监督等工作的人员。上述三类人员与前文本罪的第一类、第三类人员具有一致性。综上，本罪的犯罪主体均系监察法规定的监察对象。

（二）“盈利业务”的理解

本罪的客观行为表现为“将本单位的盈利业务交由自己的亲友进行经营”。对于“盈利业务”是可能盈利的业务，还是必然盈利的业务，存在一定争议。我们认为，应当根据该项业务的具体情况和该国有公司、企业、事业单位的经营条件、经营能力，包括其过去经营同类业务情况，有盈利的明显可能，该业务就属于“盈利业务”。在市场经济背景下，市场风险无处不在，必然的盈利不存在于市场交易中。将“盈利业务”理解为必然的盈利业务，不符合市场经营活动的客观规律。《刑法》增设本罪，是为了保护国有公司、企业、事业单位的商业机会。从商业机会的视角出发，《刑法》对“将本单位的盈利业务交由自己的亲友进行经营”的行为予以规制，是因该行为侵害了单位较有可能盈利的商业机会，并非确定性的财产性利益。

当然，有明显可能的盈利机会，由于市场环境的变化，以及亲友的经营能力问题，仍然可能导致不盈利或者亏损的结果，此种情形从理论上并不影响对为亲友非法牟利行为的追诉，对于单位损失金额的认定，可对单位在正常情况下，经营开展该项盈利业务的获益进行测算，以该获益金额为基准，认定本罪的犯罪金额。

（三）“亲友”的内涵与外延

本罪的行为对象是“亲友”和“亲友经营管理的单位”。明确“亲友”的概念，对于准确理解与适用本罪至关重要。对于本罪“亲友”的理解，存在多种观点。其外延由宽及窄分别有以下观点：一是认为司法实践用不着过分拘泥与亲友密切程度的判断，只要是将本单位的业务交由他人经营，就可以构成本罪。二是认为与行为人具有一定联系的、并被给予利益的第三人即可被视为“亲友”。三是认为亲友是指与行为人具有密切关系的人。四是认为“亲友”中的“亲”仅限于直系亲属、三代以内的旁系亲属，“友”仅限于长期交往的朋友。

从字面含义理解，亲友包括亲属、朋友。亲属，汉典网解释为，因婚姻、血缘或收养而产生的人们之间的关系。《民法典》第一千零四十五条规定，亲属包括配偶、血亲和姻亲。朋友，汉典网解释为志同道合的人，情意相投的人，彼此有交情的人。上述解释与规定，虽不能从关系远近上划定亲属、朋友的具体范围，但能够确定，亲属、朋友之间以存在婚姻、血亲、姻亲关系和交往关系为前提，不同于他人。若将本罪的“亲友”解释为行为人之外的任何第三人，则超出了“亲友”的字面含义及社会公众的主观认知，不符合罪刑法定原则。此外，从另一个角度说，如果亲友可以是任意第三人的话，则国有公司、企业、事业单位的工作人员受贿并为他人经营活动谋利的行为都可以构成本罪，这既无必要，也与长期形成的实践惯例不一致。

我们认为，在刑法意义上如何划定亲属、朋友的范围，可以在遵照罪刑法定原则的同时，结合立法目的，对“亲友”范围进行界定。《刑法》增设本罪，是为了规制行为人自己并不实际占有非法利益、而为亲友谋取非法利益，造成单位利益遭受损失的行为。该类行为规制的重点系行为人为自己以外的人谋利，使本单位利益受损。因此，本罪“亲友”的概念，应在婚姻、血亲、姻亲关系和交往关系的范围内做广义理解，以更好地保护单位的合法利益。从此角度理解，“亲友”应解释为有联系的第三人，包括有婚姻联系，有血亲、姻亲联系，有交往联系等情形。对这种联系的审查不必过于严格，如亲属包括民间意义上的远房亲属，朋友包括一面之交甚至素未谋面的朋友。

（四）“明显高于”“明显低于”市场价格的认定

本罪的客观行为之一系行为人以明显高于市场的价格向自己亲友经营管理的单位采购商品，或以明显低于市场的价格向自己亲友经营管理的单位销售商品。对于市场价格，应当以交易时当地同类商品的交易价格认定。同类商品是指规格、质量、品牌等特征相同的商品。交易价格有幅度的商品，基于有利于被告人原则，应以商品在市场上的价格幅度上线，或商品在市场上的价格幅度下线，与行为人的交易价格之间的差额计算。

对于“明显高于”“明显低于”幅度的把握，是否应设定一定的比例，如“明显高于”或者“明显低于”市场价格达到三分之一或者二分之一的，则应认定为达到“明显”的程度。[①] 上述观点均认为应设定具体的参照标准。但近年来，随着买卖型交易型受贿中对“明显高于”或“明显低于”市场价格研究的不断深入，一般认为，“明显高于”“明显低于”市场价格的认定，属于认知判断范畴，应结合交易习惯和一般人的观念进行认定，不宜设定具体的标准。在具体认定过程中，既要考虑相差的金额数，又要考虑相差的比例，在综合当地物价水平、收入水平的基础上进行认定。

（五）不合格商品的认定

对于本罪“不合格商品”的认定，首先是何为商品。在政治经济学意义上，商品是满足人们某种需要的，用来交换的劳动产品。在刑法领域，未有法律或司法解释对商品作出规定，但产品的概念，存在相关规定。《刑法》第一百四十条规定了生产销售伪劣产品罪。对于产品，《最高人民法院、最高人民检察院关于办理生产、销售伪劣商品刑事案件具体应用法律若干问题的解释》中规定，《刑法》第一百四十条规定的不合格产品是指不符合《中华人民共和国产品质量法》（以下简称《产品质量法》）要求的产品。根据《产品质量法》的规定，本法所称产品是指经过加工、制作，用于销售的产品。参照上述规定，本罪“不合格商品”中的商品可以理解为劳动产品，即经过加工、制作，用于销售的产品，包括工业产品、农业产品、生产资料等。存在争议的问题是知识产权、土地使用权等是否属于本罪的商品。我们认为，商

① 高铭暄：《新型经济犯罪研究》，中国方正出版社2000年版，第360页。

品不仅包括有形产品，还包括无形商品，如知识产权、土地使用权等，具有劳务因素，能够进行市场交易，符合商品的本质特征，系无形商品，属于本罪的商品范畴。

其次，对于本罪“不合格商品”的认定，有观点认为，产品合格与否，应根据《产品质量法》的规定进行判断。还有观点认为，所谓不合格商品是指商品本身的质量不符合国家、行业部门制定的有关标准。我们认为，本罪的“不合格商品”可以参照《产品质量法》的规定及国家、行业部门制定的有关标准进行认定，但也有其特殊含义。《刑法》增设为亲友非法牟利罪，规制向自己亲友经营管理的单位采购不合格商品的行为，是因为行为人为了从亲友处采购，使亲友非法获利，使单位损失了更优质的采购机会，造成单位合法利益受损。从放弃更优质采购机会及单位利益受损的角度出发，“不合格商品”应理解为不符合单位质量需求、质量要求的产品，不应限于《产品质量法》的规定。如某甲系某国有建筑公司工程材料采购员，某国有建筑公司基于与建筑发包方的合同约定，需采用质量品质更优的某 A 型钢筋，但某甲为了能够从亲友经营管理的公司采购商品，向自己亲友经营管理的公司采购了质量不如 A 型钢筋的 B 型钢筋，致使某国有建筑公司承担了违约责任。在此种情况下，尽管某甲采购的 B 型钢筋符合产品质量标准，但某甲采购的系不符合单位需求的商品，且客观上造成了单位利益损失，其行为构成为亲友非法牟利罪。

（六）经济损失的认定

本罪的危害后果系使国家利益遭受重大损失，特别是经济损失。对于经济损失的认定，首要争议问题是是否包括间接经济损失及间接经济损失的范围。2006 年最高人民检察院印发《关于渎职侵权犯罪案件立案标准的规定》，将滥用职权相关犯罪中的经济损失表述为直接经济损失与间接经济损失。直接经济损失是指与行为有直接因果关系而造成的财产毁损、减少的实际价值；间接经济损失是指与直接经济损失存在牵连的其他损失，包括预期收益损失和为挽回造成损失所需支付的各种支出及费用。2012 年最高人民法院、最高人民检察院印发的《关于办理渎职刑事案件适用法律若干问题的解释（一）》统一采用“经济损失”的表述，不再区分直接经济损失和间接经济损失，但其计算范围实际上基本涵盖了原有的直接经济损失和间接经济损失，只是间接损失中的正常情况下可以获得的利益，即预期收益部分未纳入经济损失的计算范围。[①] 参照上述司法解释的规定，经济损失应包括间接经济损失，且间接经济损失中为挽回造成损失所需支付的各种支出及费用应予以认定，但对于预期利益损失，存在不同的理解。本文认为，本罪的立法目的系保护国有公司、企业、事业单位的商业机会。对于商业机会的侵害，往往表现为间接损失中的预期利益损失，如将本单位的盈利业务交由自己亲友进行经营，单位的损失即为预期可得的盈利业务收益，在此情况下，本罪不宜将预期利益损失排除在本罪经济损失之外。

其次，本罪经济损失的计算，存在以单位经济损失金额认定、行为人亲友获利金额认定的不同思路。本文认为，本罪的客体系国有公司、企业、事业单位的合法利益，应首先从单位视角出发，计算行为人的行为给单位造成的经济损失金额。在单位经济损失金额无法认定的情况下，可以行为人亲友获利金额认定。但在认定过程中应当扣除亲友为了经营而支出的成本，以及正常的市场利润。

四、为亲友非法牟利罪与近似罪名之界分

（一）为亲友非法牟利罪与贪污罪之界分

贪污罪与为亲友非法牟利罪在构成要件上存在一定相似性：主体上，两罪均为国家工作人员；客观行为上，两罪均须利用职务上的便利；客观危害后果上，两罪均给行为人所在单位利益造成了损失。对于两罪的区分适用，可从以下两方面进行把握。

一是判断行为人系为自己牟利，还是为亲友牟利。贪污是将单位公共财物据为己有，系为自己谋取非法利益。为亲友非法牟利是将单位的商业机会交由亲友，系为亲友谋取非法利益。如果行为人系为自己或与自己具有共同财产关系的亲属、朋友谋取非法利益，那么其行为可能构成贪污罪。谋利主体不同，是两罪的首要区别。

① 人民法院出版社主编：《司法解释理解与适用全集》（刑事卷4），人民法院出版社2018年版，第295页。

需要研究的两个问题是：（1）近亲属能否当然视为与行为人有共同财产关系。本文认为，不能当然认为近亲属之间存在共同财产关系，不乏近亲属之间财产独立的情况存在，除非有证据证实近亲属之间存在共同财产关系，否则行为人为近亲属牟利的，应认定为为亲友非法牟利。如某国有事业单位的工作人员李某某，利用负责单位采购网络服务器工作职务上的便利，以 47 万余元的价格，向自己母亲担任法人的公司采购了成本价格仅为 10 万余元的网络服务器、硬盘等设备。该种情形，在未有证据证实李某某与其母亲存在共同财产关系的情况下，应认定李某某系为其母亲牟利，构成为亲友非法牟利罪。（2）在行为人为其本人与亲友共同持股公司牟利的情况下，行为性质如何认定。本文认为，若有证据证实，行为人与其亲友从持股公司均获取了非法利益，此时行为人既有为亲友牟利的主观目的，也有为自己牟利的主观目的，鉴于客观上，行为人仅实施了一个为公司牟利行为，对行为人的行为不宜数罪并罚。此时，应综合全案情况，认定行为人主要系为亲友牟利，还是为自己牟利，以行为的主要方面认定行为性质。如刘某某系某国有控股公司的副总经理，其要求下属分公司向其实际控制的某贸易公司高价采购大米获利；在某贸易公司中，刘某某实际占股 43%，系最大股东，其他股东均系刘某某的亲属、朋友。在该案中，若有证据证实，刘某某及其亲友均从该公司获利，应综合刘某某的主观目的及客观获利情况，认定其主要系为亲友牟利，或为自己牟利，进而认定行为性质。

二是判断行为人的亲友是实际经营还是虚增经营环节。若行为人的亲友未直接获取单位的货币、物品、财产性利益，而是通过经营行为获利的，那么行为人给予亲友的是商业机会，其行为可以为亲友非法牟利罪论处。如行为人将单位的工程业务交给其亲友，行为人的亲友通过资金、劳务等投入，在完成工程项目后获利的，其行为可以为亲友非法牟利罪论处。若行为人虚增经营、交易环节，系以亲友经营投入为幌子，直接获取行为人所在单位的利益，可以贪污罪论处。如殷某贪污案中，殷某身为国企负责人，让其亲友成立一家服务咨询公司，并以公司提供咨询服务为由支出 2000 万余元。经核查，上述咨询服务环节完全是不必要的，是殷某为了套取公司财物而虚设的环节，故应当构成贪污罪而不是为亲友非法牟利罪。

（二）为亲友非法牟利罪与受贿罪之界分

1. 行为人为亲友非法牟利，并收受亲友财物的情况下，行为性质的认定

《最高人民法院、最高人民检察院关于办理贪污贿赂刑事案件适用法律若干问题的解释》第十七条规定，国家工作人员利用职务上的便利，收受他人财物，为他人谋取利益，同时构成受贿罪和刑法分则第三章第三节、第九章规定的渎职犯罪的，除刑法另有规定外，以受贿罪和渎职犯罪数罪并罚。根据该规定，行为人实施为亲友非法牟利行为，并收受亲友所送财物的，以受贿罪与为亲友非法牟利罪数罪并罚。

2. 行为人所在单位的下属单位或民营企业将部分“业务”交给行为人的亲友时，相关行为性质的认定

实践中，行为人利用担任国有公司、企业、事业单位相关职务的便利，为下属单位或与本单位有业务联系的民营企业牟利，下属单位或民营企业为回馈行为人的帮助，将自己单位的部分“业务”交给行为人的亲友，行为人亲友据此获利的情况，对于行为人是认定受贿罪还是为亲友非法牟利罪存在争议。对此，应根据案件具体情况加以认定，关键在于区分行为人收受的是商业机会还是财产性利益。对于下属单位或者民营企业提供的是商业机会，需要行为人的亲友实际进行经营，承担风险，可以为亲友非法牟利罪论处；反之，则可以认定行为人是收受下属单位或者民营企业所送的财产性利益，可以受贿罪论处。商业机会和财产性利益，通常可以根据其亲友是否实际进行资金投入，是否实际进行生产、加工、经营，是否承担经营和市场带来的风险等方面来进行认定。如在被告人蓝某某受贿案中，某房地产公司为了让蓝某某提供相关便利，提出将自己开发的楼盘其中三套交给蓝某某的特定关系人进行销售，由于涉案地实行楼盘销售限价政策，开发商只能以不超过备案价的价格进行销售，导致新楼盘价和二手房价形成倒挂，市场上新楼盘需要摇号方能取得购买资格，在“摇到就是赚到”的前提下，蓝某某的特定关系人以备案销售价取得了三套房的购买资格，并在市场上进行销售，其行为本质上是蓝某某及其特定关系人收受了房地产公司提供的附着于三套房产之上的财产性利益，房地产公司提供的并非需要经营的、盈亏自负的商业机会，而是确定的财产性利益，因而蓝某某构成受贿罪，而不是为亲友非法牟利罪。

又如，在秦某某受贿案中，秦某某所在国有公司一直从某民营企业处购买零件。秦某某在其女儿创业之后，给该民营企业的实际控制人陈某打招呼，要求陈某支持其女儿的创业工作。于是，应秦某某的要求，陈某从原来 A 公司处购买某款产品改从秦某某的女儿设立的公司处购买该款产品，但同时将 A 公司的联系人发给秦某某的女儿，每次需要购货时，同时将需要的产品详细信息发给 A 公司和秦某某的女儿，产品也直接从 A 公司发给陈某公司。但是账务显示陈某从秦某某的女儿处购买该款产品，秦某某的女儿则从 A 公司进货。对此种行为分析认为，陈某给予秦某某的女儿的不是市场上正常的商业机会，而是确定的、附着于产品之上的财产性权益，秦某某对此情况明知，应当构成受贿罪，而不是为亲友非法牟利罪。

（三）为亲友非法牟利罪与非法经营同类营业罪之界分

非法经营同类营业罪是指国有公司、企业的董事、经理利用职务便利，自己经营或者为他人经营与其所任职公司、企业同类的营业，谋取非法利益，数额巨大的行为。该罪与为亲友非法牟利罪存在以下不同：具有不同的犯罪主体，前罪的犯罪主体为国有公司、企业的董事、经理，后罪的犯罪主体为国有公司、企业、事业单位的工作人员；具有不同的危害后果，前罪的危害后果系行为人获取非法利益，后罪的危害后果系国家利益遭受重大损失。两罪的区分适用，主要争议问题是客观行为的认定，包括：

1. “为他人经营与其所任职公司同类的营业”与“将本单位的盈利业务交由自己的亲友进行经营”的区分

前行为表现为利用职务便利，积极参与他人的经营行为；后行为表现为利用职务便利将单位的盈利业务交给自己的亲友。后行为即便参与亲友经营，参与经营行为与行为人自己的职务行为也没有必然的关联关系。前行为要求行为人获取非法利益：一是所获取的非法利益必须与其经营活动具有直接的对应关系，具体表现为经营利润或经营报酬；二是获取非法利益数额巨大。后行为也可能获取一定的报酬，但该报酬并非直接源于本单位的具体经营行为，而是源于行为人利用职务便利，给予亲友本单位的商业机会，收受财物具有受贿性质。对于国有公司、企业的董事、经理利用职务便利，将本单位的盈利业务交由其亲友的公司、企业，自己也参与经营，并获利的行为，应根据具体情况择一罪定罪处罚。

2. 获取购销差价行为的性质认定

有观点认为，非法经营同类营业行为包括两类：一种是横向竞争行为，即国有公司、企业生产、销售或服务什么，国有公司、企业的董事、经理就兼职生产销售或服务什么，然后将任职公司、企业的商业机会交给兼营公司、企业进行经营。另一种是纵向竞争行为，即国有公司、企业的董事、经理利用职务便利，将其任职国有公司、企业的购销业务商业机会（上下游业务）交给同类营业的兼营公司、企业经营。上述纵向竞争行为与为亲友非法牟利罪中的购销行为具有一致性。我们认为，非法经营同类营业行为本质上违反的是竞业禁止业务，主要是为规范横向竞争行为，依据系《公司法》[①] 第一百四十八条第一款第五项。该项规定，公司董事、高级管理人员不得未经股东会或者股东大会同意，利用职务便利为自己或者他人谋取属于公司的商业机会，自营或者为他人经营与所任职公司同类的业务。而《公司法》[②] 第一百四十八条第一款第四项规定，公司董事、高级管理人员不得违反公司章程的规定或者未经股东会、股东大会同意，与本公司订立合同或者进行交易。对于违反此项规定的行为，符合为亲友非法牟利罪的犯罪构成的，更倾向于认定为亲友非法牟利罪；对于不符合为亲友非法牟利罪的犯罪构成的，如行为人直接开办公司，与自己所在公司订立合同或者进行交易的，从严密法网的角度，是否可以认定为构成非法经营同类营业罪，值得进一步研究。

（四）为亲友非法牟利罪与国有公司、企业、事业单位人员滥用职权之界分

国有公司、企业、事业单位人员滥用职权罪是指国有公司、企业、事业单位的工作人员，滥用职权，造成国有公司、企业、事业单位破产或者严重亏损，致使国家利益遭受重大损失的行为。为亲友非法牟利罪与国有公司、企业、事业单位人员滥用职权罪的犯罪主体、危害后果相同，《刑法》设定的刑期也相同。两者的区分体现为客观行为与主观动机。客观行为上，为亲友非

---

① 本文发表时，新修订的《公司法》尚未通过。
② 本文发表时，新修订的《公司法》尚未通过。

法牟利罪包括将本单位的盈利业务交给自己的亲友经营等特定三类行为，国有公司、企业、事业单位人员滥用职权罪则包括为亲友非法牟利罪三类行为在内的各类滥用职权行为；主观动机上，为亲友非法牟利罪具有为亲友牟取非法利益的主观动机，国有公司、企业、事业单位人员滥用职权罪也同样可以具有徇私舞弊的主观动机，且为亲友非法牟利的主观动机属于徇私舞弊情节中的徇私情节。因此，为亲友非法牟利罪本质上属于国有公司、企业、事业单位人员滥用职权罪的特殊罪名。在罪名适用上，如果行为人实施了特定三类为亲友非法牟利行为，那么行为应以为亲友非法牟利罪论处；如果行为人实施了其他滥用职权行为，那么行为应以国有公司、企业、事业单位人员滥用职权罪论处。

五、为亲友非法牟利罪的完善建议

（一）新时代修改完善为亲友非法牟利罪具有重要意义

自党的十八大以来，在反腐败高压态势下，腐败分子为掩盖犯罪、逃避惩罚，开始“躲进青纱帐、穿上隐身衣”，腐败的方式手段不断变化和翻新，更趋隐蔽。[①] 部分国家工作人员，为逃避查处，本人不收受财物，而是为“身边人”大肆敛财；不直接占有单位的合法财产，而是通过“白手套”“影子公司”等方式，通过与单位的商业合作，非法占有单位的商业机会，损害单位的合法利益。上述行为具有隐蔽性，不易被办案机关发现，且因行为人未直接收受贿赂或占有单位财物，存在劳务、经济投入等经营因素介入等原因，行为即便被发现查处，也存在罪名适用困难，即贪污罪、受贿罪等罪对上述行为的打击受限。在此背景下，针对上述不断出现的新型隐形腐败，修改完善为亲友非法牟利罪，加强为亲友非法牟利罪的法律适用，以加大对为第三人牟利行为的查处力度，强化对侵害国有公司、企业、事业单位商业机会行为的惩处，对于解决当下部分新型隐形腐败查处困难的局面，具有重要意义。

党中央始终高度重视民营企业的发展工作，强调“两个毫不动摇”“三个没有变”“两个健康”，依法保护民营企业产权和企业家权益，从制度和法律上把对国有企业、民营企业平等对待的要求落实下来。党的二十大报告明确

① 王晓东：《新时代背景下惩治腐败犯罪若干问题的思考——基于审判贪腐案件的实践展开》，载最高人民法院刑事审判第二庭编：《职务犯罪审判指导》（第1辑），法律出版社2022年版，第90页。

要求："优化民营企业发展环境，依法保护民营企业产权和企业家权益，促进民营经济发展壮大。"① 《刑法》对国有公司、企业相关腐败犯罪作的规定，有些却不适用于一般的民营企业，如为亲友非法牟利罪犯罪主体仅限于国有公司、企业、事业单位的工作人员，因而在《刑法修正案（十二）》② 的草案中提出来，将为亲友非法牟利罪扩展到民营企业，对于民营企业内部关键岗位人员，违反对岗位职务的忠实义务，侵害企业、企业家利益的行为，造成重大损失的，也要进一步追究刑事责任，加大对民营企业产权和企业家权益的保护力度，为民营企业有效预防、惩治内部腐败犯罪提供法律手段，积极回应企业家关切，促进民营经济发展壮大，营造法治营商环境。

（二）为亲友非法牟利罪的修改完善建议

为了进一步发挥为亲友非法牟利罪在惩治腐败、保障民营企业发展中的作用，在司法实践中进一步扩大本罪的适用，提出以下修改完善建议：

1. 明确该罪的具体内涵，清晰界定该罪的外延

实践中，制约该罪适用的主要原因之一在于，为亲友非法牟利罪罪与非罪的界限不清，违法与违纪不好区分；该罪行为与贪污、受贿等行为往往交织在一处，难以厘清；认定本罪之后，对单位和国家造成的损失难以具体计算。因而对于本文中所提及的法律适用中的问题，有必要通过立法进一步明确。如果考虑到立法的特殊要求，可由最高司法机关通过司法解释或者指导性文件予以明确，如对"亲友""盈利业务""明显高于""明显低于""不合格商品"等概念进行进一步规定，对"使国家利益造成重大损失"中的经济损失进行解释，对计算方法和计算规则予以确定。

2. 将本罪适用范围扩大至民营企业

根据《刑法修正案（十二）》③ 草案，从平等保护民营经济合法权益的角度出发，将犯罪主体扩大至包括民营公司、企业在内的所有公司、企业。当

---

① 习近平：《高举中国特色社会主义伟大旗帜　为全面建设社会主义现代化国家而团结奋斗——在中国共产党第二十次全国人民代表大会上的报告（2022 年 10 月 16 日）》，人民出版社 2022 年版，第 29 页。

② 本文发表时，《刑法修正案（十二）》尚未通过。——笔者注

③ 本文发表时，《刑法修正案（十二）》尚未通过。——笔者注

然，与犯罪主体的修改一致，为亲友非法牟利罪的危害后果同样应予以扩大，将危害后果修改为使国家利益或公司、企业利益造成重大损失。但是国有公司、企业、事业单位和民营企业仍存在一系列的差别，在司法适用中，尤其在定罪量刑方面，仍应当根据实践情况客观认定。如定罪方面，本罪为公诉案件，如何在打击犯罪、严密法网的同时，保障民营企业发展的自主性，最大限度地减少司法活动对涉案民营企业正常生产经营活动的不利影响，需要进行进一步的研究；量刑方面，对于国有企业人员和民营企业人员廉洁度的要求不同，且造成损失的社会后果不同，对于国有企业人员和民营企业人员是否要同等量刑，还是对于民企人员在同等条件下体现一定程度的从宽，也有待在立法、司法中进一步进行探讨、确定。

3. 完善法律体系，确保不同罪名、不同行为之间衔接平衡

为亲友非法牟利罪位于《刑法》分则第三章第三节“妨害对公司、企业的管理秩序罪”中，但该罪名本身又起到了惩治腐败的作用，因而涉及该罪名和《刑法》分则第八章罪名的衔接平衡问题。

（1）本罪规定了国有公司、企业、事业单位工作人员为亲友非法牟利的行为，但是国家机关工作人员为亲友非法牟利的相关行为未纳入刑法规制范围，两者的危害性不相上下，后者甚至在实践中更为常见，后果更为严重，但由于《刑法》没有相关规定，导致国家机关工作人员为亲友非法牟利的相关行为，只能作为违纪行为进行处理。从严密法网、从严惩治腐败的角度而言，应当及时堵塞这一漏洞。

（2）本罪仅规定了犯罪主体利用职务便利实施犯罪的情形，但司法实践中不乏国有公司、企业、事业单位的工作人员，以“权力互换”的方式，利用本人职权或地位形成的便利条件，通过本单位或与本单位存在制约、隶属关系的其他单位中具有主管、负责、承办单位经营、购销等业务的工作人员职务上的行为，为亲友非法牟利的情形。在《刑法》第三百八十五条“利用职务便利”和《刑法》第三百八十八条斡旋受贿均统一规定为受贿罪的规范下，对国有公司、企业、事业单位的工作人员斡旋实施为亲友非法牟利的行为，也应当进行规制。因此，建议在为亲友非法牟利罪中增设“斡旋”条款。

（3）《刑法》规定为亲友非法牟利罪的客观行为包括将本单位的盈利业

务交由自己的亲友进行经营等三类，但不能排除该三类行为之外，还存在其他与三类行为近似的为亲友非法牟利行为的存在。因此，建议增设兜底行为条款，表述为“其他侵害国有公司、企业、事业单位商业机会的行为”。

（作者：最高人民法院刑二庭　段　凰
江苏省高级人民法院　王天奇）

国家工作人员出资购买原始股行为的性质认定

内容摘要：原始股属于稀缺资源，具有极高的投资价值。对国家工作人员在利用职务上的便利为他人谋取利益后出资向请托人购买原始股的行为如何处理，理论上和实践中均存在不同认识。鉴于在此种情形下，国家工作人员出资购买原始股是以权力为基础获取投资机会，以权力为保障获取交易安全，以权力为对价获取原始股上市后的巨额升值部分，其行为本质上是权钱交易，并非单纯获取商业投资机会，属于非法收受他人刑法意义上的财物，构成受贿犯罪。

关键词：原始股　商业投资机会　权钱交易　贿赂对象

一、实例判决及观点之争

（一）基本案情

【案例1】F曾任某镇党委书记，其利用职务上的便利为某机械公司在租赁、购买土地等方面谋取利益。H系某机械公司法定代表人。2005年，F以投资为名给予H15万元，要求保本，并支付利息。2014年，某机械公司为上市做准备，进行股份制改革。在此期间，H为感谢F的帮助，经F同意，将上述15万元转为购股款。二人约定，F持有某机械公司15万股原始股，股份由H代持，原始股价格以某机械公司注册资本对应的每股价格为准，为1元每股。2018年，某机械公司在A股主板上市，股票发行价为11.21元每股，上市首日收盘价为15.4元每股，上市一年整时间节点股票价格为14.2元每股。2019年，F将股权抛售，获利150万余元。

【案例2】W曾任某市教育局副局长，其利用职务上的便利为某投资基金高级管理人员Z在子女入学事项上提供帮助。2006年4月，Z所在投资基金投资某能源公司2000万元，帮助某能源公司完成上市前最后一轮融资。Z在投资中获得购股机会，其出资40万元，以约2.67元每股价格购买了15万股某能源公司股权。2006年5月，Z告知W有原始股投资项目，投资的公司业绩良好，所在行业前景广阔，具有矿产权，上市可能性较大。W表示愿意投资。当月，W转款40万元给Z，以代持方式持有股权。2009年，某能源公司在A股中小板上市，股票发行价为18.6元每股，上市首日收盘价为15.2元每股，上市一年整时间节点股票价格为32元每股。2010年，Z指使股权代持人将股票抛售，获得售股款约650万元转至W的账户。在案证据证实，某能源公司大股东与投资人签订了回购保本协议，在某能源公司未能成功上市情况下，大股东原价回购投资人购买的股份。

（二）观点之争

国家工作人员在利用职务上的便利为他人谋取利益后出资向请托人购买原始股的行为是否认定为受贿犯罪，理论界与司法实务界存在正反两种观点。

1. 不构成犯罪的观点。该观点系传统型行为性质认定思路，认为国家工作人员出资购买原始股，属于获取商业投资机会，不构成受贿犯罪。具体理由为：

（1）投资具有风险性。即使是在股票一级市场购买的原始股，实际上也存在跌破发行价的情况。因此，现阶段不构成受贿的观点是正确的，盈利机会毕竟不是直接的财产，仅仅是一种可能。换句话说，因为投资理财是一种高风险、高收益的行业，即使请托人是专业人士，也未见得一定能把握好变幻莫测的证券、期货投资市场，也就是说，虽然国家工作人员按照其指点获得投资收益的可能性较大，但不能排除亏损的可能，盈利和亏损都具有盖然性，这与直接收受他人财产性利益的情况截然不同，不应被纳入贿赂犯罪的范畴，即原始股上市超额收益的获得不具有确定性，国家工作人员的投资具有风险性。

（2）行为具有市场交易性质。入股、增资扩股对于双方来说，实际上就是一个互惠互利的资金私募、商业投资行为（尽管这种投资因为主体特定而违规），不存在谁行贿、谁受贿，没有贿赂交换利益的因果联系——一方因需要资金解决上市面临的“瓶颈”问题而采取增资扩股方案，而另一方博弈后续可能上市带来的收益。

（3）投资收益的取得源于出资。请托人虽鉴于国家工作人员职权和职务形成的优势，主动奉上绩优股本，主观上亦有通过国家工作人员谋利之目的，但因国家工作人员支付了对价，其后续红利的取得是基于前期的购买与投资行为产生的收益，在此种情况下，财物的取得更多源于请托人给予国家工作人员的购买优先权，故不宜认定双方系行受贿关系。

（4）行为不构成犯罪具有明确规定。2003年《全国法院审理经济犯罪案件工作座谈会纪要》（以下简称《经济犯罪座谈会纪要》）第三条第七款第二项规定，行为人支付股本金而购买较有可能升值的股票，由于不是无偿收受请托人财物，不以受贿罪论处。依据《经济犯罪座谈会纪要》的规定，国家工作人员出资购买股票获益，不以受贿犯罪论处。原始股虽不公开上市交易，但属于股票的一种，具有交易风险性，属于《经济犯罪座谈会纪要》规定的股票范畴。国家工作人员出资购买原始股获益，属于支付股本金而购买较有可能升值的股票，不应以受贿罪论处。

在上述案例1中，F的购股价格与某机械公司注册资本所对应的每股价格一致，鉴于我国司法实务领域一般以股份所对应的净资产价值认定股份市场价格，故难以认定F系为以明显低于市场价格购股。在案例2中，W购买股票的价格与Z近期购买股票的价格一致，高于某能源公司股份所对应的净资产价值，故亦难以认定W系以明显低于市场价格购买原始股。F与W均不构成交易型受贿。依据不构成犯罪的观点，F、W在购股时，股权上市超额收益尚未确定产生，两人在实际承担投资风险的情况下，以出资取得后续股票上市超额收益，行为不构成受贿犯罪。

2. 构成犯罪的观点。该观点系近年来司法实务界提出的新型行为性质认定思路，认为在具有职权关联性的原始股交易中，对其不法实质的判断不应仅落脚在是否足额支付股份当下的交易价格费用，还应涵摄到原始股所具有的期待利益，毕竟交易双方所指向的主要对象也是该期待利益。国家工作人员能够购买原始股，并获取股票上市后的超额收益，系因实际或承诺为他人谋取利益，出卖手中权力，其行为构成受贿犯罪。对于受贿犯罪金额的认定，该观点认为应以行为人实际获利金额认定受贿金额。

在上述案例中，主观上，F、W具有收受他人给予的原始股上市后超额收益的故意；客观上，二人实际取得了原始股上市后的超额收益，且超额收益的取得系因二人利用职权为他人谋取了利益。本质上，二人的行为系权钱交易，应以受贿犯罪论处。

（三）观点评析

不构成犯罪的观点未充分考虑权力因素对行为性质的影响。该观点从国家工作人员实际出资、承担交易风险的视角出发，充分考虑了国家工作人员参与原始股交易具有的市场投资属性，并基于市场投资属性的存在，得出行为性质属于商业投资的结论。从一般市场主体所进行的原始股投资视角出发，该观点并无不当。但国家工作人员属于特殊主体，其所参与的原始股交易具有特殊性。在国家工作人员参与的原始股交易中，交易双方的交易主体选取、交易价格、交易条件、违约条款等均难以避免受到权力因素的影响。因此，在对国家工作人员出资购买原始股行为的性质进行判断时，不仅要考虑其出资行为，更要充分考虑权力因素对交易的影响，包括国家工作人员为何能够获取股权投资机会参与原始股交易；在权力因素与出资行为兼具的情况下，哪种因素起到决定性的作用；国家工作人员所享有的交易条件是否受到权力因素的影响等。

我们赞同构成犯罪的观点，认为该观点充分考虑了国家工作人员的身份地位、权力因素对原始股交易的影响，抓住了国家工作人员能够参与原始股交易并获取原始股上市超额收益的根本原因，即出卖手中的权力。但作为新型认定思路，在理论上尚需进一步论证，包括行为对象是否属于商业投资机会，能否认定为刑法意义上的财物；在国家工作人员实际出资的情况下，为何不能将股权上市超额收益的取得归于出资；《经济犯罪座谈会纪要》第三条的规定如何理解等。

二、权力视域下国家工作人员出资购买原始股的行为

原始股是拟上市公司在上市前向特定主体发行的股票。原始股交易也称股票一级市场交易，是公司上市前，以私募方式与特定主体进行的股权交易，与在证券交易所公开交易的股票二级市场交易相对应。原始股交易一般具有

交易对象特定、交易价格较低、投资风险小、投资回报高等特点。一般而言，原始股投资人所持有的股票在公司上市后，会大幅度增值。正因如此，在我国股票市场，原始股成了财富的代名词，成为众多投资者竞相追求的对象。

（一）国家工作人员以权力为基础获取原始股投资机会

原始股主要的销售对象为风险投资者、公司管理层及核心员工，一般而言，公司向风险投资者出售股权，系为了解决上市大额资金需求；公司向其高管及核心员工出售原始股，系为了激励公司员工，激活公司发展动力。此外，不排除公司向个体投资者出售原始股的情况存在，但此类出售以个体投资者能够为公司提供一定帮助为前提。上述主体获得原始股交易机会，源于其能够为公司提供帮助，有助于公司发展，否则公司没有必要向其出售优质、稀缺的原始股。

国家工作人员既非风险投资者，亦非公司高管及核心员工，公司之所以愿意将原始股出售给国家工作人员，不言而喻看中的是国家工作人员的地位和手中的权力，而国家工作人员能给予公司的帮助正是其利用了职务上的便利或职权地位形成的便利条件，为公司或其股东谋取了利益。在上述案例中，F获得原始股购买机会系因其在担任某镇党委书记期间，为某机械公司在租赁、购买土地等方面谋取了利益；W获得原始股购买机会系因其曾任某市教育局副局长时，为持有原始股的Z在其子女入学事项上提供了帮助。因此，国家工作人员能够获得购股资格，参与原始股投资，系以权力为基础。

（二）国家工作人员以权力为保障获取原始股交易安全

国家工作人员为请托人谋取利益，请托人基于“感谢”目的给予国家工作人员原始股投资机会。在这样的背景下，请托人为达成“感谢”目的，在提供购股机会的同时，亦会给予国家工作人员一定的交易安全保障条件。在司法实践中常见的情况包括：

1. 以较低价格出让原始股。在公司上市程序启动早期，请托人或以股权对应的净资产价值，或以公司高管、股东购买价格，或在上述价格区间范围内，向国家工作人员出让原始股。这样的购买价格与公司最后确定的股票发行价具有较大的差距。在此种情况下，即便国家工作人员购买的股票最终未能上市，或上市后股票破发，国家工作人员也几乎不承担投资风险。在上述案例中，F、W 购买股票的价格分别为 1 元每股、2.67 元每股，而股票的发行价格分别为 11.21 元每股、18.6 元每股，在此种情况下，即使股票市场出现大幅震荡，F、W 的投资依然未有任何风险。

2. 提供精心筛选的优质公司股票。不同拟上市公司的原始股，因各公司情况不同，在投资风险性、获益可能性、预期获益多寡等方面存在差异。为达到“感谢”目的，部分请托人优中选优，精选股票，确保国家工作人员能够获得高额原始股上市收益。请托人选取的拟上市公司大多具备公司经营业绩良好、基本符合上市条件、具有稳定资产甚至抵押物、所属行业受到国家支持、保荐机构业绩优秀、公司处于上市程序后期等多重利好条件。在上述一定条件下，国家工作人员购买的原始股几乎不存在投资风险。可以说，国家工作人员购得该类原始股，即意味着其获得了确定性的股票上市超额收益。在上述案例 2 中，Z 提供给 W 的某能源公司原始股，即属于 Z 精心挑选的股票。某能源公司业绩良好，所在行业前景广阔，具有矿产权，显然属于优质公司。此外，投资该公司的投资者还能得到公司大股东提供的“原价回购协议”，这进一步保障了投资人的权益，减少了投资风险。

3. 交易包含风险保障条款。为使国家工作人员能够确定获得原始股上市超额收益，部分请托人或与国家工作人员直接签订风险回购协议，约定在公司未能上市、上市后股票破发等情况下，以一定价格回购原始股；或以其他明示或暗示方式与国家工作人员约定，在投资亏损情况下，由请托人补齐投资损失。上述约定在国家工作人员原始股投资中并不鲜见。在此类情况下，请托人实际为国家工作人员提供了额外的投资风险保障，承担了本应由国家工作人员承担的投资风险。如在上述案例 1 中，F 购买某机械公司的 15 万元来源于 F 之前对某机械公司的 15 万元投资，而该 15 万元投资系保本投资，即 F 不承担投资风险而获取收益。那么，由开始的保本投资款转化成的股权投资款，必然同样具有保本性质。

值得关注的是，在国家工作人员原始股投资中的风险保障条款与商事领域的“对赌协议”在性质上完全不同。国家工作人员所享有的风险保障条件系基于权力获得，属于权钱交易，而商事领域的“对赌协议”系投资者的投资保障条款，基于投资获得，属于商业约定范畴。

（三）国家工作人员以权力为对价获取原始股上市超额收益

从表面上看，国家工作人员因出资购买原始股才获取原始股上市超额收益，获利源于出资，即国家工作人员出资购得原始股，随后公司上市，股票升值，抛售股票故而获利。但探究上述超额收益的获取过程，不难看出：其一，国家工作人员因权力而获取了购买原始股的交易机会，这是获利的前提与基础；其二，国家工作人员因权力而获取了原始股的交易安全，这是获利的重要保障。此时，国家工作人员只要付出小额出资，就能获取未来确定性的可期待的巨额收益。当然，这里的确定性在于原始股上市后的收益与否是确定的，而收益多少将根据市场状况来确定。

请托人与国家工作人员达成一致的清楚认知在于，请托人向国家工作人员提供以小额出资购买原始股的机会，即是将该股份上市后可期待的重大利益输送给国家工作人员，而国家工作人员付出小额出资的最终目标也是获取未来可期待的重大利益。此时，国家工作人员付出的购入原始股的小额出资款即是其实现未来可期待的确定性利益的成本。正是因为权力因素的介入，国家工作人员获取的原始股上市后的收益并非其基于投资而获取的收益，而是其利用权力为他人谋取利益而获取的对价和回报。

在案例1中，2019年F将股票抛售后获利的150万余元，在案例2中，2010年W指使股权代持人抛售股票后获利约650万元，均是国家工作人员利用其职务便利为他人谋利后获取的权力的对价。

三、国家工作人员出资购买原始股行为的认定思路

（一）行为整体应以受贿犯罪论处

1. 行为对象属于刑法意义上的财物。刑法将贿赂犯罪的对象规定为财物，这里的财物指具有价值的有体物、无体物以及财产性利益。2016年《最高人民法院、最高人民检察院关于办理贪污贿赂刑事案件适用法律若干问题的解释》（以下简称《贪污贿赂解释》）第十二条规定：“贿赂犯罪中的‘财物’，包括货币、物品和财产性利益，财产性利益包括可以折算为货币的物质利益如房屋装修、债务免除等，以及需要支付货币的其他利益如会员服务、旅游

等。”不构成犯罪的观点认为，国家工作人员在实际出资并承担投资风险的情况下购得原始股，其受让的是原始股投资机会，因投资机会不属于刑法意义上的财物，所以不能认定为受贿犯罪对象。我们认为，国家工作人员出资购买原始股获益系以权力为对价。国家工作人员在购得原始股的同时，获取了原始股权利凭证所附加的确定性的超额收益。该超额收益属于预期利益，虽在国家工作人员购得原始股时价值并未实现，但属于将来确定能够获得的利益。该利益实际为国家工作人员享有，并折算为货币，属于《贪污贿赂解释》规定的财产性利益，系受贿行为对象。

2. 行为本质上属于权钱交易。客观上，国家工作人员以权力为对价获取了原始股权利凭证所附加的股权上市后的超额收益，具有受贿行为。交易中，国家工作人员取得的购股机会系以权力为基础，得到的交易安全系以权力为保障，获得的原始股上市后的超额收益系以权力为对价。国家工作人员虽为获得原始股上市超额收益支付了相应购股款，但那是为了获得超额收益而付出的成本。主观上，国家工作人员进行原始股交易是为了获取原始股上市后的超额收益，具有受贿故意。国家工作人员在利用职权为请托人谋取利益后，参与原始股投资，其目的在于在不承担投资风险的情况下，获取原始股上市超额收益，并不在于进行真实的、承担风险的投资。本质上，国家工作人员系以权力为对价，获取请托人给予的原始股上市后的超额收益，该行为属于权钱交易，构成受贿犯罪。

3. 行为不适用《经济犯罪座谈会纪要》的相关规定。《经济犯罪座谈会纪要》第三条第七款第二项规定适用的对象是较有可能升值的股票。较有可能升值意味着通过公开市场途径、以市场价格购买的股票具有较大盈利可能，但仍存在不小的投资风险。股票较有可能升值，系行为人基于专业投资眼光对股票市场发展情况做出的主观判断。国家工作人员出资购买原始股，并非平等市场交易主体之间的股权交易，本质是权钱交易。在交易中，国家工作人员获取原始股上市超额收益，系因其出卖手中权力，获取了一般市场主体难以获取的原始股投资机会和交易安全与保障，并非基于专业眼光下的主观判断。国家工作人员出资购买原始股行为与《经济犯罪座谈会纪要》规定的行为人出资购买较有可能升值的股票行为，在行为性质上存在根本不同，不能以《经济犯罪座谈会纪要》的规定为依据，认为国家工作人员出资购买原始股行为不构成受贿犯罪。

（二）存在不宜认定为犯罪的特殊情形

1. 不能排除市场投资因素占主导的行为存在。实践中，不排除国家工作人员获得购股机会的主因是其出资行为存在，如国家工作人员与请托人之间存在明显的议价过程，其出资高于一般市场主体，公司与国家工作人员交易系因国家工作人员提供了优厚的购买报价，而国家工作人员亦无为公司谋利的事实存在。在此种情况下，国家工作人员获取原始股上市超额收益的主因系投资，行为权钱交易性质并不明显，不宜认定为受贿犯罪。

2. 行为可以违纪处理。如果行为不以受贿犯罪论处，不意味着放任行为发生，不予以查处，从而认可其正当性。《公务员法》第五十九条第十六项规定，公务员应当遵纪守法，不得违反有关规定从事或者参与营利性活动，在企业或者其他营利性组织中兼任职务。《中国共产党纪律处分条例》第一百零三条第一款第二项规定，党员拥有非上市公司（企业）的股份或者证券的，属于违规从事营利活动，给予相应的党纪处分。不构成犯罪的国家工作人员出资购买原始股行为，仍属于违规从事营利活动的违纪行为，应按照相应的规定进行处罚。

3. 应结合个案证据情况审慎认定行为性质。国家工作人员出资购买原始股行为的性质认定具有复杂性，权力因素与出资因素交织。在司法实践中，应结合不同案件的情况、特点，包括国家工作人员的出资情况、拟上市公司的情况、交易价格的情况、购股时的市场情况、权力的介入情况、谋利情况等，对行为性质进行综合判断，准确认定行为性质。对权力因素占主导的原始股投资行为以受贿犯罪论处；对市场因素占主导，权力因素并不明显的原始股投资行为进行出罪处理，这样的认定思路更为准确地体现了行为的性质与特点，有利于精准打击犯罪，体现刑法的谦抑性。

四、结语

原始股属于稀缺资源，长期以来都是财富的代名词。在股票一级市场，部分国家工作人员披着投资的“外衣”，以权力为对价，获得购股机会，通过少量出资购得原始股，在不承担投资风险的情况下，获得巨大的原始股上市超额收益。这样的行为不仅破坏市场秩序，且严重损害公民对国家工作人员的廉洁信赖。为从严惩治腐败，严密刑事法网，对具有权钱交易性质的国家工作人员出资购买原始股行为，应以受贿犯罪坚决予以打击。

（作者：江苏省高级人民法院　凌　霄　王天奇）

征稿启事

《职务犯罪审判指导》是最高人民法院刑事审判第二庭主办的，针对职务犯罪案件审理的业务指导和研究性出版物。

为能够以最前沿的视野、最权威的高度和最贴近刑事司法实践的方式编辑本书，欢迎各位同仁向本书以下栏目提供稿件：

【法律适用分析】选择司法实践中事实认定、采信证据、适用法律和裁量刑罚等方面的典型问题，阐述法院的认定思路、理由，为刑事司法工作人员处理类似职务犯罪案件提供具体的指导和参考。

【法官会议纪要】通过最高人民法院刑二庭法官会议对实践中存在争议的疑难问题进行解析、讨论，并形成倾向性观点，供实践中类案的处理参考适用。

【实务释疑】解答在职务犯罪案件审判工作中具有普遍指导价值的法律适用问题。

【经验交流】最高人民法院刑二庭或者地方法院制定或总结的有关职务犯罪的规范性文件、规则及相关说明等。

【法律规定】收录与职务犯罪案件审判工作密切相关的法律、司法解释及官方解读意见等。

【刑事政策】刊载职务犯罪相关刑事政策，包括对刑事政策的解读文章、刑事审判工作会议上的相关讲话等。

【理论争鸣】针对职务犯罪疑难、复杂问题，登载相关学者与司法人员的研究文章，为刑事司法工作人员提供理论参考和解决相关问题的思路。

【实务调研】登载司法实务部门针对职务犯罪的调研报告，推动相关问题的深入研究。

【裁判文书选登】选择典型裁判文书进行评析，展现法官智慧，指出不足，促进裁判文书制作水平的不断提高。

稿件应有问题意识，观点明确，语言平实，不晦涩。

来稿请注明作者的联系方式（包括地址、邮编和电话）。

来稿投递方式：北京市东城区北花市大街9号最高人民法院刑二庭

段　凰　cankaodh@163.com

《职务犯罪审判指导》编委会